长沙市岳麓区社区教育研究与实践成果
长沙市教育科学"十二五"规划立项课题成果

# 幼儿-家长团队游戏

周淑群　编著

湖南师范大学出版社

# 序一

## 巧妙的嫁接也是一种创新

随着我国教育改革与发展的不断深入，家庭教育指导日益成为幼儿园教育的核心问题之一。幼儿园教育质量不仅取决于教师的教育水平与园内教育质量，而且受制于家长的教育能力与家庭教育质量。园内教育与家庭教育如何形成一个"合力"，共同促进幼儿全面和谐发展，必然成为一个园长面临的首要问题。

面对纷繁庞杂的家长诉求与千差万别的家庭教育环境，幼儿园如何掌握教育的主动权，发挥正规教育的优势，巧妙地诱导、发挥家长的教育潜能，科学引导、提升家长的教育能力呢？周淑群园长选择幼儿－家长团队游戏作为突破口，把团体心理辅导原理与技术巧妙地嫁接到家庭教育指导之上，历经多年，探索出一条深度满足幼儿家长需要，快速凝聚家长心向，高效提升家长教育能力的团体模式：幼儿－家长团队游戏。

20世纪80年代，一位美国学者在研究日本发展的成功之道时，发现了一个朴素的真理：综合就是创新。在这个意义上，《幼儿－家长团队游戏》堪称一种教育创新。这不仅是家园共育模式上的一种创新，也是团体心理辅导应用于幼儿园教育上的一个实践创举。

### 一、开展幼儿－家长团队游戏是家园共育模式的创新，为幼儿园家长工作探索出一条行之有效的路径

长期以来，家长工作与家庭教育指导一直是幼儿园教育的一个软肋。在学前教育民营化与教育产业化的冲击下，幼儿园之间的竞争日益激烈。在市场经济运行模式下，竞争的焦点自然指向家长。由于缺乏内在的吸引

力与凝聚力，一些幼儿园的家长工作从"争取家长、取信家长、服务家长"逐步演变为"争抢家长、取悦家长、服从家长"。这不仅仅违背了市场经济规律，而且与"家园合力"教育的宗旨背道而驰，使幼儿园面临诚信危机，使家庭教育指导陷入困境。如何走出这种困境？

显然，传统的家园共育模式如讲座式家长会，已经远不能满足当下家长多元化需要。当前，同一所幼儿园内家长分化程度高，代际差异（如隔代教养）与素质差异（如文化程度、职业素养）的交互作用，导致教育诉求与教育能力上的千差万别。为此，必须探索和创新适合这种变化的全新的家庭教育指导形式。

周淑群在系统分析传统家长工作与家庭教育指导的局限及其成因的基础上，结合当前家长群体的特点，运用团体辅导原理与技术提升家长的凝聚力和协同力，不仅找到了突破家长工作"瓶颈"的出路，而且在幼儿园品牌建设上实现了突破。在家长工作与家庭教育指导上，相对于其他模式而言，幼儿 - 家长团队游戏具有明显的优势。

1. 发展与体验良好的人际关系

对于独生子女家长来说，不仅需要家庭教育能力的提高，更重要的是需要社会支持与教育经验的交流。显然，社会性学习是家长主要的学习过程。幼儿 - 家长团队游戏能有效地培养家长人际交往能力。在团队游戏中，借助一系列互动，家长可以观察并且体验到人际关系如何形成，人际沟通如何进行以及各种微妙的人际反应，从而有利于家长学习人际交往的技巧，增进与建立良好的人际关系。这种能力不仅有助于良好亲师关系的建立，而且会促进亲子关系的优化。

2. 形成和增强家长对幼儿园的归属感与认同感

对于幼儿园而言，有教师和家长两个教育群体。幼儿园团队建设当然也包括教师团队建设与家长团队建设。幼儿 - 家长团队游戏也是家长团队建设的有效路径，在形成并增强家长团体凝聚力的同时，会让家长产生强烈的归属感和认同感。家长会明确地意识到自己是幼儿园的一员，要保持和幼儿园一致的认识和评价，会以幼儿园为荣，爱护和保护幼儿园的形象及荣誉，并且以同舟共济的精神去应对外界压力。毫无疑问，这种幼儿园的认同感和归属感是家园合作的心理保障。

3. 体验互助与互利，增强家长的教育信心与成功感

在家庭教育过程中，家长往往是"孤军奋战"，而在幼儿－家长团队游戏中，家长之间彼此帮助，互相支持，提出自己的见解和看法，分担他人的困难与疑惑。每一个家长在帮助他人的过程中，会发现自己对别人很重要。对任何人来说，被需要的感觉是很重要的，这种体验使人感到自己存在的价值，获得欣喜感和满足感，进而增强自信心。助人是快乐之本，受助是成长之源。来自于团体中的互助互利是一种积极的人生体验，这种体验成员不仅可以在团体中充分感受，而且还会扩展到他们的家庭生活中，使他们主动承担教育孩子的责任并且增进家庭成员的教育信心。

4. 相互启发、相互模仿，发展家长的良好适应行为

家长群体是社会的缩影，也是社会的真实反映。家长的诉求及其驱动的教育行为往往难以适应幼儿园教育发展的要求，需要不断修正与优化。在幼儿－家长团队游戏中，家长彼此提供行为示范和参考，他们可以通过团体经验进行仿效性学习，提高教育行为的适应性。团体心理辅导能够给家长提供接受反馈的机会，团体中他人的建议、反应和观点往往是很有价值的。在团体辅导活动中，家长间能够有更多的机会听到别人对自己的看法。团体的反馈比之个别情境的反馈更有冲击力，能够有效地改变自己的不良行为，发展适应行为。

5. 多元价值观的碰撞与教育信息的交流，拓展家长的教育视野

一所幼儿园的家长往往来自多个社会阶层，有着不同的价值观和生活方式，也有各自的信息渠道和文化氛围。在幼儿－家长团队游戏中，家长之间也常常交流生活经验，传递教育信息，交换社会资源等。尽管家长各自有着不同的背景和经验，对问题也会有不同的观点和理解，甚至出现价值观之间的碰撞，但是这种不同视角、不同立场的多元信息，无疑为家长

开启思路及拓展视野提供了丰富的教育资源。

6. 共同探索，发展潜能，促进家长自我成长

幼儿－家长团队游戏为家长提供了一个良好的社会活动场所，创造了一种信任、温暖、支持的团体氛围，使家长处于一个比较安全与温暖的情境中，很适合培养家长积极面对教育困境的态度，积极地评估自己的教育能力，使自己更为成熟地接受各种挑战。

在幼儿－家长团队游戏过程中，家长交流感受，产生"和别人一样"的体验。当家长个人遇到困难和问题时，往往会把自己的问题看得很独特，于是会感到恐惧、无助和失望。在游戏中，他们发现别人也有类似的问题，于是他们不再会认为自己是天下最可怜的人，孤单感减少，同伴感增加，也因此矫正了个人错误的看法和假设。由此，家长不仅会降低自卫心理，而且还会彼此认同与关注。

大多数家长都是第一次为人父母，处于充满新任务、新挑战的成长期，孤单感尤其严重。在这一阶段，在许多矛盾冲突和自我怀疑的挣扎中，他们往往以为自己的问题很特别而感到孤单和彷徨。在幼儿－家长团队游戏中，他们会有很多机会分享他人的"类似"经历，进而形成伙伴感和认同感，这对他们战胜自我、超越自我具有很大的帮助。

**二、开展幼儿－家长团队游戏是团体心理辅导实践策略的创新，为团体心理辅导应用于幼儿园教育开辟了一条全新路径**

团体辅导是在团体情境下进行的一种心理辅导形式，它是以团体为对象，运用适当的辅导策略与方法，通过团体成员间的互动，促使成员在交往中通过观察、学习、体验，认识自我、探讨自我、接纳自我，调整和改善与他人的关系，学习新的态度与行为方式，激发成员潜能，增强适应能力的助人过程。

团体心理辅导应用于幼儿园教育也许不是"新事物"。已有的研究发现，团体游戏辅导在促进幼儿社会化与个性发展上具有独特价值，并且在幼儿园教育界具有广泛的共识。近年来，在教师团队建设上也有幼儿园进

行了团队游戏的尝试，并且取得可喜的成效。但是采取团队游戏提升家长素质，增进家长凝聚力与认同感的尝试确属鲜见。

在幼儿成长辅导、教师团队建设与家长团队建设之间，虽然有许多共通之处，但是，家长群体具有价值多元化、结构松散性、年龄跨度大的特点，必须创造性地运用团体心理辅导原理，并且在技术上有所创新。

周淑群和她的团队根据家长的文化素养和心理特点，精心设计幼儿-家长团队游戏，细心组织辅导过程，全心摸索辅导技术。经过多年游戏实践，逐步提炼出一些适用于家长的团队游戏辅导策略，不仅具有实用性，而且富有创新性。《幼儿-家长团队游戏》中有许多精彩案例和精辟解析，其中也蕴含着很多实用的团队游戏操作技术和实践策略。这里，归纳一二，以飨大家。

1. 应对冷场的策略

例如，在幼儿-家长团队游戏中，教师提出话题组织家长讨论，如果家长由于一时拘谨或没准备好等原因出现冷场时，可采取下列策略：

（1）暗示鼓励法：鼓励、暗示某位平时较善于表达的家长带头发言；

（2）抽丝剥茧法：教师先谈谈自己在与家长接触中了解到的某位家长的想法，然后用"也许您讲会更清楚"来请这位家长继续表述下去；

（3）抛砖引玉法：如果有教师也是该班的家长，或主持人本人就是家长，联系自己教育孩子的心得，谈谈自己对此问题的一些看法，以此引出其他家长的发言，使活动开展下去。

2. 调节进程的策略

例如，在游戏活动过程中，个别家长东拉西扯、泛泛而谈时，可采取下列策略：

（1）旁敲侧击法：教师可以有礼貌地向这位家长暗示时间，使他意识到自己发言的时间过长，从而尽快结束。

（2）承上启下法：教师简略表述这位家长切题部分的内容，请家长围绕主题继续开展讨论，从而避免再出现偏题现象。或者教师以"我听明白了，你是说……"的话语将谈话引入正题。也可使用转移法来对待家长在发言中的跑题现象。

3. 处理冲突的策略

例如，当部分家长之间在讨论过程中观念冲突明显，且双方相持不下，出现僵局时，可采取下列策略：

（1）双向肯定法：教师对双方参与的积极性表示肯定。

（2）存异求同法：教师找出双方发言中大家能够接受的观念，亦可由辅导员或请其他家长对争论的焦点表述一下自己比较客观、辩证的看法，求得大家的认同，既调节会场气氛，又使活动按预定目标开展。

俗语云：小游戏大智慧。在心理学中，团队游戏是一种游戏，更是一种技术。专业的团体心理辅导引入我国只有十几年的历史，仍然处于发展初期。在幼儿教育界，家长团队游戏还处在初创阶段。在这个领域，也许周淑群不是"第一个吃螃蟹的人"，但确是第一个敢于把自己"吃螃蟹"的经验公开的人。勇气的可嘉之处不仅在于"敢吃"，而且在于"敢说"。

周淑群之所以"敢吃敢说"，是因为她不仅是一个乐于并且善于从教育实践中发现问题与解决问题的实干型园长，而且是一个善于并且乐于在理论学习中独立思考与融会贯通的学习型园长。《幼儿－家长团队游戏》就是她在教育实践中创造性运用理论学习的成果。

《幼儿－家长团队游戏》虽系实用，却厚积薄发，自成一家，可喜可贺！是为序。

曹中平

2012 年 4 月

（作者系湖南师范大学教授，中国学前教育研究会理事、学术委员，全国游戏与玩具专业委员会副主任）

# 序二

## 幼儿－家长团队游戏：引领儿童生命的成长

德国著名幼儿教育家福禄培尔曾呼吁："母亲啊，培养儿童游戏的能力吧；父亲啊，保卫和指导儿童的游戏吧！"世界儿童问题首脑会议通过了相关宣言："……儿童的时代应该是游戏的时代……"。我国《幼儿园工作规程》也规定："以游戏为基本活动，寓教育于各项活动之中。"《国务院关于当前发展学前教育的若干意见》进一步指出："坚持以游戏为基本活动，为儿童创设丰富多彩的教育环境，防止和纠正幼儿园教育'小学化'倾向……"。可见，游戏应该成为儿童"生命"的一部分。

湖南省长沙市岳麓区社区教育志愿者协会、岳麓幼儿教育集团第三幼儿园周淑群园长领衔的团队编著的《幼儿－家长团队游戏》一书探讨的正是游戏。该书阐述的幼儿－家长团队游戏，是以两个或两个以上幼儿家长或家庭为活动主体，在幼儿教师有目的、有计划的组织与指导下，相互协作、共同参与幼儿喜欢的、符合幼儿身心发展特点的一类具有教育意义的游戏。值得注意的是，幼儿－家长团队游戏又不同于一般的幼儿游戏。幼儿游戏的主要参与者为幼儿，游戏内容是幼儿感兴趣的事物，在游戏过程中现实与梦想相互交织。而幼儿－家长团队游戏的参与者有幼儿、家长和教师，这种共同游戏可以帮助幼儿和家长体验生命共同成长的快乐，也能分享交流养育子女的经验。我认为这本书有这么几个特点：

### 一、体验生命共同成长的快乐

也许，做父母的可悲之处恰恰在于：我们同样经历过孩子心灵和肉体成长的所有阶段，然而当我们终于"长大成人"，身为父母之后，却断然拒绝和我们的孩子共同完成再一次的成长。我们开始以爱的名义仰仗自己经验的权威，施展自己顽固不化的意志，面对着清新、蓬勃、有着无限潜能的生命，却强迫他束手无策地就范于我们已经停止生长了的观念、情感以及对周围世界不加选择的处世方式。我们不知不觉中成了一厢情愿、喋喋不休、自私自利的"布道者"；而孩子则成了无所适从，充满着困惑、压抑、孤独和挫折感的"倾听者"。毫不夸张地说，孩子此后人生成功希望的破灭大致根源于此。事实是，培养孩子不同于养育任何其他的生命，孩子需要父母和他们一起成长。和孩子一起成长的奥秘就是父母要努力成为孩子成长过程中每一阶段的"参与者"。在与成人共同的游戏中，孩子可以体验到成人的爱，形成对成人进一步的信任与依恋，有益于和谐亲子关系的形成；当孩子在游戏中通过自己的行动对物或人产生影响时，会感到自己是有能力的人，会获得成功的喜悦，体验到克服困难达到目的的快乐；通过这样的游戏使孩子们逐渐熟悉、认识周围的人和事，了解他人的思想、行为和情感，逐渐掌握人与人之间的交往规则；通过生动具体的游戏行为，感知和建构对现实世界的认知与理解，发展智力。家长亲自参与到孩子们的游戏过程，也就是参与到孩子成长的过程，促进孩子成长的同时，因为更了解孩子，也就更理解孩子，就会逐渐抛掉不正确的儿童观和教育观，也才能在尊重儿童的教育理念指导下，与孩子一起，体验生命共同成长的快乐。

**二、分享交流养育子女的经验**

在儿童成长的过程中，家长遇到问题或困惑时与教师沟通是我们经常见到的，但幼儿家长之间的交流就很少。家长之间通常并不熟悉，实际上，当下的学前教育违反幼儿成长规律的"小学化"倾向比较明显，幼儿园以授课方式实施汉语拼音以及汉字读写训练、数字书写运算训练、外语认读拼写训练等小学化内容，主要原因是部分小学入学违规测试拼音、小学数学等内容，大部分家长缺乏科学育儿的专门化知识，为使自己的孩子赢在起跑线上，积极推动了学前教育"小学化"市场。即使教育部门明令禁止学前教育"小学化"，也有一部分家长对"小学化"持质疑态度，但由于家长之间沟通交流少，这部分家长也难以立场坚定地自觉抵制"小学化"，反而随波逐流，更加助长了学前教育的"小学化"倾向。幼儿－家长团队游戏促进了家长之间的沟通和交流，家长们可以分享交流科学养育子女的经验。对于"小学化"倾向、儿童教养过程中的喂养、行为习惯的养成和科学的家庭教育等问题，家长们都可能遇到相同或相似的困惑，既可以利用幼儿－家长团队游戏的时间相互沟通和探讨，也可以就遇到的共同问题向幼儿园教师或专家请教，从而帮助家长能够树立起正确的家教观和成长观，既能关注子女的智力发展，又能重视孩子的情感和社会性发展，不至于在"爱孩子"的所谓良好愿望驱使下，做出有损儿童生命健康发展的蠢事！

### 三、家园共育，幼儿、家长皆受益

家园共育是幼儿园教育的重要组成部分，但是，多数幼儿园的家长工作存在着走过场、实效性差等问题，出现了"教师指挥多，家长参与少；教师说得多，实际做的少；单向灌输多，双方互动少"的不良倾向。幼儿园利用幼儿－家长团队游戏可以了解家长需求，变"希望家长做"为"指导家长做"。幼儿教师是专业化的教育工作者，对各种游戏的目标、材料以及指导方法是具有专门知识的，可以指导家长与孩子共同完成游戏，共同促进儿童的身心发展。

让环境与家长对话，变"被动了解"为"主动参与"。传统的家园共育往往是经过《家园联系册》、《家长园地》或家访等方式进行，家长被动了解孩子的在园表现情况；或者利用一些节日、开放日举办幼儿展示活动，让家长直接了解孩子的在园表现情况。然而，这种活动开展的频率毕竟有限。幼儿园利用幼儿－家长团队游戏，这是让家长变"被动了解"为

"主动参与"的有益尝试。通过经常开展幼儿－家长团队游戏,家长能及时获取孩子成长和进步的信息。因而,他们会想方设法挤出时间,积极参与。在幼儿－家长团队游戏的启发和引领下,家长们更乐于参与到亲子游戏当中,使孩子受益良多。

总之,幼儿－家长团队游戏有效整合了教育资源,由"双方互动"到"三方互动",产生了良好的教育效益。教师和家长都是重要的教育资源,双方的合作与配合,直接影响了幼儿的发展。幼儿－家长团队游戏实现了教师、幼儿和家长之间的三方互动,形成了家园共育的良性循环,幼儿、家长和教师都成为了受益者。

杨莉君

2012 年 4 月 10 日

(作者系湖南师范大学教授,教育学博士)

# 前 言

　　游戏是儿童时代的通用语言。在幼儿教育领域中，游戏占据着十分重要的位置。当人们在谈论幼儿教育时也总不可避免的涉及游戏。早在 20 世纪 60 年代，我国心理学界就肯定了游戏对于幼儿身心发展的特殊意义，并提出了"游戏是学前儿童的主导活动"这一命题。随后这一命题逐渐演变成"游戏是学前儿童的基本活动"。① 游戏是幼儿的天性。幼儿不仅可以在游戏中体验成长的快乐，还能获得多方面能力的发展。但随着社会的进步与发展，我国的家庭结构发生了重大改变，现今主要以"四二一"，即祖父、祖母、外祖父、外祖母四人，父亲、母亲二人和一个独生子女所构成的金字塔形的家庭为主要形式，这就使得大多数独生子女在一定程度上缺少兄弟姐妹的亲情，在与同伴相处的友情上也出现缺失。繁重的工作任务与巨大的工作压力让许多家长消耗了大量的精力，家长的心理情绪也逐渐变得紧张与不安起来，原本应该用来陪伴孩子的时间被加班或补眠取而代之，内心深处的那个"小王子"逐渐被封锁起来，与孩子的世界渐行渐远。这就导致幼儿在家中缺乏游戏的玩伴，甚至有些"望子成龙"心切的家长直接"剥夺"幼儿游戏的权力，以"不能让孩子输在起跑线上"为由，将孩子送进各种课外辅导班。孩子的眼神逐渐变得呆滞，脸上逐渐失去笑容。由于成人并不能真正理解孩子的游戏和行为而给孩子带来了许多痛苦。

　　学前教育机构是一种具有教育和福利性质的机构，是所在社区不可缺

---

① 陈帼眉．梁志燊．游戏［M］．北京：人民教育出版社，1982.

少的社会组织之一。学前教育的教育质量直接影响着社区教育的发展。美国著名教育家 E·L·埃斯萨（Eva L·Essa）认为儿童生活的环境是由家庭（home）、学校（school）、社区（community）三个同心圆组成：最靠近儿童的同心圆是家庭及其成员；第二个同心圆是学校及其朋友；最外面的一个同心圆是社区及其社区帮手。家庭、学校、社区中的成人之间、成人与儿童之间的关系对儿童的发展至关重要；儿童的学习范围是从自己（如身体）、家庭（如家庭成员）扩展到学校（如教师、朋友）、周围的社区环境（如社区及社区中的工作人员）。① 家园合作已发展成为学前教育的主要趋势。自 20 世纪 90 年代以来，我国政府先后颁布了多项学前教育政策与法律条规来强调家园合作的重要性。本着以实现幼儿教育、家庭教育与社会教育三位一体协调发展，向广大幼儿园家长提供新的、科学的育儿理念与方法的目标，我园于 2005 年 – 2007 年探索了《"家长幼儿园半日生活体验"的实践研究》，提出了"心灵的体验，和谐的教育"这一教育理念。在这一课题的探索过程中，许多幼儿家长以个别体验或群体体验的形式参与了幼儿园教师角色、幼儿角色的体验。在这些体验的过程中，笔者发现家长对于学习科学的育儿知识与方法有着强烈的愿望与浓厚的兴趣，在共享教育活动中专注力非常强，尤其喜欢参与亲子游戏。在游戏的过程中不仅构建了和谐的亲子关系，增进了亲子之间心灵的交流，优化了家园育人的环境，提升了幼儿园保教的质量，同时也提高了家园共育的质量。

　　基于对以上问题的思考，以及为了继续推广"十一五"湖南省教育厅关工委重点课题和长沙市教育科学院研究课题——"家长幼儿园半日生活体验的实践研究"的相关成果，我园课题攻关小组着手开展"幼儿－家长团队游戏的组织与实施研究"。该课题以"促进家园合作，构建和谐教育"为活动目的，以幼儿园半日生活中幼儿喜爱的游戏为活动内容，以团队游戏为活动形式，以幼儿家长以及幼儿为活动主体，以体验式学习为活动方

---

① 陈帼眉．梁志燊．游戏［M］．北京：人民教育出版社，1982.

式，在教师的指导与组织下，开发了一系列的幼儿－家长团队游戏，帮助家长在游戏中找回被遗忘的童真，唤醒心中沉睡的"小王子"，走进孩子的世界，贴近孩子的心灵，懂得真真切切地去理解和关爱孩子，进一步增进了亲子关系，促进了家庭关系的和谐，并实现家园、社会共育的协调发展，为孩子的健康成长提供了一个和谐的环境。因此，我们编写了这部《幼儿－家长团队游戏》。

本书主要由以下三个部分组成：

第一编为理论编，包括第一章和第二章两部分内容。第一章主要是从理论层面来探讨开展幼儿－家长团队游戏的可行性和必要性。首先是以游戏理论的发生与发展为线索，介绍游戏对于幼儿发展的意义，引出"家长可以通过参与和体验幼儿游戏来了解与感受幼儿内心世界，以真正理解幼儿"。其次是以协同教育理论为支撑，通过分析教育各系统应该发挥其自组织能力，在一定的条件下形成合作、互补的协同效应，以达到最优化的幼儿教育效果，引出"通过幼儿园来组织幼儿家长进行团队游戏，促进家长与教师之间、家长与幼儿之间以及家长与家长之间的沟通与交流，以实现家园共育"。再次是以美国体验学习专家 D·A·库伯的体验式学习理论为基础，通过阐释构建"体验学习圈"的方式以及带来的学习效果，引出"幼儿园通过团队游戏的形式让家长切身体验幼儿游戏的乐趣，走进童心，走进家庭教育的学习殿堂"是可行的。最后，对幼儿－家长团队游戏进行概念界定，从游戏的参与者以及游戏本身特点的角度将幼儿－家长团队游戏分为两大类：即家长团队游戏和亲子团队游戏（区别于亲子游戏，详见第一章），并且对其内涵进行阐述，从意义层面论述"组织幼儿－家长团队游戏"的必要性。第二章从实践层面来介绍幼儿－家长团队游戏设计与指导。幼儿－家长团队游戏是一种有计划、有目的的活动形式，这必然要涉及活动应该如何设计，在设计的过程中应遵循哪些原则，用什么样的方法来组织活动，活动结束后又该如何进行评价，本章将会对上述问题进行具体介绍。

第二编为行动编，包括第三章和第四章两部分内容。主要是以"活动案例的呈现——活动案例的解释与说明——活动案例的组织与实施——活动案例的评价与反思"为脉络，详细介绍了一些具有代表性的幼儿－家长团队游戏案例的组织与实施，旨在为同行们提供参考，帮助同行们以及幼儿家庭日后自行组织该类型的活动。

第三编为成果编，包括第五章和第六章两部分内容。第五章主要通过写实的手法，再现"幼儿－家长团队游戏的组织与实施"的整个研究过程，以期为读者提供一个翔实的研究案例。第六章主要介绍本次研究取得的实际成果，以及所引起的社会反响。

当下，我们成人理应进入一个重新认识孩子，伴随孩子的成长而成长的时代。本书的根本宗旨正是要求成人摘掉成人世界的眼镜，拿着孩子的万花筒去认识孩子，尊重孩子，借助宽容的胸怀和科学的方法，找回失去了的童真，和孩子一起体验生活的幸福，为孩子的美好未来与社会的和谐发展尽一份绵薄之力。

周淑群

2012 年 3 月

# 目 录

# 第 一 编

## 回归童真：幼儿 – 家长团队游戏概论

每个大人都曾经是个孩子，可惜的是，很少大人记得这一点……

——安东尼·德·圣埃克苏佩里

# 第一章　幼儿－家长团队游戏的理论体系

　　游戏是人类社会的普遍性现象，从孩提时代的"捉迷藏"、"过家家"，到成人的牌类游戏等，游戏总是以一种轻松、自由、愉悦的姿态出现在人们的脑海中。游戏不是某个阶段的专属，而是贯穿于人的始终。我们可以透过不同阶段的游戏来看人们在不同阶段的成长秘密。如果把成人的世界比喻成一栋豪华的别墅，那么幼儿的世界就是没有墙壁的房子。而我们每个成人，都曾拥有一处没有墙壁的房子。随着年龄的增长，我们学会划分自己的领域，用各种漂亮的装潢来修饰那被我们称之为"我的房子"的地方。忙碌的工作和巨大的压力让成人犹如时刻上紧发条的工具，似乎没有时间和精力静下心来看看自己的孩子，好好和孩子说说话。久而久之，我们开始变得不了解孩子，我们为孩子不听自己的话感到苦恼，甚至我们一直不理解为什么孩子不能了解大人的良苦用心。此时，我们不妨放下手中的工作，和孩子一起去接触大自然，去感受和煦的微风，去拥抱温暖的阳光，去光着脚丫踩在泥土上，去和孩子一起游戏，去当一回孩子……

## 第一节　幼儿－家长团队游戏的理论基础

　　幼儿－家长团队游戏的提出与开展，不仅是基于目前许多家长对于幼儿的不理解而给幼儿带来痛苦的现状，以及家长有着改变这种现状的强烈愿望，它更有着强大和深厚的科学理论基础。

### 一、儿童游戏理论

　　家长为什么要选择通过体验幼儿喜欢的游戏去了解幼儿？游戏对于幼儿来说到底有着怎样的价值与意义？要获得这些问题的答案，我们应该溯源至儿童游戏理论之初始，了解儿童游戏理论发展的过程。

## （一）早期游戏理论

在历史上，虽然人们很早就注意到了儿童的游戏，在一些教育家、思想家的著作中也能发现有关游戏的零星论述，但是真正尝试系统化地去解释游戏的原因、价值与功能，建构系统化的游戏理论则始于 19 世纪后半期。

### 1. "剩余精力说"

"剩余精力说"是最早出现的游戏理论之一。这种游戏理论认为，游戏是集体的基本生存需要得以满足之后，仍有富余精力的产物。这一思想初见于 18 世纪的德国哲学家和诗人席勒（Friedrich Schiller）的美学著作《审美教育书简》中，之后在 19 世纪由英国思想家斯宾塞（Herbert Spencer）发展而形成。

"剩余精力说"主要认为，生物体都能够产生一定的能量来满足其生存的需要，一旦这种需要得到满足之后，若还有剩余的能量，就会变成多余的部分。这种过剩的能量在不断的积累中会造成压力，因此必须将其消耗掉。而为了消耗过剩能量而产生的"无目的性"自由活动，则称之为"游戏"。

"剩余精力说"在一定程度上可以解释为什么儿童总是会比成人精力旺盛（因为成人需要花精力帮助儿童满足生存的需要），但是却不能解释为什么儿童常在筋疲力尽的时候仍要玩游戏。虽然这一学说并非至善至美，但在当时，它确实成为了游戏研究领域的"开拓者"。在这之后出现的一些新的游戏理论，都是在这一学说的基础上，在对其不断的扬弃中形成和发展。

### 2. "前练习说"

"前练习说"又称"生活准备说"，它是一种关于游戏的生物效用观，由德国著名哲学家格鲁斯（Karl Groos）提出。他的主要代表作有《动物的游戏》（1898）和《人的游戏》（1901）。格鲁斯认为"剩余精力说"对儿童游戏的价值并没有做出充分有效的估计。他相信游戏具有生物适应的技能，是对与生俱来的、但不完善和成熟的本能行为的练习，是为以后的生活做准备，这也是游戏的目的所在。但这种准备是无意识的。例如儿童在"过家家"的游戏中扮演家长的角色，也就是其对日后成为父母所需要技巧的一种练习。因此，他把儿童游戏主要分为两类：一类是练习性的游戏，包括感知运动的练习和高级心理能力的练习；另一类是社会性的游戏，包括追逐打闹和模仿性的游戏。① 在儿童的发展过程中，首先出现的是练习性游戏，随后才是社会性游戏。

3. "复演说"

在19世纪末期，科学家们发现人类的胚胎发育经历了一些与人类进化过程同样的阶段。就如人类的胚胎具有和鱼鳃类似的生理结构。这一发现导致了个体的发展重现种族发展的理论。② 美国著名的心理学家霍尔（G·Stanley Hall）将"复演说"应用于儿童的游戏之中。如果说，在格鲁斯的眼中，儿童的游戏是对未来成人生活的"准备"，那么在霍尔看来，儿童的游戏则是对人类祖先生活的一种"回忆"。

霍尔认为，通过游戏，儿童复演了人类的发展阶段：动物阶段——原始阶段——游牧阶段——农业–家族阶段——部落阶段。并且，在儿童的游戏中还可以找到与每个阶段相匹配的行为。例如儿童喜欢爬树是处于动物阶段的人类祖先的行为反应；儿童喜欢玩打仗的规则游戏是处于部落阶段的人类行为的反应。而且我们还会发现，儿童爬树的游戏会在群体游戏（打仗游戏等）之前出现。霍尔认为，游戏的目的则是消除那些不应该在现在生活中出现的原始本能。

4. "松弛说"

与"剩余精力说"背道而驰的"松弛说"则认为，游戏的目的不但不是消耗过剩的精力，而且还是为了恢复那些被消耗了的精力。其实早在17世纪这种认为游戏是消除疲劳的有效方法的观点就已出现，在19世纪末20世纪初，德国哲学家拉察鲁斯（Moritz Lazarus）和柏屈克（Patrick）进一步发展了这种观点。

拉察鲁斯认为，辛苦的工作或劳动会让人感觉筋疲力尽，但是被消耗的能量不仅可以通过一定的睡眠或休息得以恢复，还可以通过参与游戏或消遣性的娱乐活动来实现。这个理论可以帮助我们解释成人的休闲生活为何可以如此多样和流行。

拉察鲁斯并没有直接论述儿童游戏，后来是由柏屈克进一步发展了他的游戏思想。柏屈克认为，儿童的游戏既不是为了消耗过剩的精力，也不是为未来成人生活做准备，更不是要复演人类发展的过程。儿童的游戏是童年期自发的，是一种以本能为基础的活动。儿童之所以游戏，是因为他

---

① 刘焱. 儿童游戏通论［M］. 北京：北京师范大学出版社，2004：92.
② 刘焱. 儿童游戏通论［M］. 北京：北京师范大学出版社，2004：93.

是儿童，他身心发育并不成熟，因此他不能工作，只能游戏。

这些产生于19世纪末和20世纪初的游戏理论被我们称之为"经典理论"。这些理论都主要是用来解释游戏为何存在以及存在的目的。它们都比较注重哲学思辨而不太关注实验结果。因此它们的适用范围十分有限。但是，在一定程度上来说，它们填补了儿童游戏研究的空白，对于儿童游戏的发展仍具有重要的意义。

## （二）现代游戏理论

在1920年以后发展起来的"现代游戏理论"，不仅解释游戏为何而存在，还开始尝试着对游戏在儿童发展中的角色下定义，以及在某些情况下指出游戏行为发生的前导条件。

### 1. 精神分析学派的游戏理论

精神分析学派是现代西方心理学流派中最重视游戏问题的学派。这一流派中具有代表性的人物主要有弗洛伊德（Sigmund Freud）和埃里克森（Erik Erikson）。

作为精神分析学派的创始人，弗洛伊德在20世纪20年代所做的研究帮助游戏工作者深入理解了游戏在儿童社会性和情感发展方面的重要作用。他认为每个儿童个性的形成都受到潜意识的驱使。这一观点是基于他的人格发展理论：他认为人格主要由"本我"、"自我"和"超我"三个部分组成。"本我"是人与生俱来的欲望和本能，在这一阶段儿童所做的一切活动都是为了生存。在这种状态下的儿童只对能够给他提供快乐的事情感兴趣，弗洛伊德称之为"快乐原则"。比如一个处于本我阶段的婴儿想喝母乳，而此时母亲却在做其他事情，不能立刻满足该婴儿，于是他就会非常生气而发出低沉的哭吼声。通过与外在环境的接触，儿童个性中出现了逻辑性和理性的一面。弗洛伊德将其称之为"自我"。"自我"是"本我"与外界关系的调节者，进入自我阶段的儿童开始通过提取记忆和以往的经验来解决问题，并且对"本我"进行指挥与控制，遵循着"现实原则"。"超我"代表的则是良心道德力量的人格结构部分，是人在社会化过程中将外部的社会规则内化之后形成的，遵循着"理想的原则"。

弗洛伊德认为，"自我"完成调节与平衡"本我"与"超我"之间的冲突，在一定程度上是通过游戏来实现的。因为游戏是部分与现实分离的，所以，它是允许"自我"自由地调节"本我"与"超我"的要求以消除它们之间的矛盾。例如儿童在现实中得不到满足的需求，他会通过假想游戏来得到满足。因此，游戏具有宣泄的作用，通过游戏可以帮助儿童释放因本能欲望受到压制而产生的消极情绪。重复性游戏是儿童处理不愉快事件的另一种途径。儿童在游戏中将自己受挫的经历重复多次，在游戏中将自己不愉快的经验移置在游戏对象身上（自己在生活中受挫就将内心的消极情绪转移到自己的玩具身上）以求得发泄，使自己转被动地位为主动地位，从中获得快乐。

埃里克森是弗洛伊德的支持者。他认为游戏可以帮助儿童降低焦虑，补偿性的满足儿童的愿望，在儿童的人格发展中具有积极的作用。

埃里克森将人格的发展分为八个阶段，每个阶段都是由一对矛盾的发展任务组成。前一个阶段的发展情况影响着后一阶段的发展。如果前一段的发展任务不能很好的解决，则不能顺利进入下一阶段。而游戏可以帮助儿童从一个阶段向另一个阶段发展。通过游戏，儿童可以创设模拟的情景来帮助自己处理在现实中的要求。

表 1.1 弗洛伊德与埃里克森的人格发展理论

| 大致年龄 | 弗洛伊德 | 埃里克森 |
|---|---|---|
| 0~1.5 岁 | 口唇期 | 信任感对不信任感 |
| 1.5~3 岁 | 肛门期 | 自主感对羞怯感 |
| 3~6 岁 | 性器期 | 主动感对内疚感 |
| 6~11 岁 | 潜伏期 | 勤奋感对自卑感 |
| 青少年期 | 生殖期 | 同一获得对同一混乱 |
| 成人早期 | | 亲密感对孤独感 |
| 成人中期 | | 繁殖期对停滞期 |
| 老年期 | | 完善感对失望感 |

虽然"精神分析有许多概括和假设，但好像没有什么定理、公式的井然有序的系统，也没有科学理论所必须的那种精确的关系"[1]，但是精神分析学派的游戏理论在一定程度上让我们看到了一个完整的儿童，让我们看到游戏对于儿童的重要意义，让我们对儿童的游戏引起重视。

2. 认知发展游戏理论

瑞士心理学家皮亚杰（Jean Piaget）创立的发生认识论自 20 世纪 60 年代以来在世界范围内产生了重大的影响。他试图将儿童的游戏放在儿童认知发展的总框架中进行考察。他认为许多游戏理论之所以不能正确地解释儿童游戏是因为它们将游戏看成是一个孤立的机能或活动。在皮亚杰看

---

[1] 舒尔茨. 现代心理学史 [M]. 北京：人民教育出版社，1981：353.

来，试图从游戏活动的本身去解释和理解儿童的游戏是不可取的，应该从儿童认知发展的全过程去把握儿童的游戏，在不同的认知发展阶段会有不同的、与之相适应的游戏类型出现。但是并不代表在某个阶段只有某种游戏类型，而是指在不同的阶段会有一种与该阶段的认知特点相匹配的游戏占主要地位。

皮亚杰通过长期的观察发现，儿童在相似的年龄总是会犯相似的错误。因此他将儿童的认知发展主要分为四个阶段：感知运动阶段（0～2岁）、前运算时期（2～7岁）、具体运算阶段（7～12岁）、形式运算阶段（12岁～成年）。

在感知运动阶段，感觉器官和运动器官是儿童认识世界的手段，在这一阶段出现的游戏皮亚杰称之为"练习性游戏"，是对刚学会但还不熟练的动作技能进行练习。例如躺在摇篮里面的婴儿偶然地碰到了系在摇篮上的绳子，绳子牵动了摇篮顶上的玩具而使玩具发出声音来，此时婴儿的面部表情会出现不同的反应，并且会不停地去碰触绳子，使玩具的声音一次又一次的响起。

在前运算阶段，儿童主要是运用符号来表征经验，具有明显的"以自我为中心"即不能站在别人的立场上看问题的特点。这一时期儿童在游戏中假扮角色，或者用一个物体来代替其他物体，帮助其再现不在眼前的事物或者情景。例如张开自己的双臂假扮飞机，在"过家家"的游戏中再现妈妈给孩子喂饭的情境等。皮亚杰称这种游戏为"象征性游戏"。

进入到具体运算阶段，儿童开始能够理解守恒的概念，并且可以运用类似于加、减、乘、除的数学技能。这一阶段的主要游戏形式是"规则游戏"，即两个或两个以上的儿童共同参与、按照一定规则进行的、具有竞赛性质的游戏活动。例如儿童经常玩的捉迷藏、打仗的游戏。在皮亚杰看来，规则游戏可以帮助幼儿理解社会规则的意义，有利于儿童实现"去自我中心"。

表 1.2 皮亚杰游戏阶段理论

| 大致年龄阶段 | 认知发展阶段 | 主要游戏类型 |
| --- | --- | --- |
| 0～2 岁 | 感知运动阶段 | 练习性游戏 |
| 2～7 岁 | 前运算阶段 | 象征性游戏 |
| 7～12 岁 | 具体运算阶段 | 规则性游戏 |

皮亚杰的游戏理论开辟了一条认识儿童游戏的新途径，从儿童认知发

展的角度来探讨游戏与儿童的关系极大地丰富了人们对儿童游戏的认知发展价值的认识。尽管他的理论受到了许多批评，但他的理论仍有重要价值，被视为理解儿童学习和思考方式的一次突破。

3. 其他游戏理论

除了以上具有代表性的儿童游戏理论之外，还有一些对儿童游戏的新认识。

（1）维果茨基的游戏理论

前苏联维果茨基（Lev Vygotsky）是社会文化历史学派的主要代表人物。该学派主要强调成人的教育与引导，和以掌握语言符号系统为载体的社会文化历史经验对儿童心理发展的重要意义。其中影响力最大的当属维果茨基的游戏理论。

维果茨基认为，人的心理机能有低级和高级之分，一个人从出生到成年的心理发展是通过环境与教育的影响，逐渐从低级心理机能向高级心理机能转化。除此之外，人还有两种工具：一种是用来进行物质生产的工具，另一种则是以语言符号为代表的精神生产工具。在低级心理机能向高级心理机能转化的过程中，精神生产工具起着重要的媒介作用，这也是人与动物的根本区别。维果茨基的社会文化历史发展理论在 20 世纪 30 年代曾一度在前苏联受到置疑，但是后来他的同事列昂节夫与鲁利亚仍为此学派做了大量研究，进一步补充与完善了维果茨基的理论，并从不同的角度进一步证实了社会文化对人的高级心理机能发展的制约性，以及活动与交往对人的高级心理机能产生与发展的重要作用。

后来社会文化历史学派将这些基本观点运用于"儿童游戏"，创造了与其他西方心理学派截然不同的游戏理论：他们认为，儿童的游戏无论是从游戏的内容还是从游戏的结构来看，都与幼小动物有着本质的区别。儿童游戏具有社会历史的起源而非生物学的起源。社会历史文化学派强调，活动在儿童心理发展中起着主导作用，个体的心理机能正是从以人际交往为基础的活动中形成与发展起来的；游戏是儿童学前期的主导活动，他们反对"游戏本能论"，提倡游戏的社会性本质。此外，他们还非常重视成人在儿童游戏中的教育影响。为了使幼儿更好的掌握游戏的方法，成人的干预是必须且必要的。

（2）布鲁纳的游戏理论

与皮亚杰等其他早期教育家一样，布鲁纳（Jerome Bruner）也相信儿童需要自由活动并积极参与到学习之中。但不同的是，布鲁纳强调，游戏的方式比游戏的结果更重要。在游戏的过程中，儿童不用担心其目标是否会实现，因此他们可以不断的更改游戏的规则，创造出不同的游戏玩法。他认为，通过直接经验可以促使儿童发展思维，这种思维称之为"运动思维"；同时，儿童还经常需要以往经验的提醒，这种经验可以通过图片、书籍等媒介来实现，这种思维称之为"映像思维"。此外，他还认为在儿童游戏的过程中成人的作用非常重要，成人可以为儿童提供经验，并且判断儿童在发展过程中需要什么并给予帮助。

（3）唤醒调节理论

唤醒调节理论又称为"内驱力理论"，由英国心理学家丹尼尔·伯莱因（Daniel Ellis Berlyne）提出，后经艾利斯（Ellis）修正而成熟起来。该理论主要试图解释游戏的生理机制。"唤醒"是指中枢神经系统的机能状态或机体的一种驱力状态，主要受外部环境刺激和机体内部平衡机制的影响。通过外部环境刺激可以改变机体的驱动力状态，而机体内部本身具有的自动平衡调节机制可以使机体与环境刺激之间保持平衡，使机体处于"最佳唤醒水平"。

艾利斯认为，游戏是一种由于唤醒水平较低所引起的产生刺激的活动，通过游戏可以将唤醒水平提高到最优水平的刺激寻求物。游戏可以通过新的方法运用物体和进行活动，从而增加刺激。例如同一种游戏，儿童可以通过不同的方式进行，并且乐此不疲。我们知道缺乏刺激不利于儿童的发展，但是刺激并非越多越好，刺激过多或者过强反而会对儿童的发展带来不利影响，因此这也是为什么我们一直强调使机体处于"最优唤醒水平"，只有在最优唤醒状态，机体的感觉才会最为舒适。

我国将游戏引入学前教育领域始于清末，从那时至今，我国的幼儿游戏理论与实践的发展大致经历了四个阶段：

第一阶段是从20世纪20年代左右到新中国成立初期。这一阶段是在介绍和引进西方游戏理论的基础上，我国开始了儿童游戏的研究工作。主要代表人物当属我国著名的幼儿教育专家陈鹤琴。他从1920年起，以自己的孩子作为研究对象，进行了长期的儿童发展研究，其中包括儿童游戏的研究。1925年，陈鹤琴出版了《儿童心理之研究》一书，在书中他不仅介绍了国外的儿童游戏理论，还详细描述了一个孩子从出生82天到808天中游戏的发展与变化过程，并提出了自己的看法。陈鹤琴认为，儿童之所以游戏，一方面是儿童天性好动，游戏能够给孩子提供快感，另一方面是与儿童游戏的力量与能力有关。他主张应该让儿童游戏，非让儿童游戏不可。幼儿教育应该给孩子充分的机会让他们进行游戏，使他们得到"完美的游戏生活"。

第二阶段是从新中国成立初期到"文革"之前。在这一阶段，我国教育界和心理学界全面学习苏联的相关理论，幼儿的游戏理论与实践也全面"苏化"。

第三阶段是"文革"期间。这一时期儿童心理与教育研究受到毁灭性的破坏，儿童的游戏理论也不能幸免于难。

第四阶段是"文革"后至今。"文革"后，我国关于儿童游戏的研究又重新起步。通过对历史进行深刻的反思，我国根据本国实际情况对国外儿童游戏理论进行批判性的吸收，使得儿童游戏理论与实践的研究取得了一定的成绩，但与国外相比，仍存在着巨大的差距。20世纪80年代末以来，以幼儿园课程改革为核心的幼儿教育开始蓬勃发展，无论是教育理念还是教育实践，都出现了许多具有特色和影响力的研究成果，关于幼儿游戏的理论也日臻成熟。

不同的游戏理论对于儿童游戏的解释都有所不同，但是无论它们是国外的还是国内的，无论是从哪个角度对儿童游戏进行解释，对儿童游戏持何种看法，不可否认的是它们都认为"游戏对于儿童的发展非常重要"。

### 二、协同教育理论

德国著名物理学家哈肯（Hermann Haken）在20世纪70年代创立了协同学理论。协同学一词来源于希腊文，意为共同工作。协同学的主要内容是通过演化方程来研究协同系统的各种非平衡定态和不稳定性（又称非平衡相变）。协同系统是指由许多子系统组成的、能以自组织方式形成宏观的空间、时间或功能有序结构的开放系统。后来协同学理论得到了广泛的应用。不仅在生物学、化学等方面得到推广，也对社会学、心理学、教育学产生了重要影响。协同教育正是在协同学的理论基础上形成的。

协同教育理论认为：人类社会主要有三大教育系统即家庭教育系统、学校教育系统和社会教育系统。三大教育系统之间既相对独立的，又互相影响。当某一教育系统的要素或信息进入另一教育系统，与该系统要素相互联系与作用时，就会产生协同效应，从而影响该教育系统的功能。前苏联教育家苏霍姆林斯在《我们的家长学校》中指出："只有在这样的条件下才能实现和谐的全面的发展，就是两个教育者——学校和家庭，不仅要一致行动，而且要志同道合，抱着一致的信念，始终从同一的原则出发。"

基于协同理论的指导，苏霍姆林斯基创办了家长学校并取得了成功。随着我国教育改革的不断深入，协同教育理论逐渐被人们所知，并发展成为我国现代教育理论中的重要组成部分。

协同教育不仅是一种新的教育理念，也是一种新的教育方式。协同教育旨在将学校、家庭以及社会三大教育系统进行科学的整合，形成教育合力，通过这种力量激发学生生命的原动力，开发学生的潜能，调节学生的心理机能，使学生的教育达到最优化，把学生培养成适合未来社会发展需要的人才。

学前教育是我国基础教育的重要组成部分。幼儿的教育离不开家庭，家庭是幼儿成长最自然的生态环境，是幼儿的第一所学校，家长是幼儿的第一任教师。通过采取科学有效的措施将家庭教育、幼儿园教育以及社区教育联系起来，将幼儿的发展放在教育的生态系统中来对待，形成家园共育的合作关系，不仅是我国学前教育依法治教的要求，也是发挥学前教育整体功能，促进幼儿全面发展的需要。

### 三、体验式学习理论

体验学习（Experience Learning）也译为"体验性学习"、"体验式学习"，成型于20世纪80年代。美国体验专家大卫·库伯（David A·Kolb）在1984年推出了自己的第一部专著《体验学习》，标志着体验学习正式成为一个系统的、有理论基础和理论指导的学习过程观，对教育、职业以及终身学习等领域产生了巨大的影响。库伯非常支持皮亚杰的认知发生论，强调智力是在经验中形成的，个体的知识是源于感官的经验。他认为，通过系统的情境设计，把学习者导入学习情境之中，让他们身临其境地体验学习，比如用手触摸，用眼睛观察，用耳朵倾听，用大脑思考，可以产生更具体、更明确的感动和体悟。[①] 在库伯看来，没有体验的学习不能称之为学习，没有体验的学习，没有体验的反思，没有体验中的感悟，就没有儿童的成长与发展。

库伯在系统地研究人类历史上各种学习理论和学习策略的基础上，创造性地提出了"体验学习圈"，将体验学习程序化、科学化。"体验学习圈"是一个四阶段的循环过程，即具体体验（concrete experience）、反思

① D·A·库伯著. 王灿明、朱水平等译. 体验学习——让体验成为学习和发展的源泉 [M]. 上海：华东师范大学出版社，2008：3.

观察（reflective observation）、抽象概括（abstract conceptualization）和行动应用（active experimentation），即学习应该从体验开始，再对体验进行反思与观察，在此基础上将经过反思与观察的经验进行抽象概括形成理论，最后再将理论应用于实践当中，这就完成了学习过程中的第一个循环。但是这四个阶段不是单纯的平面循环，而是一个螺旋上升的过程。体验学习与传统学习不同：第一，体验学习是作为一个学习的过程，而不是结果，学习更应该关注的是过程而非结果；第二，体验学习是以体验为基础的持续过程，学生都是带着一定的经验进入学习情境的，教育者不仅要给学生传授新的经验，更重要的是要处理或修正学生的原有经验；第三，体验学习是运用辨证方法不断解决冲突的过程，学习本身就是充满矛盾和紧张的过程，学生既要积极体验，又要反思观察；既要经历具体经验，又要实现抽象概括；第四，体验学习是一个适应世界的完整过程；第五，体验学习是个体与环境之间连续不断的交互作用过程；第六，体验学习是一个创造知识的过程。①

　　库伯的贡献不仅如此，他随后又发现并且论证了体验学习的基本方式，即辐合式学习，发散式学习，同化式学习与顺应式学习。此外，他还分别阐述了以每种学习方式为主的学生所具有的学习特点。例如以辐合式学习方式为主的学生在解决问题、制定策略等方面能力强，但易受情绪的影响，不善于处理人际问题；以发散式学习方式为主的学生具有敏锐的观察力和丰富的想象力；以同化式学习方式为主的学生则推理能力强但缺乏感情；以顺应式学习方式为主的学生喜欢冒险，行动能力强，但缺乏耐心。在此基础上，库伯还与其同事共同创建了体验学习方式量表（简称LSI），用来测量个体的学习取向。

　　儿童游戏理论强调，儿童通过游戏来认识世界，在游戏的过程中与环境相互作用，从而不断的学习和积累经验。只要具备一定的时间和条件，儿童都会自发地进行游戏。即便是一些用来满足基本生存需要的活动（吃饭、如厕等）都能被儿童变成有趣的游戏。因此，在一定程度上我们可以说游戏是儿童的生活，儿童的生活就是游戏，在游戏里装着儿童的全部世界。协同教育理论则认为应该将家庭教育系统、学校教育系统和社会教育系统进行科学的整合，使教育效果实现最优化。体验式学习理论则为人们

---

① D·A·库伯著. 王灿明、朱水平，等，译. 体验学习——让体验成为学习和发展的源泉［M］上海：华东师范大学出版社，2008：22－32.

提供了一种新的学习理念和行之有效的学习方式。

这些理论涉及儿童游戏、家园协同教育以及体验式的学习方法等诸多方面的研究，为本园"幼儿-家长团队游戏组织与实施研究"的提出奠定了重要的理论基础。基于家园共育对幼儿发展的重要意义以及让家庭教育与幼儿园教育保持一致性的必要性和迫切性，本园在幼儿-家长团队游戏的组织与实施过程中，让家长通过体验的方式参与幼儿的游戏，体验幼儿的游戏世界和游戏规则，在此基础上对体验过程中产生的感悟和体会进行反思，进而改变或修正自己对幼儿的认识，最后改变自己对待幼儿的行为方式，做到真正地理解幼儿，尊重幼儿，关心幼儿，爱护幼儿。家长通过团队的形式参与和体验孩子的游戏，不仅可以帮助成人走进充满童真和童趣的、色彩斑斓的儿童世界，体会孩子的感受，与孩子心心相近，形成更为融洽的亲子关系；而且，在游戏的过程中，家长与家长之间、家长与教师之间的互动与交流可以帮助家长形成正确的育儿观，学习科学的育儿方法，使家园之间形成一股强大的凝聚力和积极的合作关系。此外，通过这种团队游戏的方式，还有助于家长抛开工作与生活中的压力，远离复杂的喧嚣闹市，在一个简单的、纯粹的儿童世界里放松自己，给心灵做个美容，然后以更积极的心态去面对工作与生活，提高工作的效率和生活的质量，促进家庭与社会的和谐发展。

## 第二节　幼儿-家长团队游戏的内涵与意义

### 一、幼儿-家长团队游戏的概念

科学研究的任务是要揭示对象本身的特殊性。我们要建构幼儿-家长团队游戏的理论基础和实践模式，就必然要解释幼儿-家长团队游戏究竟是一个什么性质的活动，在此基础上才能说明开展幼儿-家长团队游戏的意义以及方法等问题。

关于游戏以及儿童游戏的理论非常丰硕，不同的理论对游戏的定义有所不同，但迄今为止仍没有一个为大家一致认同的游戏定义。对游戏定义是件既容易又困难的事情。说它容易，是因为游戏是一种社会生活现象，广泛存在于社会生活当中，与人们的生活息息相关。说它难是因为游戏本身具有复杂性，它涵盖的范围之广是人们很难用文字囊尽所有。当前，人们基本采取三种不同的态度来解决游戏定义的问题：

第一种为"毋庸定义"。持这种态度的人们认为游戏难以对其进行精确定义，而且也没有必要对其精确定义。他们更愿意将"游戏"当成动词而非名词来使用。即便没有游戏精确的操作性定义，关于游戏理论的研究仍蓬勃发展。

第二种为"直觉判断"。持这种态度的人们认为要给游戏下一个精确的定义实属困难，但是在实际生活中人们可以凭借多种线索确认游戏的发生。以 R·J·马修斯和 W·S·马修斯提出的、用直觉的感性判断为基础的"范例——个案匹配法"正是如此。这种方法是把游戏当做一种可以观察、可分类的行为总和，试图以分类学的观点为依据来解释游戏，通过对于每个具体的游戏类型的研究来达到对作为一类行为总称的游戏的理解。

第三种态度为"特征举证"。这是人们用来解释游戏的常用方法。这种方法主要是将游戏看成一类具有某些"共同标准属性"的行为。只要设法找出这些共同属性，并且将它们组织起来就可以构成游戏的标准而区别于非游戏的活动。所列举的共同特征越多，就越接近于游戏本身，从而就越容易使人们就某一种行为是否是游戏而达成共识。

无论是持哪一种游戏定义的态度，游戏活动作为人类活动的一种，它必然有着人类活动的一般特征，即游戏活动具有对象性、社会性、主体性以及发展性。主客体相互作用是活动的第一要素。在不同的游戏中，游戏活动的对象会有所不同。游戏活动的对象性决定了游戏活动具有社会性。而主体性是人作为活动主体在与活动客体的相互作用中表现出来的自主性、积极性和创造性。人在游戏的过程中可以积极主动的建构自己的经验，并获得"游戏性体验"[①]。这种"游戏性体验"实际上就是一种主体性的体验，包括兴趣性体验、自主性体验、胜任感体验，幽默感体验以及驱力愉快，不同的游戏类型会产生不同的游戏性体验，它是构成游戏活动的重要心理成分。发展性则是指游戏活动带来的影响。通过游戏可以使人的身心得到各方面的发展。

对团队概念的定义在不同的领域有不同的定义方式。在本研究中主要借用管理学家罗宾斯对团队的定义，他认为：团队就是由两个或者两个以上的，相互作用，相互依赖的个体，为了特定目标而按照一定规则结合在

---

① 作为活动的主体，人们在游戏活动中总会产生对这种活动的主观感受或心理体验，这种体验就称为"游戏性体验"。

一起的组织。

因此，在本研究中，笔者试图将幼儿－家长团队游戏界定为：以两个或两个以上幼儿家长或家庭为活动主体，在幼儿教师有目的、有计划地组织与指导下，相互协作、共同参与幼儿喜欢的、符合幼儿身心发展特点的一类具有教育意义的游戏。幼儿－家长团队游戏不仅是一种特殊的游戏活动，而且还是一种新型的家园合作方式。

第一，幼儿－家长团队游戏是一种特殊的游戏活动。

幼儿－家长团队游戏不同于幼儿的游戏。幼儿游戏的主要参与者为幼儿，游戏内容是幼儿感兴趣的事物，在游戏过程中现实与梦想相互交织。幼儿游戏没有具体的教育目标，游戏本身就是游戏的目标；幼儿游戏也没有固定的游戏方法，幼儿可以在游戏的过程中改变游戏规则，即使这些规则可能在成人眼里有点"不可思议"。幼儿在游戏的过程中建构自己的知识与经验，与周围环境发生互动，从而认识这个世界。在幼儿－家长团队游戏中，游戏内容不是对幼儿游戏的简单复制，每个游戏活动都有具体的活动目标，游戏的方式是通过对幼儿游戏的方式加以改造和加工而形成的，在游戏之后家长与教师之间、家长与家长之间就游戏本身会有交流与讨论，并做出相应的评价与反馈。因此，在一定程度上来看，幼儿－家长团队游戏是幼儿游戏的变形，是一种特殊的游戏活动。

第二，幼儿－家长团队游戏是一种新型的家园合作方式。

在学前教育改革的大教育背景下，家园共育已经成为了学前教育的主流趋势。2001年，教育部在颁发的《幼儿园教育指导纲要（试行）》中指出，"幼儿园应与家庭、社区密切合作"，"综合利用各种教育资源，共同为幼儿的发展创造良好的条件"。当前我国家园合作的方式有很多，例如家长学校、家长委员会、家长开放日、社会实践活动、幼儿成果展示活动、亲子联谊活动、定期家访、家园联系册、家长宣传栏、家庭教育知识讲座等。但大多数幼儿园都采用直接便利的面谈与家长宣传栏为主。其他合作形式大多流于形式，真正发挥功效的不多。幼儿－家长团队游戏是幼儿家长利用工作之余的时间，通过幼儿教师的组织与指导，与其他幼儿家长以及幼儿共同参与游戏。在游戏的过程中，家长之间可以抛下身份、地位、财富等方面的悬殊，仅以幼儿家长的身份与其他家长秉着相同的目标，在幼儿教师的指导下，共同参与到游戏当中，挖掘每个游戏的深层价值和意义。这一相同的目标就是给孩子提供更优的教育，构建和谐融洽的亲子关系与家园关系，促进孩子身心全面和谐的发展。游戏中，幼儿教师还会适时地向家长提供科学的育儿方法，及时帮助家长解决在育儿方面存在的问题与困惑，形成家园共育的新局面。

## 二、幼儿－家长团队游戏的类型

在本研究中主要呈现了 76 个幼儿－家长团队游戏，对幼儿－家长团队游戏分类的维度不同，可以将这 76 个游戏划分为不同的类型。

1. 以游戏参与者的性质以及游戏本身的安全性为依据

从游戏参与者的性质以及游戏本身的安全性划分，可以将幼儿－家长团队游戏划分为亲子团队游戏和家长团队游戏。

亲子团队游戏是指两个或两个以上家庭共同参与的团队游戏。这里的家庭是指家长与幼儿之间基于亲子感情而组成的团体。这区别于我们常说的亲子游戏。亲子游戏是家庭内父母与孩子之间，以亲子感情为基础而进行的一种活动，是亲子之间交往的重要形式。

家长团队游戏是两个或两个以上幼儿家长共同参与的团队游戏。在这 76 个团队游戏中，有部分游戏对个体的安全意识和自我保护能力有较高的要求。由于幼儿年龄尚小，身心各方面的发育和发展尚未成熟，安全意识和自我保护能力较差，不适合进行相关游戏，但这些游戏对于幼儿家长在育儿方面具有重要的教育意义与价值。因此，将其单独划分出来。

2. 以游戏组织的结构的严密程度和教师的指导方式为依据

按照游戏组织结构的严密程度和教师指导方式的不同，可以将幼儿－家长团队游戏划分为正规性的游戏和非正规性的游戏两种类型。正规性的游戏是指幼儿教师按计划专门设计并组织实施的幼儿－家长团队游戏，在这一类型游戏的组织过程中有着严密的组织结构，教师以直接指导为主。非正规性的游戏是指由教师组织和实施的，组织结构较松散的幼儿－家长团队游戏。这类游戏活动一般不作为单独的活动专门开展，而是作为幼儿园其他大型活动的环节之一进行，教师以间接指导为主。

3. 以游戏内容的性质为依据

根据游戏内容性质的不同，可以将幼儿－家长团队游戏划分为语言游戏、数学游戏、音乐游戏、美术游戏、体育游戏等不同类型。不同性质的游戏内容，游戏的目的和组织形式都会有所区别。（详见第二编）

## 三、幼儿－家长团队游戏的特点

幼儿－家长团队游戏作为游戏活动的一种，不仅具有游戏活动的一般特征，还有自己的独特之处，具体表现为：

**1. 游戏主体的多样性**

在幼儿－家长团队游戏中，没有固定的游戏主体。幼儿家长不仅可以单独参与，也可以与自己的孩子一同参与；既可以所有的幼儿家长共同参与，又可以是部分幼儿家长参与。在游戏过程中，教师不仅可以担任游戏的组织者和指导者，也可以以参与者的身份和家长一起游戏。

**2. 游戏内容的丰富性**

幼儿－家长团队游戏的内容是丰富多样的。从内容的具体形式来看，不仅有音乐类的游戏，语言类的游戏，体育类的游戏，还有数学类的游戏，美术类的游戏等；从内容的适切性来看，不仅有家长团队游戏，还有亲子团队游戏。

**3. 游戏形式的灵活性**

幼儿－家长团队游戏的形式灵活多样。从游戏内容的表现形式来看，既有家长团队游戏，又有亲子团队游戏；从游戏活动的场地来看，既可以在幼儿园开展，也可以延伸到户外和社区；从游戏活动的结构性来看，既可以是由幼儿教师专门性的、有目的、有计划的组织活动，又可以作为幼儿园其他活动（家长会、家长讲座、幼儿园的表演或比赛活动等）的具体环节来进行。

**4. 游戏评价的多元性**

幼儿－家长团队游戏的评价方式也是多元的。既可以在游戏活动开始之前对其做预测性的评价，也可以在游戏的过程中根据游戏的具体情况作形成性的评价，孩子可以在游戏结束之后作总结性的评价；既可以是游戏主体的自我评价，也可以是他人评价；既可以口头评价，也可以以书面或者量表的形式评价。

### 四、幼儿－家长团队游戏的意义

幼儿－家长团队游戏是按照一定的社会要求和教育目标，以两个或两个以上幼儿家长或家庭为活动主体，在幼儿教师的组织与指导下，相互协作、共同参与幼儿喜欢的、符合幼儿身心发展特点的游戏活动。这种新型的、特殊的游戏活动方式，对于形成亲密的亲子关系、提高家园共育的质量，促进社会的和谐发展等方面都有着重要的意义。

第一，幼儿－家长团队游戏有助于形成融洽的亲子关系。

亲子关系是人类最早形成的、也是最基本的一种人际关系。亲子关系最直接的表现形式就是"亲子依恋"。亲子依恋是指父母与子女之间基于血缘关系而形成的双向情感联系。法国著名心理学家瓦隆认为，儿童对人们的依恋是儿童个性发展的条件。缺乏这种依恋的儿童可能会变得恐惧和惊慌，甚至产生精神萎缩的现象，并且这种现象对儿童的影响将会伴随其终身。社会的进步与发展让更多的家长外出工作，与之而来的则是陪伴孩子的时间逐渐减少。来自工作与生活的压力让部分家长的情绪变得敏感和易怒，对孩子教育失去耐心，亲子关系日益冷漠。幼儿－家长团队游戏通过让幼儿家长在轻松愉快的氛围中，切身参与和体验幼儿喜欢的游戏，掌握幼儿游戏的基本规则与具体方法，不仅有助于家长缓解各方面的压力，而且，可以帮助家长成为幼儿游戏的伙伴，与幼儿共同分享游戏的乐趣，增进亲子之间的心灵交流，形成积极的亲子依恋，构建融洽的亲子关系，促进幼儿身心健康、全面的发展。

第二，幼儿－家长团队游戏有助于提高家园共育的质量。

幼儿的教育不应该是幼儿园或家庭单方面的工作，而是二者共同的任务。虽然许多幼儿园和家长对"家园共育"有所认识，但实际行动却与之相差甚远。一些家长对于幼儿园开展的活动不积极配合，认为把孩子交到幼儿园就是幼儿园的事情了。一些家长认为幼儿园应该多教授知识类的经验，比如识字、算数，这样才能让孩子以后考入优质的小学，为自己的"面子"增光添彩。幼儿园也是如此。一些幼儿园在要求家长配合园内工作时很少考虑到家长的需要和想法，使家长处于被动服从的地位。一些幼儿园在做家长工作时敷衍了事，流于形式，没有取得实际的效益。比如只是单纯的将一些剪报贴入"家长园地"栏，很少与家长就幼儿教育方面进行沟通与交流；家长会一个学期开两次，学期初就本学期的教学计划向家长做个汇报，学期末对则是向家长进行学期总结。长此以往，家长与幼儿园之间产生了分裂现象，双方互不信任，幼儿教育问题也层出不穷。而幼儿－家长团队游戏则在幼儿园与家长之间搭建起了一个沟通交流的桥梁，在游戏过程中，教师向家长提供幼儿非常喜欢和感兴趣的游戏，然后和家长一起体验游戏，并对游戏过程中的感受畅所欲言。同时，家长可以就自己在育儿方面出现的困惑与其他家长和教师交流，大家共同探讨解决的办法；也可以将自己在育儿方面的心得和经验与大家分享。幼儿－家长团队游戏，不仅有利于家长成为一个合格的教育者，还有利于家长与教师之间形成亲密的合作关系，提高家园共育的质量。

第三，幼儿－家长团队游戏有助于促进社会的和谐发展。

　　构建社会主义和谐社会，是我们党在新的历史时期的重大战略任务。和谐已经成为时代的主旋律、最强音，和谐社会可以提升人们的生活质量和幸福感，从而促进社会的进步与发展。家庭是社会的基本组成单位，是社会的细胞。在幼儿－家长团队游戏中，家长通过参与和体验幼儿的游戏来感受和体悟幼儿的世界，理解幼儿的游戏从而理解幼儿；通过改变自己不合理、不科学的育儿观，与幼儿之间形成亲密、融洽的亲子关系，以构建和谐家庭。幼儿是社会未来的接班人和建设者，幼儿教育的发展对社会的发展起着举足轻重的作用。在幼儿－家长团队游戏中，家长与家长之间、家长与教师之间以及家长与幼儿之间可以形成良好的、积极的互动关系，提高家园共育的质量，构建和谐的幼儿教育。幼儿－家长团队游戏通过帮助家长构建和谐家庭与和谐的幼儿教育来促进社会的和谐发展。

# 第二章　幼儿－家长团队游戏活动的设计与指导

## 第一节　幼儿－家长团队游戏活动的设计

　　幼儿－家长团队游戏活动是指在幼儿教师的组织与指导下，以提高家园共育的质量和促进幼儿身心全面发展为主要目标，以两个或两个以上的家长或家庭为活动主体，以幼儿感兴趣和喜欢的游戏为主要内容，以团队游戏为活动形式，以体验式学习为主要方法而实施的教育过程。它是幼儿园教育和家庭教育的重要补充。幼儿－家长团队游戏活动的设计是指对构成幼儿－家长团队游戏的各种要素进行选择和组合，大致包括：制定活动目标、选择活动内容、确定活动组织的方法以及进行活动评价。

### 一、幼儿－家长团队游戏活动目标的制定

　　幼儿－家长团队游戏的目标是指通过团队游戏应该实现的水平和教育结果。它对家园共育的质量、幼儿身心健康的发展有着预知和规范的作用，也是衡量团队游戏成效的评价尺度。

#### （一）制定幼儿－家长团队游戏活动目标的依据

制定幼儿－家长团队游戏活动的目标应该从以下四个方面思考：

1. 以社会发展的客观要求为依据

　　随着社会的发展和科学技术的腾飞，当前我国社会发生了快速的变迁和巨大的转型，这必然导致其对家庭结构和家长角色提出新的要求。幼儿是未来社会的主人，家庭是幼儿的第一所学校，家长是幼儿的第一任老师，对幼儿身心全面发展有着不可替代的重要意义。在制定幼儿－家长团

队游戏活动的目标时，必须依据社会发展的现今趋势以及对人才培养的具体要求，帮助家长正确定位自己的角色，树立科学的育儿观。

2. 以幼儿园的保教目标为依据

1996 年 3 月颁布的《幼儿园工作规程》中对幼儿园保育教育的任务、目标做了详细和具体的规定。1999 年 10 月颁布的《幼儿园教育指导纲要（试行）》中明确指出："幼儿园教育应当贯彻国家的教育方针，坚持保育与教育相结合的原则，对幼儿实施体、智、德、美诸方面全面发展的教育，全面落实《幼儿园工作规程》中所提出的保育教育目标。"幼儿园保教目标反映了社会对未来人才培养的要求，具有政策性和前瞻性，对于幼儿园其他保教活动目标的制定具有较强的指导性和制约性。因此在制定幼儿－家长团队游戏活动目标时应将幼儿园的保教目标作为直接依据。

3. 以幼儿身心发展的规律及需要为依据

幼儿以游戏为基本生活，游戏是幼儿身心发展的客观要求。但如何满足幼儿游戏的需要并非由幼儿自己决定，而是需要成人社会的理解和支持。在制定幼儿－家长团队游戏的目标时一定要从幼儿身心发展的规律和特点出发，还应考虑幼儿已有的活动经验和游戏水平，选择适合幼儿年龄特点和真正能反映幼儿生活的游戏作为活动内容。

4. 以幼儿－家长团队游戏的特殊性为依据

幼儿－家长团队游戏既不同于幼儿在园的基本游戏活动，又不同于我们常说的"亲子游戏"，它是一种特殊的游戏活动。它的特殊性不仅体现在游戏的主体之上（既可以是家长组成团队开展游戏，也可以是家长和幼儿共同游戏），还体现在游戏的内容与玩法之上（游戏的内容与玩法是幼儿喜欢和熟悉的，但又不是对幼儿游戏的简单复制）。因此在制定幼儿－家长团队游戏活动的目标时还应该考虑到这种游戏本身的特殊性。

**（二）幼儿－家长团队游戏目标的分类**

基于以上考虑，我们将幼儿－家长团队游戏的目标划分为两个互相联系、互相制约的两个层次，即总目标和具体目标。

幼儿－家长团队游戏活动的总目标则是：在教师的指导与帮助下，幼儿家长以团队的形式参与和体验幼儿游戏，通过学习和掌握幼儿游戏的规则与具体方法，实现家长教育理念的更新，提高家庭教育的有效性，增进亲子之间的关系，形成家园共育的正向互动关系，促进幼儿全面的发展。

幼儿－家长团队游戏的具体目标是指根据不同的游戏类型而制定的具体行为目标。（详见第二编）

### 二、幼儿－家长团队游戏活动内容的选择

幼儿－家长团队游戏活动的内容涉及的范围很广。之前我们说过，幼儿－家长团队游戏活动的内容是以幼儿游戏为主，但绝不是对幼儿游戏的简单复制。在选择幼儿－家长团队游戏的内容时我们应当遵循以下原则：

1. 生活性原则

生活即教育，生活即游戏。在选择幼儿－家长团队游戏内容时，我们应该结合幼儿在园内的一日生活，选择那些能够真切反映幼儿生活的游戏，这样才能更好地让家长通过体验这种游戏来感受和理解幼儿的世界，与幼儿在心灵上实现融合。

2. 适切性原则

首先，游戏内容的安排必须根据家长类型的不同而不同。不同的家长类型在游戏的选择上会有所不同。例如年轻的家长既可以选择运动量大的（跑、跳等）动态游戏，也可以选择安静的游戏。但是年长的家长（祖父母、外祖父母等）则比较适合运动量小的游戏。其次，选择游戏内容时要考虑该游戏是否适合团队一起参加。最后，还应该注意游戏的季节性、地域差异性等问题。

3. 全面性原则

全面性原则是指在选择幼儿－家长团队游戏内容时，不仅要考虑到不同类型的游戏，如角色游戏、音乐游戏、建构游戏，动态的游戏、静态的游戏，传统的游戏、现代的游戏等；也要考虑这些游戏是否有利于幼儿体、智、德、美全面的发展；还要考虑是否有利于家长形成科学的教育理念，促进亲子关系的和谐发展等。

4. 趣味性原则

在游戏活动中，机械的、单一的游戏内容对于活动主体，尤其是幼儿来说是非常枯燥乏味的。因此，我们在选择游戏内容的时候，一定要考虑到游戏本身是否体验童真和童趣，能否给活动主体的身心带来愉悦和快乐的感受。

5. 时代性原则

我们现在处于一个日新月异、瞬息万变的新时代，国家在不同的时期会有相应的教育政策和指导方针。因此我们在选择幼儿－家长团队游戏内容时还应注意引导家长关注当前幼儿教育的新理念和发展的新动向，做到与时俱进。

### 三、幼儿－家长团队游戏活动过程的组织

#### （一）组织幼儿－家长团队游戏活动的原则

1. 科学性原则

在组织幼儿－家长团队游戏活动时要遵循科学性原则。科学的组织方法是确保活动主体安全的重要保障，不仅各个活动环节的安排要科学合理，活动环节与环节之间的过渡也要讲究科学性。比如在运动类的游戏中，要先通过热身运动让活动主体的身体舒展开来，避免在活动中受到伤害；在静态类游戏中，要先通过呼吸训练帮助活动主体放松身心。此外，在活动的组织过程中，还要考虑到幼儿身心发展的规律和特点。幼儿身心各方面发展还不成熟，因此活动中运动量不宜过大，游戏时间也不宜过长。

2. 经常性原则

经常性原则是指活动的组织应融于幼儿家长和幼儿的生活当中，并持之以恒。教育的效果具有滞后性，我们在组织幼儿－家长团队游戏活动时要避免"两天打鱼，三天晒网"的现象，同时在鼓励家长参与活动时也要告知家长这一原则。我们旨在通过幼儿－家长团队游戏来增进亲子关系的融洽，提高家园共育的质量，促进幼儿身心的健康发展，但一次或几次游戏活动的体验是很难达到活动的真正目的的。

3. 多样性原则

多样性原则是指在幼儿－家长团队游戏活动的组织过程中应灵活运用多种途径和方法来进行。幼儿－家长团队游戏活动具有不同的类型，开展不同类型的活动的方法是多样的，同时，同一类型的游戏活动也可以通过不同的方法来实现。因此，在组织游戏活动是要避免用一种方法或一种途径来完成，而应该使用多种方法和多条途径，使其相互补充、相互配合，才能实现幼儿－家长团队游戏活动的目标。

4. 互动性原则

互动性原则是指在幼儿-家长团队游戏活动的组织中要着重强调活动主体之间的互动。有互动才有交流，有交流才能帮助彼此了解，有了解才能实现互相理解。如果在游戏中缺乏有效的互动，活动主体容易出现"事不关己"的游离状态，这样不仅会影响游戏活动的效果，而且不利于活动目标的实现。

## （二）幼儿-家长团队游戏的组织方法

幼儿-家长团队游戏可以通过多种途径和多种组织形式来实现。既可以组织专门的游戏活动，也可以将游戏作为幼儿园重大活动中的一个环节来组织；既可以在户外组织游戏，也可以在园内组织游戏。无论是采用何种组织形式与途径，它们都遵循着一定的组织规律：即介绍游戏——参与和体验游戏——改变游戏方法——再参与和体验游戏——评价与反馈。

在组织幼儿-家长团队游戏的过程中，教师首先要介绍游戏，包括游戏的名称、目标、游戏规则等，然后鼓励游戏主体参与和体验游戏。经过几次的练习之后，再改变游戏的玩法，以新的形式继续该游戏。最后对游戏进行评价与反馈。值得注意的是，这里的评价不一定要在游戏结束后进行，可以根据游戏的具体情况选择评价的方式。此外，从介绍游戏到评价与反馈不是简单的直线过程，而是一个螺旋循环不断上升的过程。

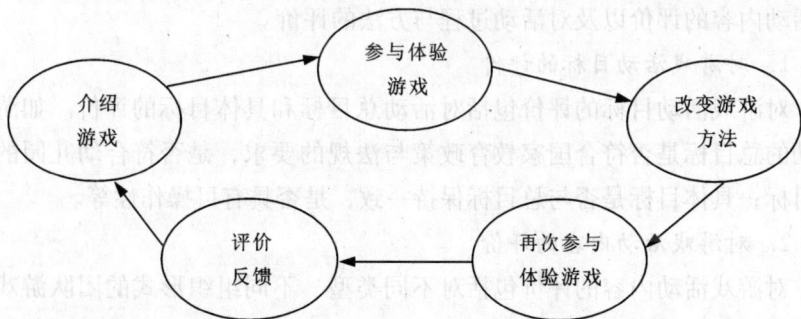

**图2.1 幼儿-家长团队游戏的组织过程**

例如在游戏《多元排队》中，游戏主体围成一个圆圈，在游戏开始时，教师说"请最高的人站在我的左边，最矮的人站在我的右边，然后大家以最快的速度依次排列"。随后教师提高游戏的难度，改变游戏方法，如"请年龄最大的家长站在我的左手边，请年龄最小的家长站在我的右边，然后大家以最快的速度依次排列"。这在一定程度上要求家长之间必须经过交流才能找到自己正确的位置。在这次排列结束后，教师立即提问，"为什么我们不能向刚才那样快速将队伍排列出来呢？"之后家长们就这一问题谈自己的看法。最后，教师对家长所讲述的内容进行总结："我们家长之间平时的交流比较少，一般都只认识与自己在同一社区的家长，或者是自己的朋友。倘若我们能够敞开心扉，利用接送孩子的时候可以与其他家长聊聊天，留下联系方式，在日后的生活中多加联系，不仅可以结交新的朋友，还可以丰富家长们的育儿经验。"

## 第二节　幼儿－家长团队游戏活动的评价

### （一）幼儿－家长团队游戏活动评价的范围

对幼儿－家长团队游戏活动进行评价，可以检验活动目标的达成程度，可以了解活动的内容与方法是否适宜，可以了解家长在活动中的感受和体验，可以发现活动中还存在哪些问题有助于对其修订和完善。评价是幼儿－家长团队游戏活动的重要组成部分。幼儿－家长团队游戏活动的评价与反馈的方式是多样的，评价的范围都主要包括：对活动目标的评价，对活动内容的评价以及对活动过程与方法的评价。

　　1. 对游戏活动目标的评价

对游戏活动目标的评价包括对活动总目标和具体目标的评价。如游戏活动的总目标是否符合国家教育政策与法规的要求，是否符合幼儿园的教育目标；具体目标是否与总目标保持一致，是否具有可操作性等。

　　2. 对游戏活动内容的评价

对游戏活动内容的评价包括对不同类型、不同组织形式的团队游戏进行评价。如：活动内容与活动目标是否保持一致，即活动内容是否很好地体现了活动的目标；活动内容的选择是否遵循了选择的基本原则等。

　　3. 对活动过程与方法的评价

对活动过程与方法的评价包括对游戏主体、游戏环境、游戏材料等方面的因素是否调动了游戏主体的积极性，是否产生了实际的效果等方面内容。

4．对活动结果的评价

对活动结果的评价则是指对活动的结果是否实现了活动目标，达成程度如何，还存在哪些问题等方面内容。

上述四大评价范围，都必须以活动目标为核心，通过收集各种量化和非量化的资料对其进行量和质的价值判断，以调整活动目标、活动方案、活动内容与方法以及活动过程，为更有效的提高家园共育质量，促进幼儿身心全面发展服务。

**（二）幼儿－家长团队游戏评价的类型**

从不同的维度可以将幼儿－家长团队游戏划分为不同的类型。

1．自我评价和他人评价

从评价的主体来看，可以分为自我评价和他人评价。

自我评价是指被评者通过自我反思和分析，对照相关标准，对自己在游戏活动的表现做出判断。例如教师可以对自己组织游戏活动的目标、内容、方法、过程以及结果进行自我反思与分析，总结出自己组织过程中的优点与不足，这样不仅有利于教师以后可以更好的组织相关活动，还可以促进教师的专业化成长。家长可以通过对自己在活动中的投入程度、表现以及体验等进行自我分析，以提高自我认识。

他人评价是指由被评者以外的其他人，对被评者在活动中的实际表现进行评价。这里的其他人既可以是教师，也可以是家长，甚至可以是幼儿。例如在一次游戏活动中，某位幼儿对自己家长的评价就是"我觉得妈妈今天不够勇敢"。

2．诊断性评价、形成性评价和终结性评价

从评价的目的和时间来看，可以分为诊断性评价、形成性评价和终结性评价。

诊断性评价一般是在活动开始之前进行的预测性的评价，其目的在于了解游戏主体的基本情况，包括对游戏的需要，家庭的亲子关系程度，家庭教育方式等，为更有效地制定活动方案提供事实依据。

形成性评价是在活动过程中持续进行的，目的在于对活动过程做出及时地反馈与调节，从而使活动的开展更合理，更完善。

终结性评价是在完成某个活动之后进行的，目的在于对活动的结果进行全面的了解与分析，并以活动目标为评价标准对活动结果的有效性进行判断。

### 3. 口头评价和书面评价

从评价内容呈现的形式来看，可以分为口头评价和书面评价。

口头评价是指评价者对被评者作出即时的、言语的评价。在评价过程中可以加上一些非言语形式，比如面部表情、肢体动作等。

书面评价是指评价者用书面文字的形式对被评者进行的评价。这种书面文字既可以采用报告的形式，也可以采用日记、体验表等形式。这种评价方式不必即时呈现，可以让评价者回家之后完成。

以上各种评价方法并非只能单独使用，我们在选择的过程中可以灵活把握。在同一个活动中，我们既可以进行自我评价，又可以进行他人评价；既可以采用诊断性评价，又可以采用形成性评价和终结性评价；既可以选择即时的口头评价，又可以选择书面评价。将多种评价方式结合运用，有利于为评价提供客观翔实的依据，以便作出可靠、有效的价值判断。

### （三）幼儿－家长团队游戏活动评价的方法

在对幼儿－家长团队游戏活动进行具体评价时，应该根据评价类型的不同而选择不同的评价方法。不论是采用何种评价类型，都离不开信息的收集。收集信息是对评价对象进行评价的第一步，也是关键所在。信息的客观性和翔实性往往会影响到评价的结果。评价的方法在一定程度上就是收集信息的方法。在幼儿－家长团队游戏活动中的评价方法主要有三大类：谈话法、观察评价法和体验表法。

### 1. 谈话法

谈话法是指调查者通过与被调查者之间的当面交谈来收集信息，进而进行评价的方法。在幼儿－家长团队游戏活动中采取的主要是自由回答问题的谈话，即围绕一个或者几个问题进行自由表达的谈话。

例1：在游戏过程中，指导老师让游戏主体回答以下问题：

跑一圈下来感觉怎么样？

在排队的过程中你们遇到了什么样的麻烦？

在使用这种谈话法的时候应该为游戏主体营造一个轻松、愉悦的氛围，以让游戏主体消除紧张心态，做到畅所欲言。

### 2. 观察评价法

观察法是指在自然的条件下，有目的、有计划地对观察对象或行为进行考察，记录和分析的一种方法。

在幼儿－家长团队游戏活动中，一般采用的观察法有量表法和日记描述法。

量表法主是指以观察量表的形式对观察对象在活动中的表现进行记录。日记描述法是指用记日记的形式对观察对象在活动中的表现进行记录。

例2：观察量表

| 游戏名称 | | | | | |
|---|---|---|---|---|---|
| 游戏主体 | | | | | |
| 指导教师 | | | | | |
| 观察项记录 | 环境的创设 | 游戏内容的设定 | 游戏兴趣的激发 | 游戏过程中与活动主体互动、回应 | 指导方法和指导语运用 |
| 教　师 | | | | | |
| 观察项记录 | 游戏兴趣 | 游戏投入程度 | 游戏中的情感态度 | 游戏中与游戏主体的互动、回应 | 游戏后的反馈 |
| 活动主体 | | | | | |

例3：日记记录法

观察对象：丹丹，女，四岁零五个月；丹丹的爸爸

观察者：教师

观察时间：2010年3月15日

观察地点：幼儿园活动室

丹丹的爸爸常常忙于工作，很少有时间陪丹丹。丹丹与爸爸之间的关系不是很亲密。因此，在游戏刚开始的阶段，丹丹和爸爸之间几乎没有交流，只是被动地按照教师的要求进行游戏。后来，丹丹的鞋带散了，爸爸直接蹲下来为丹丹系紧鞋带，并且说"丹丹，来，把鞋带系紧了我们一起

加油，争取拿第一名"。此时，丹丹的脸上露出了笑容，并且搂住了爸爸的脖子。

在采用观察法的时候，可以根据不同的需要选择不同的类型。但是，在使用的过程中应该做到记录客观真实，避免主观性，为评价提供科学的依据。

### 3. 体验表法

体验表法是指游戏主体和指导教师，通过表格和文字的形式将自己在游戏中的体验与感受表现出来。幼儿可以在家长或者教师的指导帮助下完成。在使用体验表的时候应注意表述的真实性。

例4：游戏"链接加速"体验表

| 游戏名称：链接加速 | 体验者：家长 |
|---|---|
| 青雨的妈妈：当我们冲入终点的时候，每个队员的脸上都洋溢着自信的微笑。是的，因为我们战胜了自己，取得了胜利。刚开始我们也没想过会这么顺利，我想这就是我们这组队员的互相信任、团结、合作的原因。虽然这次游戏在体力上付出得比较多，感觉比较累。但是，我还是很享受这次游戏，因为这次游戏让我深深地体会到团队精神的重要性，只有团队中每个成员相互团结、相互帮助、相互信任才能共同完成团队的目标。<br><br>可卓的爸爸：我平时工作比较忙，参加幼儿园的活动比较少。通过这次团队游戏我很开心，不但让我感受到童年游戏的快乐，还让我和其他家长在心理上拉近了距离。我们在游戏中都是想着如何组织、协调及配合好，而不是只要自己做好就可以了，队员对团队懂得关注远远超过了其自身。团队合作的精神发挥得淋漓尽致。我回家后也想带着我的孩子玩玩这个游戏，现在的孩子都比较自私，一般都想着自己，我想让他通过这样的游戏，了解团结的重要性。有些事单靠一个人的力量是有限的，团队的合作可以创造巨大的力量。 | |

为了有效地进行幼儿－家长团队游戏活动的评价，可以将多种方法综合使用，从不同的角度收集相关信息，为评价提供充分、客观的依据，以做出有效的价值判断，从而促进活动方案的修改和活动效果的提高。

# 第 二 编

## 体验幸福：幼儿－家长团队游戏活动案例

幸福越与人共享，它的价值越增加。

—— 森村诚一

# 第三章　家长团队游戏活动案例

　　按照游戏参与者的性质及游戏本身的安全性划分，可以将幼儿－家长团队游戏划分为亲子团队游戏和家长团队游戏。在本章中，将以活动案例的形式具体、详细地介绍6个家长团队游戏活动的组织与实施。虽然家长团队游戏在全部游戏中所占比例不大，但其蕴含的意义却不容忽视。

　　家长团队游戏是指在家长团队中开展的团队游戏。此类游戏的技能要求比较高，因此适合在家长团队中开展，其开展的目的在于：

　　一、帮助家长减轻压力，让家长找回遗忘的童真。社会步伐的加速，父母身上承载的压力也在增加，家长团队游戏的开展能够让父母放慢前进的脚步，重拾儿时的童真，释放久违的欢笑。

　　二、为家长提供结识新朋友和交流育儿经验的机会。彼此陌生的家长聚集在一起体验团队游戏，不仅可以打破家长之间的隔阂，还能帮助家长认识新的朋友，家长都是为了可以让自己的孩子更好的成长起来，于是就有共同的话题来探讨，无形之中大家在一起成长。

　　三、有利于促进家园合作，提高家园共育的质量。家长团队游戏的开展可以为教师与家长的沟通交流提供一个平等的、轻松的氛围，帮助教师与家长之间建立更好的信任关系，促进彼此之间的理解，从而促进家园合作，提高家园共育的质量。

## 案例一　信任被摔

**一、活动目标：**

1. 培养团队成员间的高度信任，提高成员的人际沟通能力。
2. 引导团队成员换位思考，认识到责任与信任是相互的。

**二、活动时间：** 20分钟。

**三、活动准备：** 1.6米以上的高台一座、20人左右。

**四、活动要求：** 台下的队员双手一定要抓紧，保证倒下队员的安全。

### 五、活动实施：

一个队员站在 1.6 米以上的高台上，背对队友，其他的队员站在高台下面，两两抓住双手（或将双手互搭在肩膀上），高台上的队员向后倒下，而其他队员则伸出双手保护他。

### 六、拓展游戏：

家长和幼儿一起玩。让幼儿站在高台，向后倒下，家长伸手保护他，注意场地的适宜性。

### 七、游戏体验：

**【家长心语】**

亲爱的堂堂宝贝从小就胆量比较小，今天他敢于大胆地尝试，自己上台参加游戏，我在下面一直用鼓励的眼神看着他，让他背对着不认识的叔叔阿姨直接倒下去，我以为他不敢，没想到他勇敢地参加了，而且是毫不畏惧地直接倒下去。许多家长都赞叹这个孩子真勇敢，我非常地开心和欣慰，这个游戏不仅锻炼了孩子的胆量，也能培养孩子的团队精神，勇敢面对挑战。

——堂堂的妈妈·2009 年 9 月 2 日

今天很高兴来到幼儿园参加亲子游戏，很感谢老师们利用自己的休息时间组织这次活动。看到孩子在游戏中的表现，发现自己的孩子自信、大胆，积极性很高，要表扬！看得出孩子在幼儿园很快乐！

——钦钦的妈妈·2009 年 9 月 2 日

**【教师感言】**

还记得第一次玩该游戏的情形：开始游戏时，大家都争抢着要在台下和其他同伴伸手接人，谁也不愿意站到台上向后倒。最后，还是通过"点兵点将"的方法选出了静静老师作为代表上台。第一轮，当园长说"倒"时，静静老师还是没有勇气倒下去，摸着自己的胸口说了一句："我怕！"台下的人这时候说了声："怕什么，我们一定齐力接住你。"说了许多鼓励的话，同时也向静静老师保证一定接住她，有了大家的鼓励和保证，第二轮静静老师慢慢地、小心翼翼地倒下去，在台下的人也将自己的保证做到了，稳稳地接住了静静老师，看到自己完好无损地下来，静静老师毫不犹豫地说了句：还想再玩一次。这一次她放心、大胆地倒了下去。大家仍然接住了她，看着静静老师玩得这么起劲，其他人也坐不住了，都抢着想试一试。游戏玩了许多轮，在大家的欢笑声中，谁也不想结束游戏。

当今社会人与人之间的信任感流失得越来越快。信任被摔这个游戏正是要提高、锻炼团队成员之间相互信任的团队精神。游戏中假设有一方不信任对方，那么游戏将无法进行。开始谁也不愿意做上台倒下的一方，因为没有安全感，不知道队友们是否真的能顺利地接住自己，而在台下接人的一方做出了保证，使得静静老师对其产生信任。通过一次次的尝试，这份信任感越来越强烈，游戏进行越来越顺利。是的，要想别人信任你，首先你自己要有责任感。每个人都希望可以和他人相互信任，否则就会缺乏安全感。要获得他人的信任，就要先做个值得他人信任的人。对别人猜疑的人是难以获得别人的信任。信任被摔这个游戏，真是一个能加强团队合作，加强团队成员相互信任、锻炼责任心的游戏。这个游戏能使队员在活动中加强对伙伴的信任感及责任感。

2009 年 9 月 15 日

## 案例二　测试专注力

**一、活动目标：**

1. 感知专注力的重要性，全神贯注地参与游戏。

2. 培养做事认真、专一、冷静、全面思考的习惯。

3. 掌握专注学习的方法。

**二、活动时间：**7~10 分钟。

**三、活动场地：**适宜室内。

**四、活动准备：**50~100 人。

**五、活动实施：**

1. 团队成员每人手持笔和纸，做好书写准备。

2. 7 分钟的时间内，所有团队成员按顺序书写阿拉伯数字 1~300。书写过程中要确保思想集中、心静。

3. 书写的要求：

（1）不能过分潦草。

（2）写错了不能改，也不能标记。

（3）规定时间到必须停笔。

4. 评价方式：所有团队成员参照评价标准，采用同伴互评的方式，与他人交换测试表格进行测评。

评价标准一：100 前出错为较差，101~180 之间出错为一般。181~240 之间出错为较好。超过 240 才出错为优秀。

评价标准二：总的差错 7 个以上为较差，4~7 个为一般，2~3 个为较好，只错 1 个为优秀。错在 100 以前，只错 1 个算较好。

**六、注意事项：**

1. 游戏场地的选择要利于书写，确保成员保持正确舒适的书写姿势。
2. 主持人可在最后 2 分钟、1 分钟时提醒团队成员时间。
3. 该游戏适合团体培训，如在家中进行，至少有两个幼儿参加。

**七、游戏体验：**

**【家长心语】**

这次幼儿园举行的亲子游戏活动，作为一名家长我参加了活动的全过程。每一位家长总是希望能了解孩子在幼儿园的生活，因为毕竟通过孩子所知道的总觉得不够全面。这一次亲子活动"测试专注力"是以书写数字为题材，让孩子在游戏中学，在玩中学。我们全身心地投入，只为写好 1~300 个数字。虽然还是出现了失误，但我和孩子非常享受整个游戏过程。非常感谢幼儿园领导和老师们为家长和孩子组织这样一次亲子活动，使家长更加了解幼儿园的生活，让家长和孩子有这样的机会来增进彼此之间的情感交流。在整个团队比赛中，我们全力以赴将数字全部在 7 分钟之内都写完了，按时完成了任务，孩子开心极了，看到自己的孩子在幼儿园这么开心，做家长的也很开心。

——倩倩的妈妈·2009 年 10 月 23 日

本周园里组织亲子游戏，我的女儿和老师、小朋友、家长一起度过了愉快而有意义的几十分钟。活动前，她显得异常的兴奋，见到熟人就会说："我这一周星期一要和爸爸一起到幼儿园参加活动了，很好玩的。"活动中，孩子认真参与，全神贯注，一直盯着我在书写的本子和笔，监督我千万不要写错，让我很受鼓舞。这次"测试专注力"游戏活动既培养了孩子从 1~300 的数数能力，也让我们家长体会了和孩子在一起玩的乐趣，培养了家长和孩子之间的默契，加深了亲情！使我这个做家长的仿佛又回到了童年一样，重温了我童年的记忆。谢谢老师！

——欣欣的妈妈·2011 年 9 月 23 日

今天我和宝宝参加了班上的亲子游戏活动，名字叫"测试专注力"。这一活动目的是测试宝宝在活动中是否集中精力把 1~300 数字写完。活动进行时我发现宝宝特别能干，特别是书写数字的时候，他抢着写，我怕他写不好，又怕他速度慢，延误了时间，他却说："爸爸你看着我写。"我在他旁边看着他认真地写，小心翼翼的，生怕写错一个数字，7 分钟下来，宝宝还只写到了数字 92，是整个团队中的最后一名，但我却看到了宝宝身上的闪光点。

虽然没有取得很好的成绩，但是宝宝的行为已经告诉了我，他很能干，他已经在活动中锻炼了自己。宝宝看到其他幼儿早已经在 7 分钟之内写完了，他伤心地哭了。我安慰他："其实你很棒，你在爸爸妈妈的心目中已经是第一名了，今天我们不和别人比，我们今天只和自己比。下次你要更加努力做得比今天更好，爸爸妈妈相信你，加油！"

一个小小的游戏，能提高孩子的专注力，培养他的意志品质，更重要的是，让我感到幼儿园老师的良苦用心，今后我一定努力配合幼儿园的活动，让孩子在游戏中度过他珍贵的童年时光。

——韦韦的爸爸·2011 年 11 月 4 日

【教师感言】

专注力是提高学习效率的关键因素之一，是获取知识、掌握技能、完成各种智力操作的必要条件，而"测试专注力"的游戏是让队员体验在静心的状态下进行 1~300 的阿拉伯数字的书写，能够很好地培养团队成员的专注力，全身心投入活动。对幼儿来说是训练他们把视觉、听觉、触觉等多种感官集中在某一事物上，达到认识该事物的目的。专注力是幼儿需要掌握最基本的能力，是打开心灵的窗户，心灵之窗开得越大，我们收获的东西就越多。法国生物学家乔治·居维叶说："天才，首先是专注。"在专注力游戏体验中，团队成员静心地感受如何发挥自己的专注力，体验专注带来成功的喜悦。

活动中，家长们为了不落后其他人，每个人都全神贯注、高度紧张，个个都整装待发，组织者一声令下，所有家长都迅速动手。氛围有点紧张，整个活动室只能听到沙沙的书写声，每个队员都高度集中，全身心地投入在书写的海洋中。但当测试评价自己的专注力时，每个人对自己的专注力很是不满。最后大家反思到：看似简单的书写游戏，却是测试专注力的有效方式。我们都应注重培养孩子的专注力。蒙台梭利博士曾讲过这样一件事：有一天她从一位母亲手中抱过一个婴儿，她看着婴儿圆胖红润的脸蛋，透露出一股难以形容的祥和、安静，于是她认为孩子天生有安静的本性。如果我们创设一定的环境，会让幼儿变得宁静、专注而忘却自我，那么就能训练幼儿专注的品质，也有助于孩子心灵的宁静。

小小的游戏引发我们思考。我们不能过分地要求幼儿保持长时间的专注，但是作为家长、老师的我们应科学地安排时间、组织活动，培养幼儿的专注力。我认为应该从以下两方面来培养幼儿的专注力：

逐步培养幼儿的自制力。培养幼儿的自我控制能力可以在日常生活中有计划地进行，从孩子的行为习惯抓起，训练幼儿的自我控制能力，培养幼儿做事情有始有终的习惯。

给幼儿适当的奖励和休息空间。当孩子在一定时间内完成某一件事情时，要及时给予奖励。由于幼儿身心发展的特点，我们还应该给予他们一定的休息时间，注重劳逸结合。

提高孩子的专注力不能一蹴而就，这需要一个过程。我们有些家长在教育孩子时会存在一个弊端：为了达到目标，不顾及幼儿的年龄和身心发展特点，揠苗助长，这种方式非常有害。对于幼儿的专注力培养同样不能操之过急，从生活中的点滴小事开始，家园共同合作，相信每个孩子都会是一个具有良好行为习惯的新一代。

游戏蕴藏着巨大的智慧，在游戏中不仅能让孩子收获快乐、锻炼能力，还能够在增进亲子感情的同时，提高家长们的育儿方法。也希望通过游戏，家长与老师之间的交流、沟通能够增多，共同实现家园共育。

2010 年 4 月 23 日

# 案例三　人椅

**一、活动目标：**

1. 锻炼团队成员的身体平衡及协调能力。
2. 认识到锻炼身体的重要性。
3. 懂得信任他人，感受团结合作的重要性，培养竞争意识。

**二、活动时间：** 20 分钟。

**三、活动场地：** 适宜室外或较宽敞的室内。

**四、活动准备：** 10～50 人。

**五、活动实施：**

1. 全体成员平均分成两组，围成两个圆圈，面向圆心站立，以自我为中心，观察身边和对面的同伴，用微笑感染他人，让他人感受自己积极向上的状态。

2. 全体成员面朝右，半蹲双手搭在前面成员的肩上，屁股坐在后一个成员的膝盖上，保持平衡，看哪组团队成员坚持最久。

3. 全体成员保持以上的姿势，按顺时针方向绕圈走，屁股要坐稳，不能着地，看哪组坚持最久。

**六、注意事项：**

1. 所有团队成员必须是坐在后一成员的膝盖上，手不能着地。
2. 第一轮游戏后，可交换位置再次进行游戏。
3. 注意人员的前后搭配，避免因不能承受住重量而发生危险。

**七、游戏体验：**

【家长心语】

游戏开始时，我们很多家长都烦躁不安，心浮气躁，不断地埋怨旁边的伙伴没做好，却没有人认真反省自己做得如何，不停地发表自己的看法，却忽略了我们是一个团队，需要相互协作。渐渐地大家掌握了规律，能够保持姿势坚持走下去。这样的团队游戏不仅让我们大人意识到团队合作的重要性，同时也能让孩子从中了解到一些道理。

——斯斯的妈妈·2009 年 10 月 11 日

今天下午和很多家长一起玩了一个叫"人椅"的游戏。老师把家长分成了两组，孩子分成了一组。游戏刚开始，大家都认为游戏非常地简单，可是大家在一起坐下来的时候，发现不能移动，高矮顺序也没有调整好，大家都在探讨自己团队的问题出在哪里。最后，大家一起讨论，调整位置和步调，几次尝试之后成功了。游戏的成功离不开团队的合作，需要所有人都集中注意力，考验大家的耐力和默契。虽然游戏结束时腿都麻了，但我觉得这个游戏很好玩，无论是大人还是小孩都玩得非常高兴。

——微微的妈妈·2009 年 10 月 11 日

在家中，孩子们的事大都由成人来做，孩子需要成人帮助，而成人要求孩子帮助甚少，这使得幼儿往往缺乏互相帮助的意识。而在集体生活中，幼儿与同伴之间有着频繁的接触，这就需要他们建立团结互助的关系。幼儿园开展这样的亲子团队游戏，活动形式很好。让幼儿知道团结互助的重要性，同时也让家长体验幼儿园教育活动。我的孩子比较胆小内向，但今天在玩游戏的整个过程中孩子始终洋溢欢乐的笑脸，到现在耳边仍然回响着宝宝玩游戏的笑声，我感到很高兴。此外，最重要的是活动加强了家长与孩子之间的亲情，让孩子感觉到家长对孩子的支持，是孩子坚强的后盾。回到家后，宝宝还不停地说，今天和爸爸在幼儿园玩游戏非常高兴，希望妈妈下次也能来参加。希望幼儿园能多举办这样的活动，也希望每个游戏项目的时间能稍稍延长点，让孩子和家长一起玩得更开心。同时也期待着下一次的亲子团队游戏！

————顺顺的爸爸·2010 年 3 月 17 日

**【教师感言】**

"人椅"游戏是一个具有一定挑战性的体育团队游戏，需要团队成员一定的身体素质，适合于家长团队、教师团队、大班幼儿团队中开展。游戏可以培养团队成员之间的团结、合作与信任。如何达到游戏的教育目标呢？我从以下几方面谈谈个人的看法：

一是学会团结。"一双筷子轻轻被折断，十双筷子牢牢抱成团。"团结的力量是巨大的，但前提是全体成员必须齐心协力、相互包容、彼此融合、协同运作。这个游戏让孩子们知道团结是一切成功的基础，个人和集体只有依靠团队的力量，才能实现自己的理想。

二是学会信任。在"人椅"的游戏中，如果不信任你的队友，游戏有可能失败。信任别人是一种良好的美德。在与同事相处时，一定要给予充分的信任，同时自己要谦虚一点、乐观一点、宽容一点、主动一点。基本的信任是人际交往的基础。如果幼儿对他人没有信任感，就会对周围和社会不信任，缺乏安全感。精神分析学派埃里克森的人格发展阶段论指出，幼儿时期是幼儿信任感产生的时期，信任感的产生对幼儿以后人格的发展有着重要的作用。因此我们必须培养幼儿对周围环境的信任感，学会信任，学会真诚以待。该游戏能让孩子们强烈地感受到来自团队的巨大力量，充分信任同伴和周围的人。

在游戏"人椅"的活动中，只有大家齐心协力、心往一处想，方法正确，动作协调，才会取得胜利。团结就是力量，该游戏培养了孩子团结互助的良好品德，明白一个人的力量是渺小的，只有团结起来才能成功。在幼儿园中，一个孩子不小心碰了一下前面的同伴，或者为了一本书、一只油画棒发生冲突，两个人就打了起来。要是孩子们知道同伴之间互相谦让，互相容忍，团结互助，宽宏大量，就不会有这些不愉快的事情发生。

大班幼儿中，有一小部分的小朋友以自我为中心，只顾自己的兴趣和需要，不考虑他人，且与同伴之间的交往存在不合群、冷漠、任性等诸多的现象。如果家长和老师一起以游戏为载体，让孩子在游戏中明白这些道理，我们教育起来也就不会那么困难了。

2011 年 6 月 15 日

## 案例四　体验心灵的窗户

### 一、活动目标：

1. 感受团队成员合作和信任的重要性。
2. 培养团队成员的执行力。
3. 体验不同角色（盲人），丰富人生经历。

### 二、活动时间：30 分钟左右。

### 三、活动场地：室外宽敞的场地。

### 四、活动准备：长绳一根。

### 五、活动实施：

1. 所有团队成员蒙上眼睛。
2. 用一根长绳拉成一个最大的正方形。所有成员站在正方形的四条边上，围成正方形方阵。
3. 团队成员按顺时针方向绕圈走，走的过程中必须保持长绳是正方形。体验盲人生活的艰难。

### 六、注意事项：

1. 在游戏过程中，任何人不得摘掉眼罩。
2. 游戏结束时，要先摘掉眼罩，再慢慢睁开眼睛。
3. 提醒团队成员在戴眼罩前要注意四周地形，保证蒙眼后的安全。

### 七、游戏体验：

【家长心语】

在进行"体验心灵的窗户"游戏时，我觉得大家的智慧很重要。我们组很好地诠释了民主的意义。大家你一句我一句说着自己的想法，互相补充，然后最终确定了方案。因为一个人的智慧毕竟是有限的，如果只靠一个人的想法，难免会失策，也不利于调动大家的积极性。只有大家群策群力，方可百战百胜。

——琪琪的爸爸·2009 年 11 月 5 日

通过玩这个游戏，我深刻体会到沟通的重要性。刚开始我们失败的原因就是沟通不够。我们一定要学会沟通，沟通能够集思广益，能将一个个智慧之光汇聚成善良的银河之光。我们在沟通时要注意倾听别人的意见，这样才能建立互相尊重的基础，才能达到一个高品质的沟通。沟通应该是先学会聆听，认真地了解对方的方案或想法，这样我们才能集思广益，才能有一个好的沟通结果。另外除了沟通以外，大家的执行力也很重要，如果想出了最佳方案，却不去做，不去执行，最终也会失败。

——雨雨的妈妈·2010 年 3 月 5 日

**【教师感言】**

在进行这个游戏时，我认为难度比较大。因为我们每个人都是在蒙住眼睛下进行游戏的，失去参照是很难围成一个大正方形的。我们在进行第一次的时候，就完全失败了。首先我们争论的时间太长，每个人都按照自己的想法去做，思想不集中，易造成混乱，自然不会取得好的结果。

后来我们通过商讨，重新调整了游戏策略，确定了方案并且选派一个指挥者，大家必须服从他的指挥。这样我们最终完成了任务，也明白了个体与团队的关系，学会服从大局，锻炼执行力。

通过这个游戏，我联想到在我们平时的工作生活中也经常出现游戏中出现的问题。例如：（一）领导问题。在集体中需要领导，需要一个具有强大号召力的人来担任总指挥，这样才能使任务顺利解决。作为团队成员我们要学会服从，学会以大局为重。游戏中，每名成员都认为自己的方案是最好的，都在力求说服大家采用自己的方案，都想过一把领导瘾，正是因为不一致，才导致了游戏的失败。（二）沟通问题。这个游戏也能折射出沟通问题，因此作为一名幼儿教师，必须培养自己的沟通能力，无论是与幼儿沟通还是与家长沟通，这都反映了我们的教育机智，也是教师专业素养最基础的部分。此外，我认为每一个游戏开展都是一个沟通的过程。（三）倾听问题。我们往往只注重自己的表达，却忽视了倾听别人的意见。倾听是一种智慧。从个人素养来说，善于倾听是对别人的尊重，也是对自己品格的维护。在体验心灵窗户这个游戏中，我们都在争先恐后甚至打断别人的话语来陈述自己的观点，却不会倾听。成功是属于善于倾听者的。

2011 年 9 月 8 日

# 案例五　穿越生死网

**一、活动目标：**

1. 体验团队分工合作的快乐。

2. 锻炼团队成员灵活、敏捷的身体素质。

3. 培养团队成员的集体意识，遇到困难能积极开动脑筋。

**二、活动时间：** 20 分钟。

三、**活动场地：**室外。

四、**活动准备：**网绳、10~50人，适宜空旷的大场地。

五、**活动实施：**

1. 在两棵树之间用绳子织成绳网，绳网有大小、形状都不规则的许多个网口。

2. 游戏规则：团队成员要假想绳网是"电网"，触碰就会有生命危险；一旦有队员碰触电网，就表示整个团队失败，重新开始；一组成员必须穿越不同的网口，重复穿越同一个网口，表示失败；游戏在一定时间内完成。

六、**拓展游戏：**

可以进行亲子间的游戏，运用解绳索等方式培养孩子的专注力及动脑的习惯。

七、**注意事项：**

1. 绳要光滑无刺，确保成员的安全。

2. 穿越绳网的成员如果是孩子，家长一定要确保幼儿的人身安全。

3. 场地宽敞安全。

八、**游戏体验：**

**【家长心语】**

整个游戏凸显的就是团队合作，无论多么容易通过的网口一个人是不能保障通过的，而普遍认为很难穿过的洞，在大家的合作下也能顺利通过，可见团队的作用是很大的，一些看似无法做到的事情，在优秀的团队中是可以完成的。

——雅雅的妈妈·2010年3月6日

听到孩子对我说："妈妈加油啊！"看到他当指挥官的样子，"你快走那边。你怎么这么慢啊？"我心里一惊，似乎我的宝贝长大了不少，他开始有了不少自己的小想法！我在孩子面前的表现也不能逊色，得让他好好崇拜我一番。在第一次尝试中因为没有指挥官，所以大家都只能像蒙眼的苍蝇到处乱撞，前面的成员没有顾及到后面成员能否过去，导致失败。后来在分析原因之后，大家找到了症结所在，选出了一名队长作为指挥者，终于成功了。原来一个成功的团队需要睿智的领导者和有大局意识的团队成员。

——成成的妈妈·2010年3月6日

**【幼儿稚语】**

可可：今天看到妈妈参加这个游戏，我为她加油、呐喊，可高兴了！

玲玲：今天爸爸带着我穿过了"生死网"，脱离了险境，我们的配合太好啦！

路路：今天尝试带着一些叔叔阿姨玩游戏，让他们听我的指挥，我得到了他们很大的表扬哦！

达达：和爸爸一起玩游戏太好玩了，太放松了。

**【教师感言】**

在集体中，如果一个人只顾及个人利益，没有大局意识，就会被集体所淘汰。现在的孩子大多都是独生子女，每个孩子都是"小公主"、"小皇子"，在家庭中他们不需要与人分享，也不需要合作。这种养育方式极易让他们形成以自我为中心的习惯，而这会是他们步入社会的绊脚石。因此，在幼儿园的教育中，我们应该注重培养幼儿与人合作、服从安排、顾全大局的好习惯。游戏便是我们采取的方式之一。

穿越生死网是一个考验团队合作、服从、信任、尊重的团队游戏。但游戏对于参与者有一定的年龄要求，并且需要团队成员有较为成熟的思维。因此，此游戏适合在家长团队、教师团队、亲子团队中开展。在家长、亲子团队中开展此类游戏，可以让他们体会到在一个团队中顾全大局、服从安排的必要性，让家长反思自己教育中的不足，改进自己的方法。

在一次教师培训中我们进行了这个游戏，所有成员在团队中定位，需要个人魅力强的人当队长，让每一个队员都能听从安排。在游戏进行中，还要根据不同的情况安排好过网的人。很高兴大家能选我当队长，将总领全局的任务交给我。在这次游戏中，我首先带领队员们观察了网口，有高有低，有大有小，但是有一点，没有哪一个是一个人能轻易过去的。大家都有心理准备以后，我让他们根据自己的能力，每个人负责一个网格，队员们也很热情，积极地选择高难度的过，把容易的留给队友，而身体不是很灵活的就能选择那些稍微容易一些的，根据大家的推荐与自荐，很快把每个人负责通过的格子确定好了。

看着我们每个人都穿过绳网，自豪感油然而生。这次游戏中，我们收获很多，团队的力量，不是一个人加一个人那么简单，相互帮助才能使各自的能力得到超常的发挥，一根手指力量再大也拿不起饭碗，五根手指轻而易举的就能做很多事。每个人都无私献出自己的力量才能发挥一个团队的最大效果，服从、顾全大局正是这个游戏所教给我们的。而我们也会将这个游戏中的体会在平时的教育中渗透给孩子，让孩子们成为社会中闪耀的新星！

2011 年 12 月 10 日

## 案例六　牵情结

**一、活动目标：**

1. 体验游戏的乐趣，认识到自己是团队中不可缺少的一部分。
2. 寻找集体合作解决问题的方法。
3. 考察团队的协作能力以及队员的组织领导能力。

**二、活动时间：**20 分钟。

**三、活动场地：**室内室外均可。

**四、活动准备：**欢快的音乐，10～50 人的团队。

**五、活动实施：**

1. 将团队成员分成若干组，每组 10～12 人，每组成员手拉手围站成圆圈，记住自己左右手相握的人。
2. 在节奏感较强的背景音乐中，大家放开手随意走动或跑动，音乐一停脚步即停，找到原来左右手相握的人分别握住。
3. 小组中所有参与者的手都彼此相握，形成了一个错综复杂的"手链结"。要求大家在手不松开的情况下，可用各种方法，将交错的"手链结"解开成一个大圆圈。
4. 第二轮将所有小组的成员合并，围成一个大圈，按第一轮的操作程序和游戏规则进行游戏。

**六、注意事项：**

1. 要有足够的空间。
2. 游戏者必须记住自己左手、右手相握者。
3. 当出现"手链"非常复杂或有人想放弃时，组织者要及时鼓励、暗示他们一定可以解开"手链结"。在解"手链结"过程中，可以采用各种方法，如跨、钻、套、转、走等，但不能松开手。

**七、拓展游戏：**

可以分组进行比赛，最快恢复原状的小组即为胜者，落后的小组则受到惩罚，可集体表演节目或者派代表表演。

### 八、游戏体验：

**【教师感言】**

游戏开始之前，园长（游戏组织者）向所有老师讲解了游戏规则。听完后，当时的想法就是这根本解不开，我们的团队一共有30多人，要解开这么大的结一定很困难。

游戏开始了，大家随着音乐开始跑动起来，可是我们跑得都小心翼翼的，不敢离左右两边的同伴太远。这时园长却说话了，"你们这样不敢跑动，游戏就不好玩了，应该跑得越乱越好"。于是大家开始疯狂地乱跑起来，音乐停止，开始寻找自己左右两边的同伴，大家互相喊着对方的名字，寻找着自己的伙伴，有的隔得很远，纠缠了好久好不容易才把手牵在一起。终于开始解结了，大家都想在最短的时间内把结解开，赢得团队的胜利。开始大家乱成了一锅粥，扯来扯去也没有解开。随着游戏的进行，大家的兴奋度越来越高。"从局部开始，从简单的地方入手"，中间传出"领导者"的指令。有的小组有几个局部渐渐松开了，"牵情结"慢慢展开成"手链"，这让大家看到了希望，并有信心努力下去。成功的喜悦越来越强烈。有时出现了一个"死结"，往左转动解开了这头，却缠紧了那头，往右转"死结"从前面传递到了后面，看来靠手与手之间的转动还不行，还需要绕、穿、蹲、跨越等技巧性的动作。这时小组里的"领导者"便不止一个了，人人都站在自己的位置提出了意见，整个团队便出现了"顾此失彼"的现象。于是乎，盲目者、怀疑者、抱怨者、放弃者陷入一片混乱，"领导者"之间也出现了意见冲突。但经过一轮轮的考虑、协商、努力与坚持，结最终被解开了，大圆圈出来了，大家兴奋地跳跃欢呼，享受着成功的喜悦。我想这就是团队力量带来的满足感和成就感吧！

这次游戏给我留下了深刻的印象，同时也让我思考很多。开始找不到解开"牵情结"的方法，在我们思考、尝试和探索下，终于在规定的时间里成功找到了解开手链的方法。可见团队齐心思考、互相交流探索的力量真大，不仅成功解决了难题，还让每个人探索解决问题的能力获得了提高，收获了成功的喜悦！正如游戏一样，我们在平时的生活和工作团队中，也许刚开始会感觉到没有头绪，甚至会产生冲突。这种冲突是建立在不同的利益和偏好的基础上的，但只要我们的目标一致，一定程度的冲突还能使我们找到更多有利于解决问题的方法，关键是我们要充分利用有效的沟通方法。当事情有了突破时，我们的思路就会变得简单和清晰，自然就会有更默契的配合，最后问题得到解决。而成功的关键则是团队成员良好的沟通和精诚合作。

这个游戏给了我们很大的启示：在团队中冲突在所难免，关键是我们要正确认识冲突与竞争合作的关系。作为教师的我们，只有融入集体中，在思考中交流、在交流中思考，相互协作、互通有无、相互促进，才能更好地成长，拥有更高的专业素养。

2009 年 11 月 25 日

我们把这 6 个游戏归为家长团队游戏，但在安全措施做到位时，仍然可以把它们拿到亲子家长团队游戏中去体验。其共同的特点是对人们团结力的培养，当然这一特点也是贯穿整个幼儿－家长团队游戏的。游戏地点的选择可以是室内也可以是户外，有很大的灵活性。游戏的开展让教师与家长有了交流的空间，家长能够对幼儿园有进一步的了解，这将会对幼儿园工作产生极大的帮助，减轻教师压力，是继家长体验幼儿园半日生活的又一次升华似的实践。

此外，这 6 种游戏对人的体力、耐力也提出了挑战，也不失为锻炼身体的一种好的方式。

# 第四章　亲子团队游戏活动案例

从本章开始我们将一一为读者介绍亲子团队游戏活动的案例,按照游戏的类型,我们将这些亲子团队游戏案例分为体育游戏、语言游戏、数学游戏、音乐游戏、美术游戏、集体娱乐游戏6大类共70种。

这6大类游戏虽然侧重点不同,但团结力、协调力的培养仍然是每个游戏的主线,同时又会对幼儿各方面的能力提高有所帮助。其目的主要有以下几点:

一、为家长和幼儿提供亲子交流的机会,增进亲子感情。在游戏中家长和幼儿共同挑战某一任务,合作完成一件事情,手牵着手、心贴着心,无形中加强了亲子之间的情感交流。

二、发展幼儿各方面的能力,促进幼儿健康发展。亲子团队游戏的开展能让幼儿在亲情中发展各种能力,促进其身心健康发展。

三、促进家园合作,构建和谐家园。亲子团队游戏的开展使得家长来园的时间增加了许多,家长和教师可以在轻松的氛围中沟通交流,增加彼此的了解,有利于和谐家园的构建。

## 第一节　体育游戏活动案例

体育游戏是幼儿游戏的重要组成部分,体育游戏适合幼儿的身心特点,能满足幼儿好奇、好动的需求,充分调动幼儿参加体育活动的积极性与主动性,激发和培养幼儿参加体育活动的兴趣,有利于幼儿养成积极锻炼身体的良好习惯。体育游戏是解决当前幼儿普遍存在的动作发展问题、增强幼儿体质的一种有效途径。

家长与幼儿一起参与体育游戏,增加了趣味性和挑战性。在增强体质的同时,也增进了彼此间情感。幼儿在父母那里获得更多的安全感和信任感,对幼儿未来人格的发展起着潜移默化的作用。本节我们将介绍14例体育游戏。

## 案例一 无敌风火轮

**一、游戏目标：**

1. 提高团队成员的集体意识。

2. 培养团队成员活动组织与协调能力。

3. 提升团队成员协调合作、忠诚信任的品质。

**二、活动时间：** 20分钟。

**三、活动场地：** 室外。

**四、活动准备：** 旧横幅、针线、剪刀、50人的团队。

**五、活动实施：**

1. 根据团队成员的人数，成员自由组合8人为一组，每组利用废旧横幅制作供游戏用的圆环即"风火轮"。

2. 制作风火轮：将旧横幅的两端用针线缝合起来，缝成一个可以容纳8~10位团队成员站立的封闭式大圆环，保证足够的空间，能够让成员共同合作走动。

3. 每组8~10人，将圆环立起来全组成员站到圆环中边走边滚动大圆环，最先到达终点者获胜。

**六、注意事项：**

1. 保证风火轮不能破损，走的时候注意节奏和步调协调。

2. 亲子玩风火轮游戏，可按一个家长接一个幼儿的顺序排列。

**七、游戏体验：**

**【家长心语】**

"无敌风火轮"主要考验的是团队的合作意识以及默契的配合。我今天担任我们这一组的指挥长，听完老师的游戏规则后，我开始手忙脚乱地指挥起来，担心因为自己的失误导致我们这一组不能拿第一。当我们把风火轮踩在脚下时，我们大家的心也连在一起了……

当风火轮滚动起来，我只想着让它快点转起来，把比赛结果忘在了脑后，一心想着要和大家步调一致，齐心合力完成任务。这次活动主要考验团队成员的团结协作，每一个人都是一份力量，每一个人都主动找到任务，我站在履带的最后一个位置，这个位置是最复杂的，一是脚步要慢，二是手还要传得快，这可给我累坏了，每次履带的后面都有很长的一段，我这手也不慢，可是好不容易坚持到最后，别人已经到达了终点。虽然这一次游戏没有得到第一名，但是在游戏的过程中让我们所有家长和孩子的心更近了。

——祎祎的爸爸·2011 年 5 月 8 日

因为从事的工作比较特殊，我一直在外地工作，由于路途较远且交通不是很方便，一般只能一个月回来一次，所以平时与孩子的交流和玩耍时间比较少。加上平时工作忙，也没有时间去琢磨孩子的教育问题，所以每次回来也不知道该如何与孩子更好地交流。但是作为家长，我总希望能多了解孩子在幼儿园的生活及学习情况，希望能有多一点时间陪在孩子身边，多与孩子互动沟通，所以非常感谢幼儿园领导和老师们为家长和孩子组织这样一次亲子活动，使家长和孩子体验游戏的乐趣，增进了家长与孩子彼此之间情感的交流。

游戏过程中，我看到了很多非常有意思、也非常具有互动性的游戏。这些游戏培养了家长与孩子的协作合作能力，通过互动感受了亲情、关爱、快乐。在游戏"无敌风火轮"中，由于我们这一组搭配不合理，导致我们的风火轮滚到半路上就开始东倒西歪，家长和孩子们都脱离了风火轮的履带，只好被淘汰出局。孩子们看到别的组都到达终点领奖品时，难免有些失落，我只好安慰孩子下一个游戏一定拿第一名，这时优优脸上才露出笑容。

参加这一次亲子游戏，我有很多感触。感谢老师们的细心与爱心，不只是孩子们开心，我们也在这次活动中感受到了快乐！孩子在一点点地长大，我也希望有更多的时间陪伴她，希望幼儿园以后多开展类似活动，让我们家长可以有更多机会与孩子互动交流、共同游戏。

——优优的妈妈·2011 年 5 月 8 日

### 【教师感言】

团队的力量是巨大的，"无敌风火轮"充分发挥了团队的智慧和力量，合作与信任就像风火轮一样紧紧地将大家围绕在一起，向着同一个目标奋斗前进。一个冬日温暖的下午，我园全体教职工欢聚操场，兴高采烈地参与了无敌风火轮的团队合作趣味游戏。游戏中，大家团结协作，互相追逐，时不时地鼓劲加油，一个个有趣的动作引得全场笑声不断。你瞧团队成员在圆环中猫腰的动作，在比赛中因步调不一致而受阻的窘态，在讨论协商后快速追逐的场面，都在摄影镜头中留下了特写，更在我们每个人的心中留下难以忘怀的快乐瞬间。俗话说：独木难支，二木成林，三木即为森，大家在一起能组成蕴涵巨大能量的森林。"加油！加油！"一声声洋溢着激情的鼓劲声，在宽敞的操场上空久久盘旋；一张张绽放着喜悦的欢乐笑脸，在冬日暖阳的映照下格外光彩照人；一个个丰富多彩的团队合作趣味游戏，在团队成员的协助下释放着强大的团队力量。

　　游戏中，大家表现出良好的精神状态，有了合作交流，有了默契配合，才有成功的喜悦。通过游戏我们明白这个世界需要合作，没有谁能够完全脱离集体而生存下去；也让我意识到人与人之间最重要的交往前提就是信任，正是信任与合作才将我们彼此融洽起来。

2011 年 12 月 10 日

# 案例二　袋鼠跳

**一、活动目标：**

1. 感受参与竞赛体育游戏的快乐。

2. 重视体育锻炼，发展团队成员的弹跳力及动作协调性。

3. 培养团队成员的毅力。

**二、活动时间：** 20 分钟。

**三、活动场地：** 空旷、平坦的场地。

**四、活动准备：** 团队游戏成员若干名、跳跳袋、小奖品。

**五、活动实施：**

1. 团队成员分成若干小队，每队分成均等的两组，一组站在起点，另外一组站在终点。

2. 站在起点的成员将布袋套至腰部，听组织者发令后向终点跳进，中途布袋不得脱离双腿，至终点时脱去布袋，站在终点的队员接力套上布袋后向起点冲刺。

3. 最先跳完的小队获胜。

**六、注意事项：**

1. 跳跃时，布袋必须套住双腿跳。

2. 如果跳跃中摔倒，必须原地爬起来，套上布袋继续比赛。

**七、拓展游戏：**

亲子团队中开展此游戏，一组为家长，接力组为孩子。

**八、游戏体验：**

**【家长心语】**

　　今天我与儿子参加了幼儿园的亲子活动，让我印象深刻的是"袋鼠跳"。因为本人的身材比较魁梧，平时也缺乏运动，今天稍微活动一下就累得我上气不接下气。袋鼠跳的游戏是一场充满趣味而又不失为速度与技巧的比赛。随着老师一声哨响，家长和孩子们手提跳跳袋向前奔去。每个家庭都采取了不同的战术，有的稳中求进，有的大步跃进，大家竭尽所能冲向终点。随着比赛的激烈进行，各队逐渐拉开了距离，有不少队员摔倒在地，但仍然立刻爬起奋勇直追。赛场上一片沸腾，加油声此起彼伏，随着最后一只"小袋鼠"归队，比赛决出了胜负。比赛结束后，孩子们仍意犹未尽，沉浸在游戏的愉悦之中。

本次活动激发了孩子参加体育锻炼的兴趣，增进了班级各个家庭之间的友谊，增强了孩子的凝聚力。

——杰杰的爸爸·2010 年 5 月 19 日

【幼儿稚语】

萌萌：我想起了"植物大战僵尸"里的弹跳僵尸。

格格：觉得脚好酸的，好累的，但是很快乐！

亦如：今天我们获得了胜利，这是我们大家一起努力得来的哦！

【教师感言】

人们一提起"索尼"就与世界先进科技的发展联系起来，索尼有这样的辉煌成就，靠的是什么？索尼董事长说："我的员工在智商上可能不是一流的，但是在合作意识方面却是极佳的，正是他们的真诚合作，索尼公司才取得了今天的成就。"一个公司如此，那么在一个小的集体、一个家庭中团结合作意识也是不可缺少的。因此从小培养幼儿的合作意识和品质，是他日后生存和发展所必需的。

17 世纪教育家夸美纽斯说："游戏是发展多种才能的智力活动，是扩大和丰富儿童观念范围的有效手段。"马卡连柯认为："游戏在儿童生活中具有极其重要的意义，具有与成人活动、工作和服务同样重要的作用。"因此，在游戏中培养幼儿多方面的能力是最佳方式。"袋鼠跳"是一个体育竞赛性的游戏，在游戏中团队成员的合作意识得到体现，也可以拉近团队成员之间的关系，此游戏适合在中大班幼儿团队、中大班亲子团队中开展。在亲子团队中开展可以感受亲子之间浓浓的感情，同时也增进亲子之间默契感，培养合作意识。

亲子团队中开展此游戏，能够感受到亲子之间不言而明的默契。那天幼儿园操场上的呐喊声、欢呼声不断，大班的家长和孩子在老师的带领与指导下，举行了一场别开生面的"袋鼠"接力赛。"嘟——"随着老师一声哨响，参赛选手立即将跳跳袋拎起，随后模仿袋鼠蹦的样子，一蹦一蹦地蹦向对面。赛场内，参赛选手都拿出了自己看家本领，真是"八仙过海，各显神通"：有的小心翼翼，避免摔倒；有的竭尽全力，跳跃前行；有的中途摔倒，快速爬起。一张张快乐的笑脸，一幅幅精彩的画面，一个个难忘的瞬间，一定会定格在孩子的记忆中，成为孩子们童年生活中最美好的回忆。"袋鼠跳"既能考验幼儿的平衡感，又能体现亲子团队协作能力，拼技巧、争速度，很不容易。参赛团队中少不了顾此失彼的，而每当选手快要到达终点时，震耳的欢呼声、呐喊声更是席卷而来，此起彼伏的尖叫声使现场的气氛愈加热烈。此次"袋鼠跳"趣味团队活动，愉悦了幼儿，活跃了家园，更展现了团队游戏中合作的独特魅力。

2010 年 6 月 13 日

## 案例三　老鹰抓小鸡

**一、活动目标：**

1. 发展团队成员动作的灵敏性和反应能力。

2. 培养团队成员的活动兴趣和运动素质，学会"边活动、边思考"的方法。

3. 了解游戏的规则，感知团队合作的重要性。

**二、活动时间：**15 分钟。

**三、活动场地：**较为宽敞的室内或平坦的室外。

**四、活动准备：**10 ~ 20 人适宜。

**五、活动实施：**

1. 分配角色，阐明游戏规则。

（1）一只老鹰。

（2）一只母鸡。

（3）一群小鸡。

（4）小鸡排好纵队站在母鸡后面，用手抓住前面母鸡的衣服下摆。老鹰站在母鸡对面。

（5）老鹰不能抓母鸡，只能抓躲在鸡妈妈后面的小鸡。

（6）老鹰抓到任意一只小鸡时游戏结束。

2. 游戏实施，"鹰鸡"战斗。

（1）所有的"鸡宝宝"排成一纵队在"鸡妈妈"身后，依次牵住前面一位的衣服。"鸡妈妈"张开双臂在排头阻拦"老鹰"的进攻，从而保护鸡宝宝不被其捉走。"老鹰"则想办法突破"鸡妈妈"的阻拦，抓到其身后的"鸡宝宝"。

（2）组织者说："游戏开始!"，"老鹰和母鸡"开始战斗。"小鸡宝宝"要随着"鸡妈妈"的脚步不断地移动，并时刻注意"老鹰"的动向。在躲避的过程中，队伍不能断。

（3）游戏可反复进行，每个成员都可挑战不同的角色。让团队成员在不同的角色中体验自己的作用，并感悟不同的角色体验。

**六、注意事项：**

1. 通过游戏，让团队成员明白在团队中每一个人都是不可或缺的一分子，在工作中要时刻保持高度的警惕，才能减少危险的发生，从而获得成功。

2. "老鹰捉小鸡"的游戏适宜年龄在5岁以上的团队中进行，并且要集中精力，避免在游戏中移动奔跑而造成伤害。

**七、拓展游戏：**

1. "母鸡"角色增加。老鹰有进攻的机会，而母鸡只有保护的权利，为了增加游戏的精彩，可以增加"母鸡"数量，提高游戏的安全性、参与度以及相互合作的程度。

2. 增加鹰巢、鸡窝的情境，发展奔跑、跳跃等体能，发展快速反应能力、身体协调能力，培养机智灵活的拼搏精神，形成良好的合作与竞争意识。

（1）方法：把全体幼儿分成若干组，每组选1人当老鹰，1人当母鸡，其他人当小鸡。老鹰拿着塑料圈站在自己"鹰巢"里，每组小鸡在母鸡的保护下四处分散在规定的场地上。发令后，母鸡保护自己的小鸡，老鹰从"鹰巢"里跑出来追套小鸡，套中后，把小鸡运回"鹰巢"。在规定的时间内比一比，哪只老鹰抓到的小鸡多，被评为"最能干的老鹰"；没有被抓到的小鸡被评为"最强壮的小鸡"；被抓到的数量少的这个组的母鸡为"最有爱心的母鸡"。

规则：老鹰必须手拿塑料圈套住小鸡才算抓住；小鸡不能跑出规定的场地；塑料圈不能乱抛乱扔。

（2）方法：中间画一个圆圈（红色圈）作为鸡窝，小鸡可以在母鸡的保护下进行活动，也可以自由活动，碰到老鹰的追捕，小鸡既可以跑到母鸡身后，也可以跑回鸡窝避难。

规则：老鹰不得跑进鸡窝里抓小鸡，小鸡不能跑出规定的场地；被抓的小鸡变成母鸡，母鸡变成老鹰，老鹰变成小鸡。

**八、游戏体验：**

**【家长心语】**

### 家长也过快乐儿童节

"老鹰抓小鸡的游戏，我至少有 30 年没有玩过了……"前日下午，岳麓幼儿教育集团第三幼儿园的数百名家长和孩子们一起聚集在岳麓区少年宫。在小朋友们表演各自的拿手好戏之前，家长们纷纷走上舞台，放下架子玩起了儿时的游戏，家长们和孩子一起，也过了一个快乐的儿童节。

昨日上午，在岳麓区少年宫剧院，岳麓幼儿教育集团第三幼儿园举行了"我能行、我真棒"六一庆祝活动。200 余名家长来到剧院的时候，小朋友们还在老师的带领下陆续进场。这一时段，幼儿园让家长们按孩子所在班级分组，分别上台表演儿时的童谣、游戏或歌曲。有的唱起了《小燕子》，有的玩起了"老鹰捉小鸡"的游戏，还有的围成一圈"丢手绢"，大家抛开成人的烦恼，轮到表演节目时都"不怕丑"，尽情地嬉戏，仿佛又回到了童年。

家长们开开心心地和孩子们一起，提前过了一个快乐的儿童节。"如果不是来参加孩子们的活动，只怕我这辈子都再也不会去玩儿时这些好玩的游戏了。"扮演老鹰的家长这样说道。

——《长沙晚报》记者张树忠·2009 年 5 月 30 日

今天和孩子一起玩了"老鹰抓小鸡"的游戏，在游戏中我发现"团队意识"在现代社会中日趋重要，因此在团队合作中一定要注重团结。通过今天的游戏我发现如果充当"小鸡"者都有个人主义，自己想要往哪里躲就往哪里跑，那么势必会使整个队伍涣散，从而导致"小鸡"迅速落入"老鹰"的手中。但是我发现，在与孩子和家长们共同交流后，大家保持到高度团结、一致向外的状态中，躲避"老鹰"追击的效率也提高了不少，我会把在这个游戏中学到的"团结合作"运用到实际的工作中去，使我的整个团队的工作效率得到提升。

同时，我也会在家与孩子一同开展这个游戏，与孩子一起在游戏中探讨出"团结合作"的重要性，让孩子从小感受其重要性，从小培养孩子此方面的能力。我认为在新的时代"能力"比"知识"更重要。

——雯雯的妈妈·2010 年 9 月 13 日

**【教师感言】**

老鹰抓小鸡是儿童们都喜爱的游戏，一个小孩装成老鹰，另外一个小孩装成老母鸡，其他的小孩都装成小鸡仔。"老母鸡"瞪起双眼、伸开双臂保护身后的一串"小鸡仔"，尽力不让"老鹰"逮着。而"老鹰"却声东击西、贪婪地骚扰个不停。在对峙和纠缠当中，如果某个"小鸡仔"因为体力不支、方寸大乱而离开了队伍，"老鹰"便冲上去将其拿下。游戏参加人数不限，目的是锻炼反应能力和协作能力。

在"六一"儿童节的庆祝活动当日，孩子们还在化妆，家长们在等待的时间里和园长一起玩起了老鹰抓小鸡的游戏，带领家长重温了童年的快乐。园长邀请家长自愿到台上游戏，家长们积极性很高，一下上去了20来个家长。大家自由地分配了角色。老鹰抓小鸡游戏开始了，扮老鹰的家长穷凶极恶，不断地向小鸡发出猛烈的进攻。母鸡则张开双臂，左遮右挡。那一长串小鸡就躲在母鸡的背后，跟着母鸡跑来跑去，一会儿向左，一会儿向右，大呼小叫，热闹非凡。老鹰扑来扑去，伸出爪子，场面凶险之至，有的女家长还发出阵阵惊叫，使得气氛更加紧张。

母鸡为了保护小鸡，不遗余力。老鹰要抓到小鸡，必须要先过母鸡这一关。他每一次只能抓一个，并且只能是小鸡队伍中的末尾一个，这就增加了游戏的难度。因此，老鹰要成功抓获小鸡，唯一的办法就是跑到小鸡队伍的后头去，但母鸡总是紧盯着他，总是截在老鹰前头，后头的小鸡队伍赶紧跟着变动，远远避开。连抓了几轮，老鹰已经累得气喘吁吁，直嚷不行了。游戏的氛围带动了场下的家长，一位爸爸看不过，主动上台要求当老鹰要抓到小鸡。

这个爸爸采取了直攻最后一只小鸡的策略，这可苦了末尾一只，只要老鹰越过母鸡的屏障，他便难逃毒手。终于，母鸡上蹿下跳，渐呈疲态，老鹰一个箭步，跑到了小鸡队伍的后头，将末尾一只抓住，这样，倒数第二只便成了末尾一个。母鸡气急败坏，赶紧调整列队，护卫在小鸡面前。但小鸡队列太长，稍不留神，又损失一只小鸡。游戏结束了，大家反思到再好的防守也有漏洞，另外没有一个人是孤岛，没有一只小鸡可以独善其身，它们的命运相互依存，唇亡齿寒。

老鹰抓小鸡是脑力和体力结合的游戏，身体的灵巧左右前后的移动，是游戏中不可缺少的。不但开发了心智也训练了身体的平衡和灵巧，是一项益智又益身体健康的游戏，更重要的是潜移默化地培养了团队意识，竞争是重点，合作是关键，孩子会在游戏中认识到只有团结合作，勇敢顽强，才能与强者做斗争，才能取得胜利。这个游戏从小就给儿童打下了互助友爱团队的利益大于个人利益的烙印，在今后一生中存有老鹰抓小鸡游戏的经验和意识。所以这次家长游戏后，感受很深刻，重温了童年的快乐。

2010 年 9 月 15 日

## 案例四　链接加速

**一、活动目标：**

1. 体验合作支撑的作用。

2. 提高协调能力。

3. 提供给团队成员梳理"分"与"合"的经验机会。

**二、活动时间：**20 分钟。

**三、活动场地：**开阔的场地一块。

**四、活动准备：**无。

**五、活动实施：**

1. 将团队成员以 6 人为单位分成若干组，每组一字排开成小火车，以车尾为起点，队员用左手抬起前方队员的左腿，右手搭在前方队员的右肩上开火车，处于车尾的成员也要抬起左腿单腿跳，不能双脚着地。

2. 设置好起跑线和终点线，其距离为 30 米，以篮球场宽为准。游戏开始时，各队从起跑线出发，跳步前进，绕过障碍物回到起点，最先到达起点者为胜。

3. 随后依次增加人数，每次增加 2 人直至 10 人。

4. 时间最短到达终点的一组获胜。

**六、注意事项：**

1. 游戏过程中队员必须单腿跳步前进，不允许松手（始终要抬着前边队员的左腿），不能出现断裂现象，队伍断裂必须重新组织好，从起点重新开始游戏。如果不重新组织，继续前进，则成绩视为无效。

2. 以各队最后一名队员通过终点线为准。

3. 比赛过程中，参赛队必须在规定的赛道进行比赛，不许乱道。

**七、拓展游戏：**

将团队成员分成若干组，6 人一组，前边的人左手抬起后边的人的左腿，右手搭在前边的人的右肩形成小火车，第一名成员也要单脚跳步前进，不能双脚着地。

**八、游戏体验：**

【家长心语】

当我们冲入终点的时候，每个队员的脸上都洋溢着自信的微笑。是的，因为我们战胜了自己，取得了胜利。我想这就是我们这组队员的互相信任、团结和合作的原因。虽然这次游戏在体力上付出得比较多，感觉比较累。但是，我还是很享受这次游戏，因为这次游戏让我深深地体会到团队精神的重要性，只有团队中每个成员相互团结、相互帮助、相互信任才能共同完成团队的目标。

——青青的妈妈·2010 年 11 月 15 日

我平时工作比较忙，参加幼儿园的活动比较少。通过这次团队游戏我很开心，不但让我感受到童年游戏的快乐，还让我和其他家长拉近了距离。我们在游戏中都是想着如何组织、协调及配合好，而不是只要自己做好就可以了，队员对团队的关注远远超过了其自身。团队合作的精神发挥得淋漓尽致。我回家后也想带着我的孩子玩玩这个游戏，现在的孩子都比较自私，一般都想着自己，我想让他通过这样的游戏，了解团结的重要性。有些事不是单靠一个人的力量就能完成的，团队的合作是可以创造巨大的力量的。

——卓卓的爸爸·2011 年 4 月 12 日

【教师感言】

这个游戏非常需要团队的合作。游戏看似简单，却需要团队成员的默契配合，不断磨合，才能很好地完成。在第一次游戏时，我们团队 6 人刚冲出起点线，就因一人没有保持平衡全部摔倒。我们尝试了几次，总有人坚持不住，脚掉下来。要么是步调不一致、团队推挤，要么就是团队不协调，影响前进的速度。通过几轮游戏，我们还是没能很好地完成。于是我们观看了其他队的表演，然后根据本队出现的状况进行了战术调整。

首先，我们调整了 6 人的站位。根据身高、体重进行了调整。把身高、体重差不多的站在一起，这样就不会因为抬不起前面的人的腿而掉下来。接下来，我们选了一位"领导者"让他指挥，以便能够步调速度一致。经过调整后，接下来的几次游戏，我们果然没有再失误，速度也在稳步上升。我们团队成员的信心开始增加，大家相互鼓励、互相打气，一起坚持冲过终点。通过几次的训练后，我们每个人都突破了自己，协作能力也有了很大的提高，速度比以前快了很多。

这次游戏，使我们的团队成为了一个能够真正发现问题、解决问题的团队。大家能够各司其职，主动承担自己的任务，寻找合作的黄金点，不断形成一种默契，使我们由一个松散的团队磨合成为了一个能够冲破任何防线和阻碍的黄金团队，团队的每个成员在游戏中都增强了克服困难的信心和勇气。

现在，独生子女较多，孩子在"一人之上，全家之下"的环境里成长，很少能有团结合作的意识，通过游戏的方式帮助孩子清楚认识到了团队合作的力量，通过共同体验团队合作共同面对困难，让孩子知道团结力量大，在团队中相互配合，相互协调是走向成功的关键。我想这就是我们在这次游戏中取得的收获，我们可以在以后的生活、工作及孩子的教育问题中把这次游戏的经验运用进去。相信没有什么是不可能的，超越自己就能创造奇迹。

2011 年 4 月 20 日

## 案例五　背夹球

**一、活动目标：**

1. 乐意参与游戏，体验成功的喜悦。

2. 培养团队成员之间相互的默契感。

3. 提高团队成员之间的交际能力和沟通技能。

**二、活动时间：** 20~30 分钟。

**三、活动场地：** 宽敞、平整的室内或室外场地。

**四、活动准备：** 每组 12 人，篮球若干个。

**五、活动实施：**

1. 将所有成员分为两组进行竞赛游戏。

2. 两组同时开始游戏，每组 2 人，背夹圆球，步调一致向前走，经过转折点，回到起点，与下一组队友击掌，游戏继续进行。

3. 球掉后从起点重新开始游戏，最先完成的组胜出。

**六、注意事项：**

1. 向前走时，双手不能碰到球。

2. 球掉后必须从起点重新开始游戏。

**七、拓展游戏：**

亲子抱夹球：家长抱着自己的崽崽，孩子将小手挽在家长的脖子上，两人紧紧贴在一起球夹在两人的中间，一起努力地向前冲，不让球掉下来，快速到达终点。

**八、游戏体验：**

【家长心语】

今天去接嘉佳放学回家时，很高兴和孩子一起参加了老师组织的亲子游戏。

首先由老师讲解游戏规则，10组家长以面对面的方式抱着各自小孩，两人用身体夹住足球并排成一排进行练习，然后10组家长、孩子分成两纵队，我和嘉佳被分到了一队，每队只有1个足球，由每队的第一组队员以抱球的方式，到达指定地点后再返回，将球运送给同队的第二组队员，再由第二组运到指定地点后返回给下一组，当最后一组队员返回至原点后用时最短的获胜。比赛开始，我们每组队员都使足了劲，以自己最快的速度运送足球，最后，我们一队以一个身躯长的距离处于劣势败下阵来。

虽然我和嘉佳落败了，但通过这次游戏，让我体会到幼儿早期教育中亲子游戏不仅仅是专家口中的专业术语，而是被广大家庭接受和采纳的一种教育方式。在游戏中的运球姿势，让家长与孩子之间的沟通加强，心与心贴得更近，加强了亲子之间的情感联系。整个教室里都洋溢着孩子和家长们的欢声笑语，不同的运球方式让人明显感受到接力赛比单人赛更具有趣味性，可见独乐乐不如众乐乐，体现团队的力量。游戏结束后，老师给每个孩子都奖励了笑脸贴贴纸，东西虽小，但可以感觉到孩子们是特别开心的，得到老师的肯定与表扬给孩子们带来了自信心与自豪感，看到孩子的笑脸，家长也是无比的欣慰，真诚希望幼儿园多多组织这样的活动，让我们和孩子一起游戏、一起快乐、一起学习，一起成长。

最后，要感谢老师组织游戏活动，让我们家长能充分了解自己孩子在幼儿园的生活、学习、运动、游戏实况，让我们看到宝贝们的成长和进步，感到无比欣慰和自豪。谢谢老师，老师辛苦了。

——嘉嘉的妈妈·2010年10月17日

【幼儿稚语】

嘉嘉：这个游戏真好玩，我和妈妈赢了。

铭铭：好玩，因为妈妈和我抱在一起游戏。

【教师感言】

背夹球是一个典型的团队协作游戏，需要两个人之间相互合作、步调一致向前走，在游戏的过程中需要与自己的队友相互紧靠，商量、讨论、合作一起将球在夹紧的情况下运到终点。通过小小的团队游戏，能够很快增进与队友之间的感情，还能很好地锻炼交往能力，在协作游戏的过程中很好地与人交流、沟通、合作，并感受到团队的魅力。在团队中，我们需要团结互助，彼此信任，精诚合作的完成任务，只有凝聚所有队友积极向上的力量，齐心协力才能共同取得胜利，才能体验到成功的喜悦。

我们在准备组织小班幼儿、家长进行背夹球游戏时，考虑到孩子较小，不能跟家长一起进行背夹球的难度动作，我调整方案，让家长们抱起自己的孩子，孩子们将手挽住自己的爸爸、妈妈的脖子，两人一起合作抱住球向前跑。虽然我们参加亲子团队游戏的大部分是妈妈，甚至还有奶奶，但大家丝毫没有退缩，毫不犹豫抱起自己的宝宝，每个家庭都在练习着怎么样不让球掉下来，家长和孩子们面对面、心连心地交流着，都想取得胜利。我们在轻松、快乐的氛围中开始了游戏，两组的家庭都互不相让，老当益壮的奶奶抱着自己强壮的孙子也箭步如飞地向前冲，两组家庭的比分不相上下，输赢的角逐落到了最后比赛的两个家庭，大家都期待地望着自己的队友快点回到终点，一步之差，一组家庭取得胜利。看到所有的家长、孩子能积极地参与到游戏中，我不忍看到孩子们失望，比赛只是为了增加游戏气氛，我不想让失败的不悦带给孩子，于是我宣布，所有的孩子、家长在活动中都表现突出，每人奖励一份小奖品。一个小小的亲子游戏后，孩子、家长们都已满头大汗，妈妈、奶奶们也筋疲力尽，但大家参与游戏的激情与热情不减，我们的游戏在洋溢着融融亲情的氛围中结束了。

2010 年 10 月 27 日

## 案例六 网小鱼

**一、活动目标：**
1. 培养团队成员敢于向困难挑战并体验成功的喜悦。
2. 挖掘团队成员敏锐的洞察力。
3. 养成团队成员遵守游戏规则的好习惯。
**二、活动时间：** 15～20 分钟。
**三、活动场地：** 室外宽敞的场地。
**四、活动准备：** 《网小鱼》音乐。
**五、活动实施：**

1. 将所有的团队成员分成两组，一组手拉手围成圈做成小渔网，一组成员扮演小鱼，在池塘里自由的游玩。

2. 所有团队成员听音乐齐唱《网小鱼》，唱到"快快抓住"时，做渔网的成员网住停留在网中的小鱼。

3. 网住的小鱼加入到渔网组，游戏继续进行，坚持到最后的小鱼获胜。

**六、注意事项：**

1. 音乐没有停止时，渔网不能网小鱼，小鱼要继续在池塘中游动。

2. 被渔网网住的小鱼不能逃脱，遵守游戏规则换成渔网的角色。

**七、拓展游戏：**

1. 添加水草的角色，小鱼游累了可以在水草下面休息，逃脱渔网的追捕。

2. 渔网可以两两结伴在池塘中追捕小鱼，小鱼被网住，变换成渔网的角色，渔网越来越长，直到所有的小鱼全变成渔网，游戏结束。

附歌曲：

小鱼游来了

1 = C 2/4

5 6　5 4 | 3 4　5 | 2 3　4 | 3 4　5 | 5 6　5 4 | 3 4 5 | 2　5 | 3 1 ‖

许多小鱼　游来了，游来了，游来了，许多 小鱼 游来了，快快 抓 住。

**八、游戏体验：**

【家长心语】

　　在网小鱼的游戏中，孩子们都很高兴，我们家长也很高兴。当我看到子萱在游戏中高兴的表情时，心中不由得开心起来，平时胆小的萱萱在活动中表现得很是大方，我看到了她对这种活动的期待与兴奋。我们一起玩起了抓小鱼的游戏，家长们变成了一张张大网，孩子们变成了可爱的鱼儿，在我们的身旁穿来穿去。子萱在游戏中玩得很开心，表现得很活跃，被我们织的渔网抓住了，也没有生气，高兴地被我们网在里面。原来在家的时候，她很少主动与人打招呼，很少主动和小朋友一起玩，看到她这样活跃，作为家长我感到很是放心。

　　我觉得幼儿园的生活让子萱改变了不少，变得自信、大方了许多，非常感谢老师们对她的细心照顾与教育。参与到这样的游戏活动中我也很是开心。只要有时间，我应该和孩子多做做游戏，多参与幼儿园的活动，也希望老师能多组织这样的亲子游戏。

——萱萱的妈妈·2010 年 11 月 23 日

和孩子一起玩这个游戏，我非常高兴。当他进来用目光找到我手舞足蹈的时候，我觉得牺牲这点时间来陪孩子一起游戏是值得的。看到他像小鱼一样，游到这，游到那，是那么的开心，那么兴奋，孩子的成长细节，我不能错过，要好好把握、珍惜。

"网小鱼"的游戏能很好地培养孩子的胆量、反应能力及观察能力。所有这些都充分体现幼儿时期需要父母与幼儿园多多带领孩子做游戏，游戏是幼儿生活的重要部分。很高兴看到孩子在网小鱼的游戏中，玩得那么开心、显得那么自信，让我见证了孩子在游戏中成长，在游戏中学会更多的知识，懂得更多的道理。作为父母我也会多抽时间带领孩子做亲子游戏。

——睿睿的妈妈·2011 年 5 月 9 日

今天很高兴参与到班上老师组织的亲子游戏"网小鱼"，家长是网，小孩是鱼，用网网小鱼。在游戏中，小孩们都很高兴，脸上都乐开了花，有的又跳又跑，有的舞动着双手游来游去，从他们的脸上和眼睛里，我看到了孩子们的天真和快乐，看到了他们的机灵。每次我都有点不忍心去网他们，但我同时提醒自己，要给他们出出难题，让他们知道要靠自己的努力去克服困难，因为人生不可能是一帆风顺，得让孩子们知道正确面对困难。于是我和另外一位家长组成"网"，进行多次"抓捕"行动，还真抓到了好几条"小鱼"，看到被网的小鱼，他们有开心的，有丧气的，有不甘心的，此时的我也体会到这次游戏的意义。

——轩轩的妈妈·2011 年 11 月 23 日

【幼儿稚语】

涵涵：好玩，被抓住的时候好害怕的。

珂珂：妈妈跟我一起玩游戏，好开心。

果果：我最喜欢从爸爸的下面钻过去了。

天翔：你怎么不遵守游戏规则呀，被我们网住了还想逃走，要是所有的小鱼都像你样，我们这些渔民岂不是要落空而归啦。

【教师感言】

游戏是我们童年生活中不可或缺的一部分，它是童年的欢乐、自由和权利的象征。丰富多彩的游戏不仅可以促进身心健康发展，而且能增长知识，发展智力。在网小鱼亲子团队游戏活动中，孩子们摇身一变，变成了可爱的小鱼，在爸爸妈妈围成的大"池塘"里游来游去；我们的家长变成了一个个捕鱼的渔民，拿着捕鱼的"渔网"，专捕那些游出"池塘"的小鱼儿。游戏一开始，我把游戏规则交代清楚，孩子们就兴奋起来了，摆弄着小手学小鱼摇尾巴，变成了一条条灵活的小鱼。家长们也满心欢喜地看着孩子在活动中的表现，看到孩子过来就撒下大网抓住鱼儿们。有的孩子害怕被抓住，不敢走进池塘；有的孩子勇往直前挑战家长们的大网；有的被抓住了，生气地想要溜走，使劲地挣脱着；有的被抓住了，也开心地笑着，因为是被爸爸妈妈幸福地网在里面。

孩子的不同表现看在家长的眼里，也映入老师的眼帘，我鼓励着胆小的孩子克服心理的害怕向大网冲去；我向那些冲破大网不怕困难的幼儿送去肯定的目光；安慰被抓住的幼儿，鼓励他们加油迎接新的挑战。一个小小的亲子游戏，培养了孩子们的胆量，让他们知道要克服困难，挑战心中的恐惧，勇敢地向前冲，去冲破爸爸妈妈织成的大网。同时也很好地锻炼了他们在游戏中的反应能力和观察能力，要找准时机，要开动脑筋知道怎么样才能不被网住。渔网则要抓住时机精准地网到小鱼。

游戏是幼儿园的基本活动，我们的目的是让孩子在玩的同时能够得到一些锻炼，意志品质、基本能力、表现能力能够通过游戏而获得提升。而组织这样的亲子游戏，更是希望家长能够参与其中，跟我们一起见证自己的孩子在这个活动过程中的表现，让家长们能亲身体验到游戏的快乐，也能给予家长们一些启示，在家庭教育中给予孩子多一些的挑战和锻炼。游戏中孩子、家长的积极参与，乐意配合，快乐表现，让我们感到很是欣慰。

2010 年 11 月 25 日

## 案例七　抓尾巴

**一、活动目标：**

1. 感受团队成员共同参与游戏所带来的乐趣。
2. 练习身体各部位的协调性以及大脑对身体各部位的灵活控制能力。
3. 锻炼大肌肉的发展。

**二、活动时间：**10 分钟左右。

**三、活动场地：**宽敞的室内、室外均可。

**四、活动准备：**废旧报纸或布绳若干。

**五、活动实施：**

1. 做尾巴。

每个团队成员利用已有的废旧材料快速的制作"尾巴"。

2. 团队成员分成两组进行游戏。

（1）装尾巴：将制作的"尾巴"三分之一塞进裤腰里，其余的部分拖在外面当"尾巴"。

（2）抓尾巴：两组团队成员保持一定的距离，面对面站好，同时数"一，二，三"，然后开始挪动，互相想办法揪对方的"尾巴"，同时不能让对方揪住自己的"尾巴"。最后留在团队成员身上的"尾巴"数量最多的那组获胜。

3. 结束活动，失败组团队成员表演节目。

**六、注意事项：**

1. 幼儿游戏时教师要注意提醒幼儿不推拉，保持奔跑的速度和间距，确保安全。

2. 家长参加亲子游戏要注意提醒幼儿想办法揪住对方的"尾巴"，同时还不能让对方揪住自己的尾巴，有效培养幼儿的逆向思维能力。

3. 注意场地的选择，要宽敞安全。

**七、拓展游戏：**

1. 亲子抓尾巴游戏。家长和孩子共同利用废旧材料制作"尾巴"，将幼儿和家长分开，当游戏开始，孩子就去抓家长的尾巴，而家长则躲避保护好自己的尾巴，一对一的进行亲子抓尾巴游戏。游戏场景壮观、刺激、快乐。

2. 幼儿抓尾巴游戏。此游戏适合在不同的幼儿年龄阶段玩，孩子自制"尾巴"，请同伴将尾巴装在自己的屁股后面，保护好自己的尾巴，同时去抓别人的尾巴。

**八、游戏体验：**

**【家长心语】**

今天我接孩子回家时应班上老师邀请参加了一次名为"抓尾巴"的游戏，游戏道具只需报纸一张，但需要孩子们自己动手将这张平整的报纸用力拧成"小麻花"。小佳琪对我说："妈妈，我自己不会拧啊！你帮我拧吧！"在这个难得的机会里我可不能大包大揽的替她完成，佳琪平时依赖性就强，这正是锻炼她的好机会，我说："来，我们就像拧衣服一样拧报纸好吗？"我边说边引导孩子动手操作起来，刚开始时孩子用力的方向和我一致，所以拧不上，她问我："为什么拧不上啊？"我说："你再向相反的方向用力拧看看有什么结果？""啊！我拧上了，我和妈妈有点像动画片

《白雪公主》里面那两只拧衣服的小鸟啊！"小佳琪开心地说着。哈哈，孩子还很会联想啊！经过我们的努力道具做好了，其他家长的道具也陆陆续续做好并系到了自己身后。

准备就绪游戏开始了，孩子们乐呵呵的努力着想抓到家长身后的"小尾巴"，但我们家长也不会轻易让她们得逞的，这就像生活中要想得到任何东西都要付出一定代价一样，只有自己努力得到的果实才会倍加珍惜。小佳琪经过多次努力，在我眼前、身后转啊，转啊，一圈一圈，最后把我都转晕了，我只好缴械投降，孩子举着自己的"战利品"笑得很开心。

——琪琪的妈妈·2010 年 11 月 27 日

今天和朵朵在幼儿园一起玩了"抓尾巴"的游戏，小家伙玩得很开心，当然我也挺开心的！从中给了我一些启发：适当的在孩子成长过程中制造一些困难，接触一些挫折，有利于锻炼孩子面对困难的勇气。

现在的孩子生活条件优越，无论在精神上还是物质上家人都是呵护备至，于是我们的孩子面对困难时，总是不知所措，总是退缩、放弃。在生活当中，可以为孩子设计经过孩子努力可以克服的一些困难、一些障碍，让孩子适当地接受挫折，从而锻炼面对困难的勇气，让孩子逐渐的独立、坚强起来。制造的这些"困难"，要适度，在孩子的承受范围内，以不影响孩子的自信心、兴趣的建立为宜。

在生活中，我们要尊重孩子，不要以为孩子小，没有什么思想，要尊重她的兴趣，她的喜好，站在彼此的角度看问题，顺其自然，加以引导。

——朵朵的妈妈·2010 年 11 月 27 日

【幼儿稚语】

田田：我自己动手做了一条长长地尾巴，可漂亮了，然后把它装到妈妈的身体后面，跑了好久好久才抓到。

都都：爸爸好厉害啊！我跑了好久都没抓到爸爸的尾巴，可是最后我还是抓到了。

林林：我帮妈妈做了一条尾巴，可是妈妈太厉害了，我怎么抓也抓不到，我生气了！

佳佳：我和妈妈拧衣服，动作有点像动画片《白雪公主》里面那两只拧衣服的小鸟啊！

【教师感言】

抓尾巴是一个民间游戏，可以说是从小玩到大大家熟悉的游戏，游戏简单材料容易准备。这次将此游戏纳入到家长学校的培训教材中来，主要是此游戏拥有很好的教育价值，值得向家长推荐。首先这个游戏人员不需要限定，只要有两人以上就可以开展。在游戏中团队成员都是平等的，可以针对不同年龄段孩子进行不同的训练，小班重点训练孩子的奔跑能力，中班的孩子则重在训练游戏中灵活的躲闪能力，大班的孩子则培养转换思维的能力，从捉别人尾巴的思维中跳出来，学会保护自己不让别人抓到尾巴。

我组织了班级家长半日开放活动，家长和孩子进行了抓尾巴的亲子游戏。家长和孩子在整个游戏过程中都是平等的。在游戏中我看到的是孩子和家长不同表现的状态：有的孩子正在忽左忽右地捉爸爸、妈妈的"尾巴"；有的妈妈已跑得气喘吁吁了；有的家长则在对自己的孩子吹嘘着"宝贝，你逃不了啦！"；还有的家长则早早就被宝贝拉下了"尾巴"像个泄了气的皮球，垂头丧气地站在那儿；而拉下家长"尾巴"的孩子则高兴地叫着："我捉到了，我捉到了！"全班家长和幼儿都沉浸在欢乐的气氛中。

第一轮游戏在大家的自由发挥中结束，第二轮游戏开始了，这一次我采取的策略是家长和幼儿分成两组进行比赛。这一次孩子们团结起来，纷纷向家长发出挑战。我没有那么容易让孩子得逞，将家长组织在一块提出要求：不允许让着孩子，在孩子的原有水平上可以延迟获得成功的时间，并注意培养幼儿转换思维的能力，逆向思维能力，化被动的自保为主动抓别人的尾巴，迫使别人自保，改变自己的困境。

这一轮游戏的精彩程度让我印象深刻，家长和孩子斗智斗勇令人难忘，我看到很多家长没有因为是跟孩子在玩游戏，就处处让着孩子，只是极力地想保护好自己的尾巴；孩子在游戏中也发现父母的尾巴不好抓，也变得灵活起来，努力地想抓住爸爸妈妈的尾巴，很多家长在游戏的最后几秒终于斗不过身体灵活的孩子，稍一走神，尾巴早已被孩子抓走，同时也为自己孩子的成功喝彩。

一个游戏，一分收获，一份心得。通过游戏，孩子们不仅仅享受着游戏带来的乐趣，更明白了一个道理，那就是生活中的任何东西都不是天上掉下的馅饼，只有辛勤的付出才会收获丰收的果实，最后的胜利者永远属于有自信、有毅力、有耐心的孩子。你收获不到也是正常的，就像人生中总会有逆境的出现。人的一生既漫长又短暂，不同人群对长短难易的理解都是不一样的。对待生活中的挫折也一样，有人面对挫折付之一笑，有人因无法承受倍感煎熬。孩子还小，以后的路还很长，遇到挫折在所难免，调整心态面对每一次逆境顺境，这个过程是人生的一次历练，一次磨砺！

2011 年 11 月 30 日

## 案例八　大风吹、吹大风

**一、活动目标：**

1. 通过游戏发现身边同伴的优点，愿意接受和赏识同伴。

2. 培养团队成员专注的倾听能力和准确的判断、分析能力。

3. 让团队成员懂得机会是靠自己努力争取的，机会只会留给有准备的人。

**二、活动时间：** 10 ~ 20 分钟。

**三、活动场地：** 较空旷的室内或室外。

**四、活动准备：** 20 人左右、椅子若干。

**五、活动实施：**

1. 团队成员自由商量先推选出一个发令者。

2. 其余团队成员面向外围坐成一个大圈，团队成员问："大风吹，吹什么？"

3. 发令者站在圈外根据团队成员的特征来发出指令，如："大风吹，吹穿白色衣服的"，然后马上去抢一个座位。而团队成员听到发令者的指令中包含自己有的特征时，必须马上与同一特征的队友交换座位。没有更换座位或者没有抢到座位的队员将受到惩罚，要当场表演节目。

4. 第二轮由没抢到座位的人，代替已经抢到座位的发令者继续发号令。

**六、注意事项：**

1. 主持人发出的指令要具有较为明显的特征，并且指令要均衡，要让每个团队成员都有机会进行交换位置。

2. 在游戏过程中，团队成员不能用语言进行交流。

3. 在以数字为指令的时候，为确保游戏的准确性，建议每个成员的身上贴上数字，以更好地验证是否站错。

4. 发令者连续三次没有抢到座位要受到惩罚，具体的惩罚由团队成员提出，如按他们的要求表演动物的动作或者表演节目等。

**七、拓展游戏：**

1. 这个游戏还可以加入"小风吹"和"台风吹"的口令。如果说：小风吹，就按照所说意思反着进行，比如：小风吹戴眼镜的人，没有戴眼镜的人必须马上离座，寻找新的座位。如果说：台风吹，所有的人必须离开自己的座位重新寻找新的位置。

2. 团队成员依次报数，按数字的特征来发出指令。如："2 的倍数。"所有 2 的倍数的成员则交换位置。

3. 亲子游戏：家长可在家与家人一起玩心情大风吹的游戏。如："大风吹，吹今天心情高兴的人。"然后没有抢占到座位的人要说出自己今天心情高兴的原因。通过这样的活动，还可以拉近亲子之间的关系，培养孩子从小关心、体贴他人的意识。

**八、游戏体验：**

**【家长心语】**

今天有幸参加了宝宝班级开展的家长团队游戏。老师做了一次示范后开始游戏。家长们热情高涨，根据组织者的要求大风吹女生的、穿运动鞋的、长头发的、不戴眼镜的、穿裙子的等找寻位置。每一次，总会有人找不到座位。这个游戏，抢占座位的成功与失败，给人以不少的启示：首先机会只给有准备的人。每一次变动位置，都会有大量的空座位，也就是有机会的出现，只有反应敏捷、有充分准备的人，才能最先抓住机会找到座位。其次，发号施令者主动权掌握在自己手中的时候，更应该把握住机会，选好自己的目标后，抢占先机。否则，没有一点准备，再好的机遇，也会白白丢失掉。

生活中何又何尝不是如此！变革发展中的社会机会多多。即使遍地黄金，也不是每个人都能捡得到的，只有善于抓紧机会的人，才能取得成功。机会总是青睐有准备的人。

——果果的妈妈·2010 年 12 月 3 日

亲子游戏中，父母与孩子的关系似乎变成了朋友。孩子在游戏中很听话，不会像平时起床和做其他事情一样有些叛逆，游戏时孩子很主动，很配合。尤其是我们家的叶子，以前一直都是和外公外婆一起生活。去年把她接过来时，都不知道该怎样带好孩子、教好孩子，遇到宝贝不乖时又气又头痛。今天的亲子游戏带给我很好的教育启发：玩中学、学中玩是最好的教育方法。

——叶叶的妈妈·2011 年 4 月 16 日

今天去接陶陶的时候，老师邀请我跟另外几个到得早的家长一起玩"大风吹，吹什么"的游戏。游戏伊始，成人的我们有些拘谨，一大圈人只有老师单调的声音回响。不过当我们慢慢开始融入游戏中后，团队中有了回应的声音，也有了笑声。简单的游戏让我想起久远的童年。一直很喜欢跟陶陶玩游戏，每次都是他发号施令、安排角色，我无条件配合，哪怕最简单的游戏，他都能全身心地投入并很开心，每次看他无所顾忌的大笑着、跑着、喊着、甚至尖叫着的时候，也是我一天中最放松的时候。玩对大人来说，只是种放松，对孩子来说，既是种神圣的工作，也是最佳的学习方式，让他自主的、怀着原始的好奇心和自信心积极地投入到学习当中，在游戏中不知不觉地学习和成长。

——陶陶的妈妈·2011 年 4 月 16 日

【幼儿稚语】

叶子：好开心，好玩，好快乐，好幸福！

洋洋：我以后还要再玩这样的游戏！

小妹：可考验我了，要认真听才能快速地反应。

萱萱：今天和妈妈都穿红色衣服，我和妈妈换了位置；后来我和妈妈都穿黑皮鞋，我们又换了位置。

琳子：听到老师说口令，我就仔细的观察好朋友是和我一样的吗？我要和好朋友换位置。

【教师感言】

倾听是有效沟通所必备的元素，它是一种接纳的语言，是一个积极地接受、分析和理解对方的过程。幼儿学习语言首先要学会倾听，因为倾听是幼儿感知和理解语言的行为表现，是幼儿语言学习和发展中不可缺少的一种行为能力。只有懂得倾听、乐于倾听并且善于倾听的人，才能真正理解语言的内容、语言的形式和语言的运用方式，掌握与人交流的技巧。"认真倾听"这个习惯并不是与生俱来的，而是需要经过长时间、多渠道的培养和训练的。因此我们会多方面来培养幼儿的倾听能力。

在家长团队游戏中我们选择了一部分培养幼儿倾听能力的游戏，"大风吹、吹大风"就是其中的一个游戏。"大风吹、吹大风"是一个简单又有趣的团队游戏，同时也是快速炒热气氛的好方法。在这个游戏中，需要团队成员十分专注的倾听能力。透过组织者的指令，去判断"吹什么风"，自己有没有被风吹到，要成功挑战。此游戏适合在各种年龄段的团队中开展，但是根据不同的年龄段成员，游戏中发出指令的类别要有所不同。

如：成人团队中发出指令的特征可隐形一点，加深难度。在幼儿团队中，则要十分明显，才能让幼儿快速观察并做出反应，以达到游戏的趣味性。我们还经常会和孩子玩"三个字""扮时钟"等游戏，在游戏中培养孩子的倾听习惯。

培养幼儿倾听习惯的关键是要积极创设良好的语言环境。除了选择游戏培养孩子的倾听习惯，另在幼儿入园、离园的时候和饭前饭后的空余时间，我们会给幼儿播放一些优美动听的儿歌、故事、轻音乐的录音等；在幼儿散步或外出参观时，让幼儿倾听自然界的各种声音（风声、雨声、雷声等）、倾听各种动物的声音（猫、狗的叫声、蝉鸣等）、倾听各种交通工具的声音（汽笛叫、喇叭响、自行车清脆的铃声等）。教师可引导幼儿模仿、讲述，发挥幼儿的想象力。当然幼儿的思维具有直观性，最喜欢鹦鹉学舌。在与幼儿交谈时，尽可能做到语言生动，表情丰富。说话时放慢速度，使他们听清每个字的正确发音，特别是针对幼儿难以发出的音或发不准确的音，在说话时口型稍微夸张些，这样不仅使幼儿能听清准确的发音同时能看清发音的口型，便于幼儿模仿。

还有，家长和教师应做幼儿的听众，耐心认真地倾听幼儿的讲述，并对他们所说的内容感兴趣，这是成人给予幼儿最好的鼓励，也在潜移默化之中给予幼儿良好倾听习惯的榜样作用。不管你对幼儿所说的内容是否感兴趣，语句是否通顺，你也一定要注意保持认真倾听的样子，并不时地为孩子加油，不时地做出你丰富的表情，让孩子觉得你在认真听他讲，非常认同他的讲述，为他的讲述喝彩，这样他会慢慢树立自己说话的自信心，会越说越棒，同时在老师和同伴讲述时，他也会认真地倾听对方说话了。良好的倾听习惯是幼儿成长的重要方面，让我们多元培养，做教育的细心人。

2010 年 12 月 7 日

## 案例九　一物多玩

**一、活动目标：**

1. 能与同伴友好合作，自主探索体验成功的快乐。
2. 大胆尝试探索协同合作技巧。
3. 利用绳子引导团队成员创设多种玩法，进行一物多玩游戏。

**二、活动时间：**30 分钟。

**三、活动场地：**室内外。

四、**活动准备：**长短不一的绳子若干根。

五、**活动实施：**

1. 引导自由探索绳子的各种玩法。

你们能用绳子玩不同的游戏吗？怎么玩呢？

2. 集中演示。

（1）团队成员交流互动。你们互相说说自己是怎样来玩绳子的？

（2）组织者根据团队成员探索和交流的情况进行演示，团队成员再次尝试练习。

3. 合作玩绳。

分组探索玩绳的方法，有不同玩法的队员给予展示的机会，让其表演创新玩绳法。

讨论：你们刚才用的是什么方法，你觉得合适吗？还可怎样玩？

游戏可反复进行几次。

六、**注意事项：**

1. 让团队成员充分相信自己并有充分展示自我的机会，通过自主探索体验到成功的快乐。

2. 引导团队成员在游戏中充分体现出团队意识，为自己的团队加油、鼓劲，培养大家的团队精神。

七、**拓展游戏：**

家长可根据幼儿的实际生活经验进行有机的整合，如玩球、玩圈、玩瓶、玩盒、玩帽、玩积木等。让亲子从一物多玩的游戏中学会合作学习、学会创造学习。

八、**游戏体验：**

【家长心语】

面对陌生的环境，我的第一意识就是伪装保护自己，不管是源于内心的不自信还是自我隐藏一种表现。但是通过幼儿园组织这一类型活动后我一直在反思我的崽崽为什么在陌生的环境中不爱与人交往，或许这也是一种保护自己的本能吧！成年人在这样的环境中都很难完全释放自己，何况孩子们呢！

通过今天的游戏，我的教育理念又一次的得到了更新：首先，自己要给孩子做一个好榜样，面对陌生的环境大胆地展示自己；其次，与孩子的沟通交流是否有效在于家长所说的有无实效性。

——依依的爸爸·2010 年 12 月 13 日

"一物多玩"给予了我与孩子平等交流另一种途径，更打开了我那禁锢已久的思维之锁。如何把一件事情想得更加全面，如何把一件物品玩得淋漓尽致，这些都深深的考验着我们这些在职场奋斗已久的上班族。

回忆平常与儿子交流的点点滴滴，或许做为父亲的我太过于死板。在日常的生活中不太注意培养孩子的发散思维，而是教会他一些实际方法，这样刻板的教育方法也许不应值得提倡。

——可可的爸爸·2010 年 12 月 13 日

"游戏"似乎很久没有和孩子一起玩过了，除了没有时间就是没有精力再与她一同分享这些"幼稚"的游戏。我一直把崽崽当成大人来看待，但是在今天的游戏中，我感受到与孩子的交流似乎太少，有时候不能很好地读懂她内心的一些小想法。通过今天的游戏，似乎又找到了童年的快乐，感受到了与孩子一起奋战的乐趣。孩子毕竟还是孩子，她的要求不多，就是希望爸爸妈妈能有时间好好陪着她一同游戏，分享她的快乐，而我们家长又有多少时候能满足孩子这小小的心愿呢？

——童童的妈妈·2010 年 12 月 13 日

## 【教师感言】

作为一名组织者，最害怕的就是在游戏中遇到家长、孩子冷场的画面。组织者想给参与者一个宽松、愉悦的氛围，于是在游戏前便说道："你们能用绳子玩不同的游戏吗？是怎么玩的呢？"这时，全场陷入安静，没有人回答。组织者给参与者每人提供材料绳子之后，团队成员便开始进行第一环节——自由尝试，给予团队成员"自由"探索似乎是一件无比轻松的事情，发现在"自由探索"中，参与者的想象力最容易被激发。他们似乎忘记了一开始的拘谨，大胆地尝试绳子的不同玩法。比如：有的用绳子跳，有的把绳子摆出各种造型。

在第二环节时，参与者按要求进行分组探索——合作玩绳的方法，这时教室里竟然有了唧唧喳喳的讨论声，比起刚开始的"冷场"大家似乎都抛弃了刚刚的不自信，很专注地投入到了游戏中，从个别到小组，每一位团队成员都发挥了自身的作用，把"绳"玩得淋漓尽致。

通过这样的几次尝试，发现在组织的过程中家长团队支持虽然重要，但是组织者的智谋、策略也起着决定性的作用。怎样激发团队成员在活动中的积极性，让"冷场"不再出现，是我们组织者需要学习与实践的。

此团队游戏是利用"绳子"这一题材，让团队成员创设多种玩法，进行一物多玩的游戏，在活动中团队成员敢于大胆探索，对于孩子来说"一物多玩"这种打破传统禁锢思维的游戏更有利于拓展、发散孩子的思维，在体验游戏的时候，也进一步培养孩子大胆尝试、探索的天性，在孩子的成长中，家长、老师的方法容易让孩子形成思维定式。在日常生活中培养孩子从不同角度思考问题，从而培养孩子的发散思维。

灵感源于经验，经验源于实践。团队游戏不仅让家长、孩子在游戏中体验到教育的意义，让家长们的教育理念不断进行更新，让孩子们在游戏中得到各种品质的提升，也使得教师的专业成长、组织经验有了明显提高。

2010 年 12 月 17 日

## 案例十 拔河比赛

**一、活动目标：**

1. 感受民间集体游戏及体育运动的快乐。

2. 加强团队成员之间的团队协作意识和凝聚力、向心力。

3. 培养团队成员的平衡能力，锻炼成员们的手臂力量。

**二、活动时间：** 20 分钟。

**三、活动场地：** 宽敞平坦的室外场地。

**四、活动准备：** 拔河绳、口哨、小红旗、场地上布置拔河的起止线。

**五、活动实施：**

1. 全体队员手牵手组成圆圈，全体成员平均分成两组。

2. 游戏规则：拔河绳的中间有一面小红旗，两组成员分别以红旗为界站在绳子的两边，两队成员在听到哨声后，一起朝自己那端拉绳子，直至将小红旗拉过自己一方的起止线处为胜。

3. 游戏为三局两胜制，每局结束后双方互换场地再次进行游戏。

**六、注意事项：**

1. 为避免游戏中受伤，要求成员们穿平底胶鞋，不穿高跟鞋、钉鞋以及赤脚参加游戏。

2. 团队成员不得借助游戏规定以外的物体而达到获胜的目的。

3. 游戏时由于双方都用力拉，所以比赛结束时不可立即松绳，以免造成对方队员受伤。

4. 团队成员比例要适当均衡，以保证游戏的公平性。

**七、拓展游戏：**

1. 亲子拔河游戏：可以在家庭中进行亲子拔河游戏，家长可以利用丝巾或毛巾与孩子玩，家长和孩子各拽一头，为了树立孩子的信心，家长可先稍稍用力，让孩子能拽动，并能获胜。提醒家长要注意选择安全场地，家长不要突然松绳，以免使孩子摔倒。

2. 徒手拔河游戏：游戏前先在地上画一条线为界，游戏时两人以脚外侧相抵面对面站，然后寻机抓对方手，抓住后用力或利用技巧将对方拉过界即胜。人多时，可分两组，搂腰相连，此玩法也适合大班幼儿。

## 八、游戏体验：

**【家长心语】**

拔河游戏是一个需要整个团队沟通、协商，最终确定一致用力使自己团队获胜的游戏。我在参加班级比赛时，男家长们告诉我们要使劲往后拉，往底下沉。后来，我们照着他们的方法，连赢了两次。同时，我也观察到对方团队，由于他们没有协调好，站的位子也不太对。所以他们不好用力，很多家长在拔河的时候都站不稳。

通过参加这次团队游戏，我明白了什么事情都有方法。同样，我们在教育孩子时也一定要有方法，学习正确的育儿知识。我们也可以让孩子多参加拔河这样的团队游戏，培养他们的合作精神和团队意识。

——果果的妈妈·2011 年 3 月 10 日

在拔河比赛中我和孩子都玩得特别尽兴，就好像回到了童年，找到了久违的童趣。非常感谢幼儿园提供了这样的机会，增进了家长与孩子的感情，我感觉一下子和孩子拉近了距离，和孩子变成了同一战线的朋友。希望这样的欢乐洋溢长久，增进亲子之情。看到儿子红扑扑的脸蛋和灿烂无比的笑容，我只想说，对孩子来讲，还有什么比快乐更重要的呢！感谢老师们的不辞辛苦，让我的孩子多了一段珍贵的童年回忆，感谢幼儿园为孩子们创造了一个健康、快乐的天地。

——达达的爸爸·2011 年 3 月 10 日

今天幼儿园组织家长与孩子到王陵公园进行了一次亲子团队拔河比赛，现场气氛热烈，到处欢声笑语，家长的积极参与是我没有想到的，大家的热情都自然地迸发出来。伴随着呐喊声，参赛的小选手们用尽全身的力气，而家长们也鼓足了劲，毫不退缩。特别是当双方胜负难分的时刻，尽管此时队员们都已经大汗淋漓，身心疲惫，但是他们仍然咬紧牙关，坚持到底。孩子们这种为集体争荣誉的团队意识和顽强的毅力与拼搏精神，充分展现了孩子们的精神风貌。

在活动中增进了亲子感情，同时还增强了家庭、幼儿园、社会三方面教育的合力，促进了孩子与父母关系的发展，这也是幼儿园教育的又一亮点。希望这样的活动越多越好哦！最后的感想：团结起来力量大！

——航航的爸爸·2011年3月10日

【教师感言】

拔河运动是一项形式简单、场地容易准备、参与人数多的民间体育团队游戏，具有增强团队协作意识，凝聚力和向心力等积极作用，团队成员可以自愿组合为一组，按照组织者的安排进行游戏，同时队友在游戏中能得到沟通，拉近彼此间的距离。拔河比赛是一项体现团结合作的最好的游戏，自古以来有一句话——"团结力量大"，这足以说明团队力量的作用。当今社会，在学习和工作中，团队意识是很重要的。然而由于现在的幼儿大多都是独生子女，很多东西不需要通过团队的力量他们就能够获得。这对他们以后在社会中的生存是不利的。因此，从小培养他们的团队意识，通过与他人合作获得成功是非常有必要的。为了有效地指导家长对幼儿团队合作能力的培养，拔河比赛成为了我园组织户外亲子活动、幼儿园家长半日开放活动、幼儿户外游戏活动的传统游戏，幼儿园经常会看到孩子和家长们在操场"加油"呐喊的场景，这个团队游戏在培养孩子的团结合作能力方面也给予了我很大的启发。

在团队游戏中培养幼儿的团队合作能力。游戏是幼儿园的基本活动，而在游戏中培养幼儿的团结合作是很有效的途径，我尝试着引导幼儿利用有限的器械玩出各种好玩的集体团队游戏，如：老鹰捉小鸡、团结力量大、十人九足等，来培养幼儿的团队精神。在游戏的组织中教师只要负责提供有限的器械、场地、时间，简单而易组织确能够达到很好的效果。

在竞赛游戏中培养幼儿的团队合作能力。在幼儿园的许多活动中，都可以采用竞赛的形式开展。在竞赛中，孩子们会表现得更团结，团队精神的表现也更明显。如：在语言活动中我们会以比赛的形式，让孩子们朗诵儿歌，比比哪组朗诵儿歌表情丰富、声音美、节奏轻松、感受愉悦等；在音乐活动中，比比哪组孩子的舞蹈跳得舒展优美；在科学活动中，比比哪组孩子的想法多种，做法多样；在去户外爬山活动时，我们会让孩子们比比谁先到达山顶等。通过合作比赛的形式培养幼儿的团队精神、合作意识、合作能力，让幼儿在活动中学会协作并体验成功的喜悦。

人是通过活动来实现个体社会化进程的，活动是个性形成发展的中介，活动中形成着个性。活动中表现着个性。因此，幼儿团结合作能力的培养必然是通过活动来实现，而小组活动更为孩子初步尝试集体合作提供了一个宽阔的舞台。孩子们在小组团队活动中，共同讨论商量、协调活动，达成共识，团队合作自然产生。作为教师的我们既不放过每一次让幼儿合作的机会，而且也会有意识地为幼儿提供和创造团结合作的机会。孩子们的潜力不可低估，我们能感到孩子们在合作中的快乐。随着社会的发展，团队精神的培养将会被更多人所认识，被更多领域所重视。幼儿期正是人格品质形成的关键时期，我们要做个有心人，通过各种教育手段和措施，培养孩子的团队精神，为他们以后的学习生涯，以后的人生之路打下坚实的基础。儿童到了五六岁以后，合作的意向和愿望才十分明显地表现出来，这时家长应适当地引导，采用正确的教育方法，为孩子的健康发展而努力。

2011 年 3 月 13 日

## 案例十一　老狼老狼几点钟

**一、活动目标：**

1. 感受角色游戏的轻松氛围。

2. 培养团队成员倾听能力以及灵敏躲避追击的能力。

3. 知道人与动物一日作息时间的不同点，通过游戏反思自己的一日作息时间安排是否合理。

**二、活动时间：** 20 分钟。

**三、活动场地：** 宽敞的室内和室外。

**四、活动准备：** 轻柔的音乐，可根据活动的场地调节游戏人数。

**五、活动实施：**

1. 快乐传递。

全体成员围成一个圆圈，大家手牵手面向圆心站立，组织者引导团队成员在轻柔的音乐声中闭上眼睛想想今天开心的事情，露出快乐的笑容，用微笑传递给他人，让他人感受自己的积极向上与快乐。

2. 角色分配。

一名或 2~3 名成员站在圆圈中心为"老狼"，其余团队成员为"兔子"手牵手围成圆圈朝顺时针方向走动。

3. 游戏开始。

（1）游戏采用一问一答的方式进行。

"兔子"问 "老狼老狼几点钟?"

"狼"回答：X 点钟。（并做出在此时间里老狼应做事情的动作，如：

睡觉）

"兔子"问"老狼老狼几点钟？"

"狼"回答：7点钟，起床了。

所有的"兔子"在指定的场地内四处躲避，"狼"去追击"兔子"。

（2）被抓到的成员则在下轮游戏中扮演"狼"。

组织者小结："狼"可以根据自己或他人的作息时间改变自己的作息时间，可以增加一些活动。如：劳动、游戏、看书、锻炼等。（借此也可以反思自己的一日活动是否丰富合理。）

（3）组织者可以根据现场的气氛进行多轮游戏。

**六、注意事项：**

1. 要根据场地控制住人数，以保证安全。

2. 当"狼"追"兔子"的时候，应该在指定的范围内追逐，不能跑出场地。

**七、拓展游戏：**

可以进行亲子间的游戏，一问一答的形式，让孩子学习认识时钟，以及学会合理安排自己一日生活活动。

**八、游戏体验：**

**【家长心语】**

鸿鸿在玩了"老狼老狼几点钟"后说的话有："太好玩儿了"，"哎呀"，"吓死我了"，"我还要玩儿"。我们认为他觉得这个游戏很刺激，比较能吸引他。游戏的规则很明确，按照规则进行游戏，可以培养孩子的"倾听"能力、分析能力和遵守规则的能力，也就是说孩子要先听规则，然后要理解规则，最后要按规则玩。仔细、认真地听应该是最重要的，这不仅可以锻炼孩子获取信息的能力，也可以教会孩子尊重别人。分析能力一般以"听"为基础，听清楚后才可以理解，当然也会有孩子开始不认真听，在玩的过程中从别人的动作中理解规则（比如说鸿鸿），但全家人都不赞成这种做法。能否遵守规则当然要看孩子是不是听懂了，也有可能故意不遵守规则或改规则。

——鸿鸿的妈妈·2011 年 3 月 17 日

通过这样一个游戏，一方面增进了亲子之间的关系，另一方面让孩子认识到了规则的重要性，因为不按规则去做的话，"小兔子"就被"老狼"抓住。每个小朋友都不愿成为被抓的"小兔子"，这样一来，既加强了小朋友们对规则的认知，也加强了他们的专注力以及反应能力。

通过活动不仅增进了母子之间的亲情，更使小朋友之间增进了感情，家长之间也互相认识和了解了。感谢幼儿园老师们为这次活动辛苦的付出，感谢她们为家长提供了这样一个增进友谊、增进感情、增强竞争意识的平台。

——轩轩的妈妈·2011 年 3 月 17 日

今天老师要我们来玩"老狼老狼几点钟"的游戏。要求我们的家长牵着孩子的手围成圈，然后按顺时针走，再一起来问："老狼老狼几点钟?"老师扮演老狼，报 1 点钟、2 点钟、3 点钟、4 点钟、5 点钟、6 点钟、7 点钟。当报到 7 点钟时家长和孩子们要躲起来或是蹲下来保护自己。在老师讲解游戏规则时，有好几个小朋友表现得比较兴奋和激动。我家穗穗今天表现还是很好，没有大声喧闹，一直表现得很不错，很高兴、很认真地听着老师讲解游戏规则。在做游戏的时候还有意识地带动我，告诉我应该蹲下就是保护自己。通过这个游戏让我了解了孩子在班级集体活动中的整体表现，还有孩子们的整体情绪，孩子们都非常开心，同时也让我深刻地体会到做老师很不容易，几个老师要照顾几十个孩子。近期我个人心态也有些转变，我希望在与老师不断沟通后，对穗穗正确引导，使穗穗在班级、在家里、在任何地方都能学会自我成长、自我完善，做个不让老师和妈妈过分操心的好孩子。

——穗穗的妈妈·2011 年 3 月 17 日

【教师感言】

家长团队体验"老狼老狼几点钟"的游戏，看到的是家长们开心的场面，当和家长坐下来探讨时，大家反思到了自己一日作息时间是否合理，大家都抛出如何有效地培养孩子良好的时间观念这个问题。

"时间观念"对于孩子们来说还比较陌生，但良好的时间观念和孩子的身体健康成长是密不可分的。无数调查表明，凡是那些能够按时睡觉、按时起床、按时就餐、按时学习、按时活动的儿童，大多身体健壮，学习成绩优良，自理能力强。但时间是一个抽象的概念，看不见又摸不着，怎样让孩子轻松地掌握、把握时间的重要?"老狼老狼几点钟"是一个很好的游戏，孩子可以在游戏中掌握一天的时间，初步知道每个时间段应该做什么，如果没有按规律来会被"老狼"吃掉。由此我结合这个游戏来谈谈对幼儿时间观念的培养的几点策略：

结合游戏，引导孩子初步认识时间。对于孩子时间观念的培养，不宜一味地灌输时间的道理，但是应该教会幼儿认时间。"老狼老狼几点钟"

的游戏可以让孩子清晰地理解一天有 24 小时，游戏中还可以加上一个钟面做道具，让孩子初步地认识整点，然后在生活中慢慢引导孩子学会看时钟，分清楚指针所代表的意思，孩子自然会很快地掌握、认识时钟。认识一天的时间后，可以引导孩子看日历，孩子会很快地分清年、月、日和时、分、秒。

学会制订日计划表。孩子对时间有了初步的认识以后，接下来要让孩子计划使用时间，明白时间的重要性。家长和孩子可以一同制订一日作息时间表，可以将时间分成三段：上午、下午、晚上，和孩子商量当天必须要完成的是什么事情，大概需要多久的时间；你今天还要完成什么事情等。孩子根据自己的需要制订了一日活动计划，由于是他自己制订并计划的，他会很积极地去完成。家长只要注意稍加提醒，孩子是会按计划完成的。制订一日活动计划表能够告诉孩子时间的重要性，可以有效地培养孩子的时间观念，懂得珍惜时间。

建立有规律的家庭生活作息时间表。"时间"是一根无形的指挥棒。它可以约束你养成良好的生活习惯。当早上还想赖床时，只要看到时间，就会主动起床，不然孩子上幼儿园会迟到、自己上班会迟到。家长是孩子学习的榜样，家长在幼儿时间观念的培养方面要以身作则，家庭可以共同制订一份家庭生活作息时间表，用规律生活来培养幼儿的时间观念，幼儿对"时间"这个抽象的概念会有很好的认识与理解。

通过这个游戏让我感受到的是我们要把握和挖掘游戏的教育价值，家园共育使用它的教育价值。古人云："不积跬步，无以至千里。不积小流，无以成江海。"培养幼儿良好的生活习惯和时间观念，是我们给孩子一生享用不尽的财富。当然这个游戏还有其他的教育目的，如培养孩子的倾听力、专注力、观察力等。

2011 年 3 月 20 日

## 案例十二　集体跳绳

### 一、活动目标：

1. 感受团队成员共同参与体育健身锻炼活动的意义。

2. 提高团队成员身体素质，知道体育锻炼的重要性，培养跳跃能力、钻闪、顺接技巧。

3. 培养团队协作能力与竞争意识，增强集体主义精神。

二、活动时间：10 分钟左右。

三、活动场地：室外宽敞的场地。

四、活动准备：长绳，12~24 人为宜。

五、活动实施：

1. 将团队成员分成若干组。每队 12 人，2 人摇绳，其余 10 人先后循环跳入长绳，累计三分钟集体跳绳次数，次数多的组获胜。

2. 比赛时队员站的先后位置不限，但比赛开始后队员不得随意调整位置，且不得退出比赛。

3. 参赛队队员排队跳过长绳的跑动轨迹为倒"8"字型。

六、注意事项：

1. 组织者发令后开始计时并摇绳，第一人跳过后开始计数。

2. 长绳被绊停后，停止计数，不停止计时；待被绊人回到原地重新跳过时连续计数（不重新跳则不予计数）。

3. 注意场地的选择，要宽敞、平坦、安全。

七、拓展游戏

1. 增加难度，两名成员面对面站好顺着一个方向摇绳子，其余队员每两人依次跳入长绳，或者两人连续跳 10 次之后跳出长绳，换下一批成员，在 2 分钟内跳的次数多的小组获胜，人数也可以团队商量决定。

2. 可以亲子两人跳短绳。由一人甩绳，两人前后同时在绳中一起跳。

八、游戏体验：

【家长心语】

今天下午参加了大班的亲子集体跳绳活动。虽然游戏简单，但是通过参加游戏我有很多感想：一是孩子是有潜力的，本来以为女儿不会连着跳绳，可是她跟着我甩绳的节奏跳得很好。二是小孩都希望能得到表扬，当菲菲发现自己跳绳跳得好的时候，自己也很高兴，同时还不时地看看就站在一旁的老师，老师表扬她后，跳得更加起劲。因此，我在以后的教育中应多采用赏识教育。三是女儿很乐意，也很积极参加各种活动，在活动中很乐意去表现自己。四是当游戏结束时，小朋友都围着老师要贴贴纸，别的小朋友你一句、我一句："老师我要这个。""老师我还没有。"菲菲却没有主动找老师要，而是等着老师来给她，很有谦让的精神。

——菲菲的妈妈·2011 年 3 月 14 日

今天家长会令我和孩子都很开心，看孩子们比赛跳绳的时候，每一个孩子都很尽力在跳，孩子有爸爸妈妈在旁边的时候表现得更好。家长与孩子游戏时，要齐心，才能得到更好的成绩。体验这样的亲子游戏活动，让我明白游戏不一定是在玩，我们也可以边玩边学习。体育游戏更能锻炼我们的身体，孩子能够参加跳绳比赛并初步有了竞赛意识，在游戏中家长和孩子都很开心，谢谢老师为我们安排这样的机会，谢谢老师为孩子的健康成长所做的努力。

——妍妍的妈妈·2011 年 3 月 14 日

　　能与孩子们一起参加这样的亲子活动，是一件很棒的事。看到孩子们为比赛争取第一名而努力，我乐在其中，同时孩子们的身体素质也得到了提高。虽然这个游戏有些累，但是在活动过后我感觉到"众人捡柴火焰高"，因为每位家长都一起分享了自己的育儿经验，可以相互取长补短，共同进步。我十分珍惜这个机会，和每位家长沟通交流，向家长们学习，让自己在这其中得到充实和锻炼！这样的亲子活动让我感受很多！我也希望幼儿园多开展类似活动，让家长融入其中，让孩子在玩中学！

——天天的妈妈·2011 年 3 月 14 日

【幼儿稚语】

菲菲：今天学到了一种新的跳绳方法，真好玩！

成成：看到从来没有跳过绳的爸爸跳绳的样子，真的太好笑了！

恒恒：妈妈跳得好轻，我也要跳得像妈妈那样好看！

毛毛：哎，妈妈说我还应该练习跳绳，今天是我影响了大家输了比赛，感觉很抱歉。

【教师感言】

　　在现代社会中，人们忙于工作、生活，每天忙碌的节奏让他们缺少锻炼身体的时间，许多时候，他们宁愿坐在电脑前浏览网页，也不愿站起来运动身体。导致大部分"白领"都处于"亚健康状态"。他们身体各项机能衰退，体弱多病，精神萎靡不振，做事无精打采，办事效率低下，反应迟钝、没有生机、缺乏活力。而对于现在的孩子们来说，娇生惯养使得他们拈轻怕重、怕苦怕累。而家长们总是抱着不想让孩子输在起跑线上的心，给他们报各种提高班：舞蹈班、美术班、钢琴班、作文提高班、英语班等，却唯独忘了孩子身体素质的训练。作为一名一线的幼儿教师，我们不难发现现在的孩子身体素质每况欲下，稍一变天他们便会感冒，从而急坏了那些爱子心切的家长们，各种药物以及增强抵抗力的营养品也就出现了。从而导致孩子的体重增加、体力减弱、体质降低，孩子们依旧是那样的"脆弱"。因此在幼儿园的教育中，我们十分注重培养幼儿的身体素质，开展多种形式的活动来增强幼儿的身体素质，体育游戏便是其中一项。

"集体跳绳"游戏是一个简单易开展的体育游戏。此项游戏的准备十分简单，只需一条绳、轻便衣服及一双合脚的运动鞋便可。经国内外专家研究，跳绳对心脏机能有良好的促进作用，它可以让血液获得更多的氧气，使心血管系统保持强壮和健康。并且跳绳可以锻炼参与者的身体敏捷能力，燃烧脂肪，增强团队成员的身体素质。在集体跳绳的活动中，还需要团队成员具有团结合作的意识和集体主义精神。因此游戏具有多元教育价值。由于集体跳绳对于团队成员的体能有一定的要求，所以适合在大班幼儿团队、大班亲子团队及家长、教师团队中开展。

在团队进行游戏时，需要注意：

计数人员要准确、清楚地计数。如果计数人员的计数不准确则会影响团队成员的士气，从而影响游戏的质量。同时清楚的计数能够给团队成员起到提示的作用，鼓舞团队成员的士气。

落地的缓冲需注意安全。在跳跃的过程中，不论是单脚跳还是双脚跳，既不要收腹，也不要往后踢，保证自己和其他成员的安全。当幼儿参与跳绳时，尤其要注意他们的安全。

团队成员的心态要放松。虽然是竞赛性游戏，但是在比赛落后的情况下，团队成员要互相包容，互相鼓励，团结一心，学习跳跃、钻绳、闪开的技巧，才能保持良好的心态，获得更好的成绩。

2011 年 3 月 17 日

# 案例十三　竹竿一样直

**一、活动目标：**

1. 以团结、协作的状态积极参与游戏，感受与同伴默契合作游戏的乐趣。

2. 能关注同伴，学习多人合作行进走的技能，体验只有齐心协力才能成功。

3. 发展团队成员的动作协调性，服从团队组织和遵守团队纪律，培养顾全大局品质。

**二、活动时间：**20 分钟。

**三、活动场地：**宽敞的室外场地。

**四、活动准备：**竹竿若干。

**五、活动实施：**

1. 两人为组，每组一根竹竿，两人双手正面握住竹竿练习向前走，并能配合使用口令："左右左"、"一二一"等。

2. 练习3人、4人、5人行进齐步走，要求动作协调，步伐一致。

提示语：大家可以站立行进走，还可以蹲着走，大家试一试。

3. 设计3个情景：草地、山洞（拱形门）、树林（椅子）。5人一组，过草地，钻山洞，绕树林，比赛哪组走得最快、最稳。

**六、注意事项：**

1. 游戏时，每组成员要保持在一条直线上行进，竹竿保持同一高度。

2. 每组的每个成员都要双手握住竹竿，不能松手。

**七、游戏体验：**

**【家长心语】**

小游戏大感悟，让我明白如何与人相处和如何在团队中成长、进步的道理。真的感谢老师的精心安排，让我们在工作之余体会游戏的快乐，感悟到工作中的不足，发现自己的问题，得以及时反思，调整自己。同时，也感谢我的所有的队友，能与我一起完成这个游戏，一起感悟，共同进步！平时因为自己工作的原因很少有机会和孩子一起游戏，通过今天的亲子游戏也弥补了此方面的一些遗憾，同时也增进了与儿子之间的感情。

——鸿鸿的妈妈·2011年5月20日

在游戏中，我一直奇怪：为什么竿子会一次次不能平行前进总会有人被拉着跑？有队友说是规则不清，但是就我个人而言，我认为原因是大家不齐心没找到用力的点。

在这样的团队游戏中不仅让自己重新认识团队的意义，也让我的孩子从小就知道团队对我们的重要。游戏中，一开始我们为维持竹竿的平衡而托住了一端，游戏中的五个人都很重要，由于是亲子上阵游戏，我们必须调整身体的高度，配合自己的恩恩。在游戏中，首先我们要相信自己，对于事实与真理要勇于坚持，我们讲究的是一个实事求是的态度！其次，作为一个团队玩这个游戏，我认为我们缺少一种领导，我们需要一个统一指挥的领导人物。但由于大家不敢于担当所以致使游戏没有收到完美的效果。

——阳阳的妈妈·2011年5月20日

**【幼儿稚语】**

烟烟：和妈妈、老师们一起玩游戏是我最快乐的时光！

婕婕：看着爸爸玩着平时我们玩的游戏，像个小朋友一样，很开心，仿佛他就是我的好朋友。

卓卓：这个游戏太好玩了，不过我的好伙伴总是不能够跟我们走得一样快，这个让我们有点郁闷！

浩浩：没想到今天能够和爸爸比赛游戏，我和小伙伴一起努力，把平时什么都会的爸爸们打败了，我们太厉害了。

**【教师感言】**

春天，大雁排成"一"字或"人"字形，从南方飞向北方；秋天，大雁排成"一"字或"人"字，又从北方飞回南方。年复一年，它们总是这样，摆着雁阵飞来飞去。你知道大雁为什么会排成这整齐的雁阵吗？在外人看来，这是一道很壮观的风景，整齐、有序。其实不仅好看，大雁还通过摆成这种阵形飞翔，有利于减少空气当中的阻力，为自己节省力气，使所有大雁都能顺利地到达目的地。从这件事情可以看出，大雁为了能安全顺利地到达目的地，通过团队的力量，调整队形，井然有序。在我们现实工作当中，如果你能够积极配合解决工作中的任务和难题，这样会给别人留下好的印象，从而增加组织的信任度和美誉度，赢得他人的尊敬和支持。由此可见，有组织有纪律的团队将是一支百战不殆的团队，愈战愈勇、所向披靡。现在的孩子，以独生子女居多，他们极少有机会感受到组织与纪律性的重要。因此，幼儿园的教育需要多元化，培养幼儿多方面的能力与品质。

"竹竿一样直"是一个训练队列、培养团队成员默契度的游戏，游戏的材料简单易准备。

在游戏"竹竿一样直"中，游戏者要有统一的口令进行指挥一二、一二、一二一，握紧竹竿齐步走。简单的游戏规则，却需要团队成员高度的专注力和较强的组织纪律性。每一个团队成员要让自己的行为和集体协调一致，如果在游戏中凸显个人主义，一个人步子迈得很大或者迈得很小都会影响到本组游戏的成绩，从而导致游戏的失败。

此游戏适合在中大班幼儿团队、家长团队、亲子团队中开展，在亲子团队中开展时家长要注意自己的身高与孩子的差距，尽量配合幼儿的身高，蹲下或者弯腰，使得团队进行游戏时保持竹竿一样高更具协调性。在幼儿团队中，组织者可提醒幼儿选出一名组织者，发出口令。可以由此降低难度，以便更好地统一步调。

家长进行此次游戏之后，可以回家跟幼儿讲解游戏的意义，以便幼儿初步理解组织纪律性的重要性。但是组织纪律性不是一次可以培养出来，这需要家长和教师长期培养。因此，教师会通过类似的游戏，如万能胶游戏、穿越生死网等来训练幼儿，促进幼儿身心健康发展。

2011 年 5 月 27 日

## 案例十四　请说"三个字"

**一、活动目标：**

1. 培养团队成员遵守游戏规则，提高自我保护意识。

2. 培养团队成员短时间的思考能力、训练快速语言反应能力。

3. 锻炼团队成员追、跑、躲闪等动作，丰富语言词汇。

**二、活动时间：** 10 分钟。

**三、活动场地：** 室外。

**四、活动准备：** 10～30 人适宜，可根据活动场地调节人数。

**五、活动实施：**

1. 组织者请一人当可追者，发出游戏指令后，团队成员在指定的场地四散奔跑，可追者去追别的成员。在快要被追到时，被追者可迅速说出任意连贯的 3 个字，如"早上好"等。可追者就不能捉他了，继续去追别人。

2. 如被追到或说的不是 3 个字的成员，就要暂时退出游戏，停玩一次。

3. 已说过 3 个字的成员只能站着不动，等到其他队友跑来用手击掌"救"他，才能继续跑动，如果所有的队员都已说过 3 个字而没有被救活，那么可追者获胜；如果可追者在规定的时间里没有追到被追者则输。

**六、注意事项：**

1. 注意根据场地的大小控制人数，避免因躲避追跑而造成的伤害。

2. 被追者说出的 3 个字必须是连贯的，已说过 3 个字的队员必须等待其他队友相"救"才能继续跑动，否则属于犯规要停玩游戏一次。

3. 此游戏适合在 5 岁以上的儿童团队中开展。

**七、拓展游戏：**

1. 此游戏可改成"两个字"或"四个字"的游戏或者按组织者的表达要求的游戏，如词语接龙、说成语或花的名称等。

2. 此游戏可变换方式，如几个人一起左右手重叠一起，从最下面的手开始抽动放到最上面，轮到谁抽手的同时要讲 3 个字，如果 3 个字不是连贯的且错误的，就退出一只手，最后看谁坚持的时间长。

**八、游戏体验：**

【教师感言】

"三个字"是我们小时候玩得最多的一个游戏，是一个智力开发与体育锻炼相结合的游戏，游戏中既能够锻炼身体还能够增强语言表达能力。

这一天，我组织家长和孩子玩"三个字"的游戏，没想到有家长马上反应说："这是我们读小学玩的游戏呢！"大家便哈哈大笑起来，笑声立马给游戏带来了不少的快乐。游戏正式开始，轩轩的爸爸因在"石头、剪子、布"的游戏中名落孙山，便被大家推选为"可追者"，家长放下了平时身上所担的担子，在活动室肆意地奔跑起来，唯恐被捉到，各种"三个字"脱口而出，如：早上好、花开了、茉莉花、对不起、没关系、长高了、进步了、你真棒，等等，引起大家哈哈大笑。离游戏结束时间越来越短了，轩轩的爸爸脸上露出了"辛酸"的笑容，停了下来，突然向毫无防备的璇璇的姑妈追去，不料这招"出其不意"成功了。意犹未尽的家长要求再玩一次，孩子们也跃跃欲试。第二次孩子们和家长一起参与游戏，孩子们各种稀奇古怪的三个字都出来了，如白骨精、肚子痛、找妈妈、毛毛虫等。孩子和家长的笑声、叫声、呐喊声融入在一起，彼此将快乐传递、将知识传授、将亲情融合。

这个游戏规则简单，人多人少都能玩，玩的过程中经常会妙趣横生，让人捧腹大笑。成人和小孩都喜欢玩这个游戏。这次活动让家长重拾快乐的童年，体验孩子的教育是"玩和学互存的"，简单的"三个字"却蕴含深刻的育儿道理。

2010 年 10 月 17 日

# 第二节　语言游戏活动案例

语言游戏是促进幼儿语言发展的有效方式。3～6 岁是幼儿语言发展的关键期。《幼儿园教育指导纲要（试行）》中明确指出："创造一个自由、宽松的语言交往环境，支持、鼓励、吸引幼儿与教师、同伴或其他人交谈，体验语言交流的乐趣。"因此，成人应注重为幼儿创设丰富多彩的语言环境。语言游戏的开设，能拓展幼儿的视野，加深幼儿对周围事物的认识和理解，促进幼儿的思维发展，使幼儿在想说、敢说、会说的同时，发展自己的语言能力。

本节所选的 14 例游戏大多是在民间传统游戏基础上演变发展出来的，地方特色突出，娱乐性强，在轻松愉悦的氛围中通过看一看、说一说、演一演发展幼儿的语言表达能力，促进幼儿的健康发展。

# 案例一 青蛙跳水

**一、活动目标：**

1. 激励团队成员积极参与游戏，感受参与语言规则游戏的乐趣。

2. 关注成员间团结合作并考验成员的语言快速反应能力。

3. 鼓励团队成员创新青蛙跳水游戏玩法。

**二、活动时间：** 10～15 分钟。

**三、活动场地：** 室内、室外均可。

**四、活动准备：** 团队游戏成员若干名、适宜的轻音乐、小奖品。

**五、活动实施：**

1. 尝试游戏：从组织者开始一个接一个说一个词"一只"、"青蛙"、"跳下水"、"扑通"，依此类推，几只青蛙就说几声"扑通"，要求快速反应、正确表达，说错者则需受到相应惩罚。

2. 集体游戏：从左边成员开始一个字接一个字地说"一"、"只"、"青蛙"、"跳"、"下"、"水"、"咚"，继续游戏，说出几只青蛙就说几声"咚"，如"3 只青蛙跳下水"，接着说"咚咚咚"3 个字，若有说错的成员表演节目，游戏可反复进行。

3. 创造游戏：

（1）团队成员 6～10 人一组，每组自选裁判一名，进行"淘汰赛"式游戏，决出每组的优胜者进行最后的决胜游戏，获得最后胜利者获得相应奖励。

（2）请参与当局游戏的成员及胜利者谈谈感受及心得体会。

**六、注意事项：**

1. 活动可以根据团队成员的反应能力在第二轮游戏中适当地调整，如可以由说前一个词的成员指令说下一个词的成员，也可以要求说"扑通"的成员在应有的数量上多说一次或少说一次。

2. 要让成员充分感受到参与团队游戏及遵守规则的快乐，鼓励团队成员创新游戏玩法。

3．此游戏可根据参与团队成员反应能力及专注力的差异降低游戏难度。

**七、拓展游戏：**

团队成员比较多的时候，可以加大难度，每个人传递时可加入青蛙嘴、眼、腿的数量等，接龙采取一个字一个字的接说。如："一只青蛙一张嘴，两只眼睛四条腿，扑通扑通跳下水。"后面的团队成员要马上思考青蛙嘴、眼、腿的数量，并正确说出。

**八、游戏体验：**

**【家长心语】**

青蛙跳水可以算是智力游戏，它考验团队成员思维的敏捷性。在游戏刚开始时，我的思维没跟上，当游戏速度加快时，脑筋就转不过来所以出现了错误，被罚出局了。不过在第二轮游戏的时候我提高了专注力，仔细倾听同伴的表述，并在轮到自己时做到迅速、正确地接应从而获得成功。回家后我将这个游戏与我的家人一起分享，我们玩的时候家里所有人手拉手牵成一个圆圈，每个人只说一个字，考验家庭成员的反应力和注意力。我好担心自己会出错输给孩子，集中精力地听说，可是最后还是输了，不过没关系，重要的是孩子比我棒！

——宸宸的妈妈·2011 年 9 月 23 日

今天，我的恩恩在幼儿园和爸爸妈妈一起玩了"青蛙跳水"的游戏，我们玩得很高兴。进行这样的游戏，既培养了孩子的计数能力，也切合小孩爱玩的天性，做到了"玩中学，学中玩"，也让作为家长的我们在工作之余，体验了和孩子一起玩游戏的快乐。在游戏的过程中皓皓担心自己输给爸爸妈妈，总是在心里默默地计算几遍，才慢慢地说出正确答案，从孩子细心思考的角度我发现孩子有了很大的进步，他不再像以前一样不管三七二十一脱口而出，而是有了思考的过程。看着孩子一点点的进步，我们作为家长也感到特别的高兴，在以后的生活中我们也会尽量以游戏的形式来教育孩子，让他能更快乐地学习。

——皓皓的妈妈·2011 年 3 月 23 日

参加了幼儿园组织的亲子互动活动，儿子津津乐道，自己也感触很多。与其他孩子一起参加亲子互动，儿子明显比在家与爸爸妈妈做游戏兴趣更高，感谢幼儿园提供了这样的机会。对这次亲子互动，我感受深刻。

一是亲子互动乐在其中。参加的几个亲子活动，时间都不是很长，感觉儿子兴致很高，而且意犹未尽，作为家长，也由衷地感觉到与儿子共同游戏的快乐，几个活动下来，我与儿子都乐在其中。

二是亲子互动学在其中。几个亲子游戏，都要家长与孩子配合来完成，儿子在其中自然而然地增强了协作意识，学会了更多的游戏，更重要的是，还懂得了关心家长、孝顺家长，一次亲子互动，让儿子学到了很多东西。

三是亲子互动情在其中。亲子游戏，增强了我们的母子感情，通过与其他小朋友一起做游戏，儿子关心关注其他小朋友活动情况，增进了与其他小朋友的友情，同时还加强了老师的师生之情。

——翔翔的妈妈·2012 年 3 月 23 日

【幼儿稚语】

宇宇：今天的游戏太好了，在游戏中我还学到了很多数学知识哦！

泽泽：太好玩了，在游戏中我模仿了青蛙的样子和声音哦！

冰冰：今天和爸爸比赛玩游戏，我赢了，真开心！

为为：嘿，今天让妈妈看到了我游戏中的实力了。

龙龙：玩游戏我们男孩子要超过女孩子。

彦彦：太快了，我都不知道青蛙有几条腿了。

【教师感言】

大脑是人体之首，是一切智慧行为的物质基础，每个大脑都是一座金矿，都有可以开发的巨大潜能。注意是心灵的天窗，只有打开注意力这扇窗户，智慧的阳光才能撒满心田。注意力是孩子学习和生活的基本能力，青蛙跳水需要团队成员高度集中注意力，快速地做出反应。游戏速度可由慢到快，游戏成员可由少到多，而在不断创新玩法的过程中也培养了团队成员的创新能力，此游戏可根据团队成员的年龄特点灵活调整难易程度，适合在 5 岁以上的儿童团队中开展。

"家园共育"是我园的特色，为了引导家长进行有效的家庭教育，我园坚持以体验孩子的游戏为家长学校培训活动的基本形式，让家长通过体验游戏尝试在玩中学，学习在玩中教，瞧！在培养孩子的专注力的主题家长培训活动中，老师带家长玩起了青蛙跳水的游戏，家长们踊跃参与体验游戏，现场气氛活跃、笑声不断。刚开始由于青蛙的数量少家长的反应特别快，可是随着青蛙的数量增多，说错的家长越来越多，经过几轮淘汰后，家长们越战越勇，最后胜出的是一名警察爸爸，而冠军发出的感言是回家教给孩子并和孩子一起玩！

后来在一次自主游戏中泽泽组织孩子玩起了青蛙跳水的游戏，孩子们表现出来的反应力比起培训会当天的家长毫不逊色，还创造了不同的跳水动作。后来通过了解是上次家长培训之后，孩子的爸妈教他玩了这个游戏。家长将学到的游戏运用到了育儿之中，真正地做到了家园共育。

2011 年 5 月 24 日

## 案例二 打大麦

**一、活动目标：**

1. 双手有节奏地与同伴拍击，产生对方言童谣的兴趣。

2. 在看看、说说、玩玩中学习用方言朗诵童谣，能随游戏边念儿歌并快速及时地变换动作。

3. 能理解游戏规则，学习创编新的顺口溜或童谣。

**二、活动时间：**20 分钟。

**三、活动场地：**宽敞的室内场地。

**四、活动准备：**无。

**五、活动实施：**

1. 集体学念儿歌《打大麦》。

2. 两人合作游戏。

团队成员两人结伴合作游戏，玩的时候边念儿歌边做动作，两个人念儿歌的节奏和拍手的动作要一致。熟悉后可以变换儿歌的节奏游戏。

3. 集体合作游戏。

全体团队成员分成人数相等的两个同心圆面对面站好。第一轮游戏，内圈和外圈的队员进行游戏，当游戏结束后内圈或外圈的成员听到"换朋友"的信号便向右跨一步找到新朋友继续游戏。

**六、注意事项：**

1. 游戏时，注意根据儿歌的节奏变换动作。

2. 附游戏儿歌及动作：

一箩麦，两箩麦，　　　　（两人分别双手合拢做拍手的动作）

三箩开始打大麦，　　　　（动作同上）

噼噼啪，噼噼啪，　　　　（幼儿双手自拍一下，再与对方对拍一下，重复两遍）

大麦打得多，　　　　　　（双手自拍三下）

送你一大箩，　　　　（双方双手同时对拍三下）

大麦打得响，　　　　（双手自拍三下）

送你一头羊。　　　　（双方双手同时对拍三下）

### 七、拓展游戏：

1. 月亮粑粑。（可以根据童谣创编动作开展游戏。）

月亮粑粑，豆里坐个嗲嗲，嗲嗲出来洗菜，豆里坐个奶奶，奶奶绣花，绣杂糍粑，糍粑跌得井里，变杂噶蟆，噶蟆上树，变杂斑鸠，斑鸠鼓鼓鼓，和尚恰豆腐，豆腐一卜壳，和尚恰菱角，菱角溜溜尖，和尚上哒天，和尚犯哒事，事又犯哒恶，抓哒和尚—砍—脑—壳。

2. 你他我（长沙童谣）

你你你！你是人参米！　　（唱到这里的时候，手指对面的同伴。）

他他他！他是鼻屎嘎！　　（唱到这里的时候，手指旁边的同伴。）

我我我！我是派出所！　　（唱到这里的时候，手指自己，同时还做

　　　　　　　　　　　　　出很得意的表情。）

### 八、游戏体验：

**【家长心语】**

今天和孩子一起参与了"打大麦"的游戏，感觉很开心。以前总是感觉太忙碌，而忘了停下脚步来思考如何进行孩子的教育，透过今天园长的培训，再结合今天和孩子游戏的情况，我发现原来最好的教育方式就是游戏，让孩子从中锻炼、发展各种能力，还能产生愉悦的情绪。

游戏之后，孩子跟我说了一番话，她说："妈妈，我不需要你给我买很多吃的，也不需要买很多漂亮的衣服，我只要你每天都有时间陪我玩一玩游戏就可以了。"听了之后，我的眼眶红了，我意识到，我真的没有追赶上孩子的成长脚步，基本上她的生活、学习方面都是奶奶和爸爸在管理，而我的确做得太少。从那一刻，我下定决心，再忙碌也要每天抽出时间和她玩游戏，让她的成长路上留下更多我俩快乐的时光。

——可可的妈妈·2011 年 4 月 5 日

**【幼儿稚语】**

泽泽：感觉很开心，儿歌很有趣。

西西：和妈妈一起玩游戏时，我感觉就像一只小鸟，飞到云里面和云朵玩游戏。感觉很幸福！

家家：今天回去我要把这个游戏告诉给爸爸、奶奶他们玩！

婷婷：奶奶回家还和我玩了虫虫飞、唐僧走路屁只咯冲，好笑又好

玩。

昂昂：最喜欢和妈妈玩拍手游戏了，我还和妈妈一起将学过的儿歌变成拍手游戏。

【教师感言】

语言是人类社会一种最重要的交际工具。在人的诸多素质中，人际交往能力、口头表达能力、阅读能力和书写能力是最基本的能力素质。掌握语言是社会化的重要标志，也是智力发展的基础。对于幼儿来说，现在是学习语言的关键期，学会倾听，不但可以正确完整地获取所要的信息，还会给人留下认真、踏实、谦虚、尊重他人的印象。就幼儿语言学习和发展而言，倾听是不可缺少的一种行为能力。因为幼儿处于口头语言发展阶段，倾听是幼儿获得语言的主要途径。《幼儿园教育指导纲要（试行）》中明确指明，"注意倾听对方讲话"、"能听懂普通话"是幼儿园语言教育的目标。可见，倾听与语言学习是相辅相成、相互促进的。因此，我们要最大限度地发掘幼儿倾听与语言学习的交互作用，促使幼儿在倾听中学习语言，在语言学习中学会倾听。

"打大麦"是一个语言听说游戏，儿歌属于地方童谣。地方童谣以其稚朴、趣味的内容，朗朗上口的节奏，简单易玩的游戏规则，让每一个人的童年充满欢声笑语。因此，孩子们从小就从祖辈、父辈那里传承了许多我们耳熟能详的童谣，如："丢手绢"、"摇啊摇"。为了进一步满足孩子学习的愿望，促进认读、语言、交往、合作等能力的发展，我追随孩子的生活和兴趣，尝试选择一些适合孩子年龄特点、适合开展的地方童谣开展听说游戏，并与各个领域有机结合，深入挖掘其蕴含的潜在教育价值。方言童谣"打大麦"游戏中团队成员要边听边念儿歌，边做动作，并尝试与同伴合作、集体团队合作游戏，快速学会与同伴双手协调拍击。贴近幼儿生活的乡土教材是幼儿园教育向生活教育回归的一个重要载体，也是"大自然是活教材"理念的最好阐述。通过学习通俗易懂、朗朗上口的方言童谣"打大麦"，让幼儿亲身感受到浓郁的乡村风味，自然纯朴，具有地方特色，体验唱童谣、玩童谣的乐趣，萌发出爱家乡爱民间传统文化的情感。还能提供幼儿相互合作、交往的机会，促进同伴间的互动交流，帮助幼儿进一步获得情感满足和认知需要，体验到与同伴合作游戏的快乐，从而成就真实有效的课堂。

2011 年 4 月 18 日

# 案例三 换位蹲蹲

**一、活动目标：**

1. 通过体验游戏，感受与同伴游戏的快乐。

2. 培养团队成员听从指令，快速反应的能力。

3. 体验游戏，听到指令后马上能根据游戏规则及时做出正确的动作或语言反应。

**二、活动时间：**20 分钟。

**三、活动场地：**适宜室内。

**四、活动准备：**不同的水果卡片若干。

**五、活动实施：**

1. 分配角色

所有团队成员站成一个圆圈，每人从组织者手中抽取一种水果卡片，按水果种类分站几路纵队。

2. 水果蹲蹲

组织者指令一种"水果"先蹲，该成员边蹲边说："XX 蹲，XX 蹲，XX 蹲完 XX 蹲"与该成员属于同一类水果的成员也要马上做出反应，与被点者一起边蹲边唱，表演完后可下指令，指令下一个蹲下的"水果"。若下指令者所提水果在水果卡片中没有，下指令者被罚出局。又或是被点到的"水果"成员没有响应，也将会被罚出局。

3. 换位蹲蹲

在游戏中，组织者对所有成员的位置及名称进行更换，考验团队成员的记忆能力及随机应变能力。

**六、注意事项：**

1. 此游戏适合在 4 岁以上年龄段的团队中开展，根据不同年龄的成员可适当增加每次参与游戏的人数或水果种类。

2. 游戏中每人所扮演的"角色"，可用其他物品代替，如：花类、动物等。

**七、游戏体验：**

**【家长心语】**

今天和小朋友玩得特别开心，看到小朋友天真的笑容，比什么都开心，小朋友最喜欢和父母参加亲子活动，父母也很享受与孩子相处的快乐，以后自己会花更多时间与孩子玩，参加更多的亲子活动，感谢幼儿园和老师为大家提供的这么多可贵的机会！

——朵朵的妈妈·2011 年 5 月 15 日

我作为家长积极地参加了这次活动，因为工作的特殊性，周一到周五基本是早出晚归，有时回家，孩子都已经睡了，内心有许多遗憾。今天的活动，我用心地参与每一个游戏，非常的珍惜，特别是看见小孩比以前胆量更大，表现积极，爱说话，懂礼貌，内心很高兴。萌萌是一个很有个性的小朋友，喜欢大胆参与游戏，不喜欢的果断拒绝，有点爱哭。希望在以后的时间里，家长和老师共同营造一个更良好的环境，让小孩更加的活泼、更加的大胆、更会说话。相信只要用心参与、共同努力，明天更比今天好，谢谢老师，辛苦了！

——萌萌的妈妈·2011 年 5 月 15 日

**【教师感言】**

换位水果蹲这个亲子团队游戏是一个可以锻炼游戏者的反应能力、语言表达能力以及团队合作能力的游戏。通过这个游戏的实施，让我感受到父母跟孩子之间的那种爱的快乐，其乐融融。对于一个老师来说，家长的肯定就是对我们最直接的鼓励，从而也让我学习到怎样能够让孩子更快乐地成长，让家长更放心地把孩子交给我们。

从游戏的角度来看，这个游戏能够提高幼儿的语言表达能力，能够集中幼儿注意力并迅速作答和完成相应的动作，发挥了游戏的最高水平。其次能够让游戏者认识更多的水果和感受到游戏中的快乐。通过这个游戏，可以看出家长和孩子们都十分的开心，虽然孩子们面对游戏还有很多需要加强的地方，例如反应、速度等方面，但是能够看到孩子们相互感受游戏的氛围和乐趣，看到家长和孩子们一张张的笑脸，我也有无比的自豪和成就感。作为一个幼儿教师，我能够感同身受地理解家长：都希望自己的子女健康快乐，有良好的生活习惯和学习习惯。开展这个亲子团队游戏同时能够让老师更加深入地了解孩子，以便更好地与家长沟通，让家长进一步了解孩子的不足，从而更好地进行督察和改善。

2011 年 5 月 20 日

# 案例四 开火车

**一、活动目标：**

1. 激发团队成员参与游戏的兴趣，感受生活的快乐。

2. 尝试与他人沟通，了解相关的地名。

3. 培养团队成员想象力、创造力以及开放、合作、沟通的品质。

**二、活动时间：** 20分钟。

**三、活动场地：** 室内。

**四、活动准备：** 无。

**五、活动实施：**

1. 团队成员在开始之前挑战自己的记忆极限，回忆中国的地名。挑战问题：你最喜欢的城市是哪里？为什么？

2. 队员创造游戏。

（1）开始之前，每个人说出一个地名，代表自己，但是地点不能重复。游戏开始后假设你来自北京，而另一个人来自上海，你就要说："开呀开呀开火车，北京的火车就要开。"大家一起问："往哪开？"你说："上海开。"那代表上海的那个人就要马上反应接着说："上海的火车就要开。"然后大家一起问："往哪开？"再由这个人选择另外的地点，如新疆、哈尔滨、海南等。

（2）第二次游戏体验，团队成员一起总结分享与讨论：你刚才说的是哪些地方？你觉得那里什么吸引你？

**六、注意事项：**

1. 在游戏中激发团队成员挑战性思维，大胆地在团队中表现自己。

2. 游戏可根据团队成员的兴趣控制时间。可以在第二次游戏体验中加设新的要求，如火车到达某个地方后，可以加设团队成员介绍当地的特产、风俗、人情等，增进队员友谊。

3. 培养队员的创新精神及创造性思维。创造性思维是指以超越常规的眼界，从平常生活中的角度观察思考问题，提出创造性解决问题的思维方式。

**七、游戏体验：**

【家长心语】

感谢老师能够组织亲子活动，通过这次活动的感触很深，让我们重新体验到了童真，和孩子们一起玩得特别开心。平时觉得孩子比较胆小，不过在幼儿园我发现宝宝在活动中能够大胆地参与游戏，特别的活泼，让我很开心。通过活动让小朋友更加喜欢幼儿园，在家里面我们要和宝宝玩"开火车"的游戏，另外希望老师能够多组织类似的活动。

——果果的妈妈·2010 年 4 月 26 日

平时上班很忙，就算是周末，孩子也是在爷爷奶奶家玩，一直想抽时间来陪陪孩子，这次能够来参加幼儿园的亲子活动，让我和孩子都很兴奋。在今天的游戏中东东表现很活跃，也很主动。孩子能这样积极地参与到活动中，体会到游戏的乐趣。一开始玩游戏，我和东东就积极地讨论我们要去的地方，不过我没有经过东东的同意就决定了游戏的地点，结果东东不愿意上去。从这个游戏中明白，不能够什么都去替东东决定，和东东是玩伴，是好朋友，要和孩子一起讨论，这样孩子才会开心地参与，希望幼儿园多举办此类的活动，感谢老师的辛勤付出，对于幼儿园类似活动我们都会全力支持。

——东东的妈妈·2010 年 9 月 18 日

今天有幸参加小班组织的亲子活动，这个活动增进了我与孩子的协作能力，和孩子就像好朋友一样，开心快乐地玩。在游戏中也让我更加了解孩子的性格，孩子在家里面比较活泼，在幼儿园可能比较内向，刚开始游戏的时候，让孩子拉旁边那个叔叔的衣服，她还不敢拉。不过经过几次以后，孩子慢慢大胆了，希望孩子在今后的成长过程中能更加的大胆，也希望今后能有机会参加此类的活动，在游戏中加强对孩子的了解，增进和孩子的感情，很想说老师你们辛苦了。

——希希的爸爸·2011 年 3 月 8 日

【幼儿稚语】

真真："特别好玩，我和妈妈一起玩的，妈妈在我后面拉着我！"

成成："我是火车头，由我拉着小朋友，特别的开心！"

豆豆："我们一个个拉成很长的火车，但是我想当火车头！"

东东："我对妈妈说了不去北京，去上海，妈妈答应了。"

晨晨："今天是和爸爸一起玩的，很开心。"

心心："我拉在妈妈后面，很好玩。"

妞妞："我喜欢玩，回家后我还要和爸爸妈妈玩。"

天天："爸爸妈妈表扬了我，我很开心。"

晋晋："还想玩，喜欢和大家一起开火车。"

圆圆："今天只有妈妈来了，下次要爸爸也来和我玩这个好玩的游戏。"

**【教师感言】**

本次组织家长和孩子玩"开火车"的游戏，参与游戏活动的家长们个个积极热情，洋溢着欢快的笑容，孩子们看到和爸爸妈妈玩游戏就更加兴奋了。

开始游戏时，以家庭为单位，首先思考自己想要去的地方，并且尝试介绍自己要去的地方，不过在听别人说的时候，一定要记住他去过的地方，不能够重复。游戏开始我当起了火车头，并且边开车边说："开呀开呀开火车，北京的火车就要开，"这个时候去北京的家长和宝宝们马上就上火车了，可东东不管妈妈怎么拉他，他就是不上来，东东大喊着："我不去北京，我要去上海！"听到东东的话，大家都哈哈大笑起来，东东妈妈听了以后就答应了东东不去北京去上海。听到这里我发现去哪个地方不能够由家长决定，要和孩子一起探讨，所以在第二次游戏的时候，我就给了孩子和家长充足的时间让孩子和家长想好自己想要去的地方，并请家长逐一介绍自己要去的地方。第二次游戏时请了成成和妈妈一起做火车头，看看成成多神气。上了火车的成员，要想好去下一个地方，这就考验家长们和孩子记忆力了，尤其是到了最后几个家长，天天和爸爸是后面几组，由于不能够和别人说相同的，天天爸爸就忘了旁边的家长是去哪个地方了，所以只能够被淘汰了。天天有些不开心了，不过天天爸爸马上安慰天天，并一起回忆别人要去的地方，终于想到了一个新地方，父子俩高兴地搭上了火车。最后游戏在欢笑中结束，家长们玩得很尽兴，大家仿佛回到了童年时代，欢乐在这里洋溢着，亲情在这里升华着。

开火车这个游戏虽然时间不长，却让孩子、家长和老师获得了许多有益的经验，同时也增进了亲子间的交流，让我们在游戏中明白了孩子真正需要什么，并不能为他们做好一切决定，应该倾听孩子的心声。我们和孩子不只是父母和子女的关系，不只是师生关系，更是玩伴，是好朋友，要让孩子们自主选择，这样才能让他们健康快乐地成长。对于孩子来说，不仅开阔了孩子的眼界，培养了孩子的参与意识，更增强了孩子的自信心和胆量，加强记忆力，锻炼反应能力，同时还增强了孩子和父母之间的情感沟通以及家长们之间的交流。家长也意犹未尽，说得最多的一句话便是："此类活动，多组织一些。"看到孩子们一张张灿烂无比的笑脸，让我们很幸福，让我们在游戏中一同快乐地成长吧！

2011 年 3 月 10 日

## 案例五　数字歌

**一、活动目标：**

1. 激发团队成员积极参与游戏的兴趣，分享游戏的快乐。
2. 引导团队成员学会由慢到快地念儿歌，锻炼幼儿的反应能力。
3. 培养团队成员创造力、想象力以及开放、合作、沟通的品质。

**二、活动时间：** 10 分钟。

**三、活动场地：** 室内。

**四、活动材料：** 各种动物头像卡片若干。

**五、活动实施：**

1. 小组游戏：5～6 名队员自由组合为一组，每位成员自由选择老虎、松鼠等动物头像的卡片。

团队成员围坐一圈慢慢地念儿歌，当读到打老虎时，扮演老虎的成员举起手中的卡片示意，当说到打松鼠时，手拿松鼠头像的队员举起松鼠头像示意。队员慢速掌握游戏的玩法以后，可以加快念儿歌的速度，通过紧张的速度限制、动作变化，培养队员的反应能力，让队员之间体会游戏带来的快乐。

2. 集体游戏：全体成员自由选择不同的动物头像的卡片，由慢到快地念儿歌，看组织者的指示，变换不同的动物名称，组织者说到的动物必须快速地站到组织者的两边。

游戏后团队成员分享游戏的成果：刚刚出现了几种不同动物？你从 5 分钟的游戏里获得了什么？

3. 创造游戏。

（1）全体成员拿出动物卡片进行创意玩法，要求将所有的动物组合在一起玩，必须要出现数字，鼓励团队成员大胆地表达自己的创意想法。

（2）第二次游戏体验，团队成员快速将自己所代表的动物靠拢在一起，讨论：你们喜欢这个游戏吗？为什么？利用这些动物头像还有哪些有趣的游戏玩法？

**六、注意事项：**

1. 游戏中鼓励幼儿能够大胆的在团队中表现自己，不要害怕，大胆的去尝试，敢于把自己的热情释放出来。

2. 游戏可根据团队成员的兴趣酌情控制时间。可以在游戏体验中加设新的要求，如大家必须是单脚站立和自己的"动物"成员站在一起，不能双脚同时落地；数数的时候可以根据动物的实际数量进行点数。

3. 通过游戏同样也可以起到教育幼儿的作用，让幼儿拥有一个开放的思维，不要局限孩子的想法，当他们有什么好的点子或办法时，鼓励他们，尊重他们，引导他们将自己的想法表达出来。

附儿歌：

一二三四五，上山打老虎，老虎打不到，打到小松鼠，松鼠有几只，让我数一数，一二三四五，五只小松鼠。

**七、游戏体验：**

**【家长感言】**

女儿今年快5岁了，我比较支持注重以游戏为载体搭建一个亲子交流互动平台，从而达到沟通与教育双赢的目的。游戏对于小孩与游戏对于成人的意义完全不同，对于大人来讲，游戏不过是放松心情、调剂心态的手段，而对于小孩来讲游戏几乎是他们生活与学习的全部。

我和女儿玩的游戏很简单，玩过的有拍手游戏，就是自己拍一下掌，然后互拍，伴以韵律；变魔术，我拿个东西放在手上，往身后鼓捣一下，放在皮带里或其他地方，伸出两手，奕就看不到了，她称之为"变魔术"。然后她来学我，学得很认真，不同的是她没皮带，没地方放，只能自以为很"厉害"的将东西笨拙地放入口袋里，我从没有揭穿，我想应该也没有哪位父亲"聪明"到去揭穿女儿的把戏；还有很简单的赛跑、赛爬楼梯等。在我们成人眼里，这些都算不上什么趣味游戏，而女儿每次玩得很认真，很投入。对于我们俩玩游戏的态度，我觉得可以冠以角色互换一词，她把自己当大人，教我游戏规则、游戏语言、宣布游戏结果；我把自己当小孩，听从指挥，服从安排。她很享受玩的过程，要的是"赢"的结果；我享受与女儿同乐的童趣，要的是"沟通"的目标，还教她语言、与人交流的基本原则，同时观察她的兴趣所在及对事物的专注程度。从以上引申开来，我想对女儿的教育不应该只停留在教育本身，我的意思不是单纯的言传身教，还有很多"教育"之外的教育。从生活上积累，在学习中观察，于沟通中获取，不仅让儿女传承自己的优点，更注意发掘她"基因"外的闪光点，那么我们每个家长都能成为一个合格的家长，成为儿女成长之路的奠基石。

——奕奕的爸爸·2011年5月27日

**【教师感言】**

游戏除了给我们带来乐趣外也能锻炼游戏者的身体素质，通过"数字歌"游戏，让我明白游戏的精髓。游戏要符合幼儿的年龄特征和身心发展特点，在幼儿游戏的过程中，提供了发展幼儿的多种需要，例如：认知需要、运动需要、交往需要、操作和探索的需要等。

游戏能解决身心发展的需要与实际能力之间的矛盾，幼儿通过假想装扮各种角色，在游戏活动中获取经验从而得到锻炼。游戏的趣味性能够带来愉快和满足。"数字歌"游戏是从幼儿的兴趣点出发，让幼儿拥有"游戏"的权利，听到该游戏的名字就知道是与数字息息相关的，游戏中亲子高度的注意力，能让幼儿在其中获得快乐和知识，寓教于乐。

在"数字歌"游戏中，幼儿初步感知数字，拓展了幼儿的逻辑思维能力，激发了幼儿对游戏的期待心，游戏除了本身的"好玩"之外，也逐步让幼儿了解了数理关系，不知不觉中与"数字"接触，并尝试进行点数，教育价值已经在幼儿的身边体现。一些小小细节，逐步影响到幼儿的发展，增进幼儿与幼儿之间的感情；教师还可以引导幼儿不要局限于单一的游戏玩法，培养其创造性思维；也可以把数学教育渗透到日常生活中，让幼儿感知数学知识与我们生活息息相关。

2011 年 5 月 28 日

# 案例六 让我记住你

**一、活动目标：**

1. 通过游戏促进团队成员之间的了解，"记住"他人名字是沟通的第一步。

2. 掌握快速记忆的方法。

3. 发展团队成员交际能力，大胆推荐自己，快速记住他人。

**二、活动时间：**10～20 分钟。

**三、活动场地：**宽阔平整的游戏场地。

**四、活动准备：**比较软的小球（数量根据团队成员的人数而定）。

**五、活动实施：**

1. 第一轮：全体成员站成一圈，彼此之间相距一手臂宽。选出一名成员为起点，大声喊出自己的名字，然后将球传给自己左边的队友。接到球的队友如法炮制喊出自己的名字，再把球传给自己左边的人，依次传递直到球又重新回到第一位成员手中。

2. 第二轮：采用抛球的方式，接到球的成员喊出另一个成员的名字，然后把球传给点到名的成员。

3. 第三轮：经过两轮游戏，大家会记住大多数同伴的名字，第三轮加一个球进来，让两个球同时传递。

4. 第四轮：挑战记名字。自愿到圈中进行挑战，说出自己记住的名字，说得最多的挑战成功，组织队员给成功者一个拥抱。

**六、注意事项：**

1. 注意扔球时不可用力过猛，最初扔球宜为较慢的高球，为后续扔球手法树立典范，第三轮则可以尝试加速扔球。

2. 鼓励团队成员创新方法让同伴更快地记住自己的名字，如唱出自己的名字。

3. 此游戏适合在陌生的团队中开展，效果会更好。

**七、拓展游戏：**

麦克风抢夺赛：播放音乐伴奏，团队成员来争唱音乐中的歌词，唱错受罚。

**八、游戏体验：**

**【家长心语】**

从来没有想过一个简单的认名字也能以一个游戏的方式来开展，并且记忆效果如此之好。我是一个经常丢三落四的人，在工作中常常会因为忘记某些人的名字而影响自己的工作，因喊错名字而出现了很多尴尬。如果以后在工作中将今天的记忆方法运用上，工作会更出色。常常感叹孩子的记忆力，见过一两次的人就能记得清清楚楚，现在才明白，原来孩子是得益于老师快乐的教学方法。

——芝芝的爸爸·2011 年 4 月 5 日

今天再次参加了幼儿园组织的活动，感觉很高兴，每天我都会和孩子一起玩一玩游戏，让孩子的成长道路上多些丰富的色彩，拉近我们之间的距离。今天的游戏让我感受到了人与人之间交往的重要性，除了主动就是需要记忆，而对于主动，孩子是有些欠缺的，我应该在以后的生活中鼓励他大胆地去和别人交流，养成良好的社交能力。

——淘淘的妈妈·2011 年 4 月 5 日

**【教师感言】**

交流是人类沟通的桥梁，没有任何一种工作不需要和别人打交道。一位成功学专家曾说："成功的人之所以成功是因为他拥有良好的人际关系。"当今，社交能力对一个人的成功至关重要。因此，父母应该注重幼儿社交能力的培养，有针对性地培养孩子的交际能力，为孩子的未来打下良好的基础。

"让我记住你"是一个发展团队成员交际能力，大胆推荐自己，快速记住他人的游戏，适合在新团队中进行。如：新的家长团队和幼儿团队等。在一次家长开放活动中，组织家长进行了该游戏。这是一个陌生的团队，成员之间大部分不熟悉。在游戏时，每个家长都认真地介绍自己的名字，想让别人记住自己。有的家长说出自己的名字时掷地有声，有的则以轻柔的声音来吸引他人专注的倾听。在抛接球的过程中，一位家长叫出了一个队员名字，可是由于他记忆不够深刻，把本该是另外一名男家长的名字记在了一位女家长身上，全场一片笑声。最后一位家长展现了他超强的记忆力，在短时间内记住了许多位团队成员的名字，得到了其他成员的赞赏。大家都成为了朋友，不知不觉交流起育儿经验来。

记忆是人脑对过去经验过的事物的反映。它包括识记、保持、回忆或再认三个基本环节。记忆在幼儿心理的发展中有着重要的意义，家长朋友们各自表达自己的教育观点，如形象记忆能引起幼儿的兴趣，激发幼儿情感的事物，容易被幼儿识记。老师恰当地运用实物让幼儿产生形象记忆，提高记忆能力。在游戏中锻炼幼儿的交际能力，让幼儿在活动中感受到游戏所带来的乐趣；动作演示，幼儿会准确理解并记忆；通过游戏培养幼儿记忆力等等。家长在谈论中感觉亲近、亲切了许多，相信这是今天游戏的效果吧。

2011 年 4 月 17 日

## 案例七 荷花荷花几月开

**一、活动目标：**

1. 轻松愉快地游戏，尝试共同创编歌谣和游戏的快乐。

2. 参与游戏提高听说能力。

3. 发展团队成员语言表达能力的同时，促进其走、跑、跳、钻等大肌肉动作的发展。巩固认识四季花卉名称的知识。

**二、活动时间：**20 分钟。

**三、活动场地：**室内室外均可。

**四、活动材料：**荷花一朵。

**五、活动实施：**

1. 组织者问：荷花荷花几月开？团队成员手拉手牵成圆圈，边顺时针方向传动荷花并集体回答组织者。

2. 当儿歌念至"七月荷花全部开"时，拿到荷花的成员上来扮演花仙子，其他成员全部蹲下，双手摆成花瓣状。花仙子继续向同伴发问："什么花儿春（夏、秋、冬）季开？"荷花继续回答问题。回答正确，花仙子就将荷花递给他，游戏继续进行。若回答不正确，则停止他游戏一次，由旁边的同伴代替回答，游戏重新开始。

3. 自由分小组创编歌谣及创新游戏玩法。如将传递荷花创编成手拉手按顺时针的方向，或走、或跑、或跳动，回答组织者的问题。

**六、注意事项：**

1. 儿歌需要按时间的顺序念。

2. 荷花是一个接一个的按顺序传递，直到儿歌念完停止。

3. 幼儿团队开展此游戏要进行四季花卉的经验铺垫。

附儿歌：

荷花荷花几月开？一月不开二月开。荷花荷花几月开？二月不开三月开。荷花荷花几月开？三月不开四月开。荷花荷花几月开？四月不开五月开。荷花荷花几月开？五月不开六月开。荷花荷花几月开？六月不开七月开。荷花荷花几月开？七月荷花全都开。

**七、拓展游戏：**

全体团队成员拉成一个圈，作为荷花花瓣。推选一位成员蹲在圈中央，作为花蕊。游戏开始，圈上的成员手拉手，边按逆时针方向绕花蕊走，边念儿歌："荷花荷花几月开"直至答"七月荷花全都开"时，全体成员齐声喊"七月荷花全都开"，全体成员将圈拉成最大。这时花蕊起立，变成了开锁人，开锁人走到圈上，任意指着两只拉紧的手问："这是什么锁？"被问的孩子随意答："金锁。"（银锁、铜锁、铁锁、木头锁等）同时互相拉紧手，就像锁牢牢锁住，以防被打开。开锁人随意挑一把锁想办法打开，若一把开不了，可以找另一把锁，打开锁就取胜，两人交换角色即可重新开始游戏。

**八、游戏体验：**

**【家长心语】**

和孩子一起进行亲子游戏，我不是第一次了。很感谢幼儿园再次提供这样的机会，能够让我和孩子一起游戏。我想对于家长而言，与自己的宝贝在一起活动一起游戏，都是干劲十足，我单单置身于这样的环境中，心中就自然洋溢起一股浓浓的亲情，温馨之极。在游戏中，看到孩子的表现我真的很开心。没想到他是那么投入游戏，并且还知道了那么多的花是在什么季节开放，反应也很快。我想说："宝贝，你真的很棒！"

——希希的妈妈·2011 年 6 月 23 日

　　我由于平时工作比较忙，很少能参加幼儿园的亲子活动，而这次亲子游戏活动我收获颇多，我想以后我会更愿意和孩子一起游戏。首先我在游戏中，体验到和孩子一起游戏的快乐。并让我有回到童年的感觉，似乎把我平时的压力都解除了不少。平时我和其他家长不认识，几乎没有交流。而这次的亲子游戏让我在游戏的间隙，在谈笑之余，不知不觉和其他家长心理距离就拉近了，自然而然地就孩子教育问题进行交流起来，并对孩子在活动中表现出来的问题与老师也进行了及时沟通。这次亲子游戏活动，不只是一次游戏，还创造了一个交流平台，让我们这些家长受益匪浅。

——婷婷的爸爸·2011 年 6 月 23 日

**【教师感言】**

　　"荷花荷花几月开"是一个很适合幼儿玩的游戏。游戏里面的儿歌简单、节奏欢快很容易掌握。幼儿念了两三遍儿歌后就能熟练地念读。孩子们掌握儿歌后一起游戏，他们很喜欢这个游戏，游戏一直是在轻松愉快的氛围中进行。游戏的部分需要幼儿通过问答的形式说出一年四季的花卉，当有的幼儿问到"什么花儿春天开？"时，幼儿说出的花卉有迎春花、杜鹃花等，而这些都是在"春天"主题教学活动中幼儿发现的，幼儿对于夏天、秋天、冬天的花卉却了解得比较少。因此，游戏前要对幼儿进行经验铺垫或实地观察让孩子们多了解一些四季花卉的知识，这也是游戏的一个主要目标。游戏中可以让幼儿互相了解四季的花卉知识，幼儿在游戏中能够很好地记忆，幼儿不会感到有负担，老师也教得轻松。

　　在组织完第一次的游戏后，老师带领孩子们继续游戏，老师提出要求："孩子们，你们想这个游戏还可以怎样玩？"孩子们你一言我一语地开始讨论起来。有的孩子说："我们可以念儿歌，当儿歌念完的时候我们就去抓没有开放的荷花。"有的孩子说："我们可以把荷花换成杜鹃花。"孩子们说了很多，老师和孩子们一一进行了实践游戏，在游戏中一起总结游戏规则创编了许多新的游戏玩法，孩子们在自己创编的游戏中玩得很高兴，兴趣也更加的浓厚。其实在教孩子玩"荷花荷花几月开"的游戏时，看到孩子在自由创编游戏的玩法，作为老师的我们应该思考哪种游戏玩法更加适合孩子，孩子们更喜欢玩，同时亲子之间也能玩呢？我们的游戏不单单只有一种玩法，还有很多创新的玩法，而在游戏中培养孩子的创新能力也是很重要的。游戏是幼儿童年生活不可或缺的一部分，它是孩子童年的欢乐、自由和权利的象征。

　　丰富多彩的游戏不仅可以促进幼儿身心健康发展，而且能增长幼儿的知识，发展智力。而传统的民间游戏，同样也给我们带来了许多童年的欢乐！"荷花荷花几月开"这个传统的民间游戏，在发展幼儿语言表达能力的同时，也促进幼儿走、跑、跳、钻等大肌肉动作的发展。组织这样的游戏益处是多多的，孩子们不但开心，而且他们在游戏中还掌握了知识，同时还培养了孩子的创造力，真是一举多得啊！

2011 年 6 月 30 日

## 案例八　名字串串串

**一、活动目标：**

1. 感受团队游戏中人与物密切相处的关系。

2. 培养团队成员的专注力、倾听力和快速记忆力。

3. 感知游戏中符号的代替作用，了解人与人、物与物之间的关联，体验人类与自然和谐的美好愿景。

**二、活动时间：**10～20 分钟左右。

**三、活动场地：**室内。

**四、活动准备：**轻音乐、8～15 人、手偶 8～15 个。

**五、活动实施：**

1. 全体团队成员站成一排，在轻音乐中放松自己，宁静心神。每人说出一种水果名称作为自己在游戏中的代号，所有代号不能重复。

2. 从最左边一名团队成员为开始者，介绍自己的代号：如"我是××！"紧接着后面的团队成员把前面一人的代号串上，然后接上自己的代号，依次说，如"我是××左边的××"直到传递给最后一名，最后一名队员要将所有成员的代号都复述完整。

3. 第一轮游戏结束后，第二轮游戏可交换团队成员的位置再次进行。

**六、注意事项：**

1. 本游戏适合在陌生的团队成员中进行。

2. 要快速地复述前面成员的代号名字，不能够打乱名字的顺序。

3. 适合在 5 岁以上的幼儿团队中开展。

**七、拓展游戏：**

1. 游戏可以围成一个圆圈进行，朝同一方向站好，第一名成员说："我是爱看书的XX。"第二名成员则说："我是爱看书的XX后面的爱听音乐的XX"第三个团队成员依次传递下去。

2. 此游戏可加大难度进行，所有团队成员围成一个圆圈，面向圆圈站好如"我是XX左边和XX右边的XX右边的XX。"

**八、游戏体验：**

**【家长心语】**

在刚开始游戏的时候，我的专注力不够，在串手偶名字时有些不流畅，将一些手偶的名字记错，引起现场的一片哄笑，不过很开心。名字串串串这个游戏让我领悟到，虽然是很简单的游戏，但是需要我们集中注意力，认真地听清楚大家叫什么名字，并且记住后才能够重复出来，这个游戏可以提高参与者的注意力和记忆力。

——寒寒的妈妈·2011年4月23日

我是排在最后的一名团队成员，游戏时紧张得都憋红了脸，一个一个掰着手指来说，一个字一个字地吐出来，我是很艰难地才记住的。当我说完后，全场响起了鼓励的掌声，让我找到了自信。这个游戏能集中注意力锻炼记忆力，回家后我一定要和宝宝玩，还要鼓励宝宝和其他小朋友玩，可以锻炼宝宝的胆量，交到更多的好朋友，并且可以锻炼宝宝的注意力和记忆力，非常不错，让宝宝在游戏中快乐的成长。

——颐颐的妈妈·2011年4月23日

"名字串串串"是一个考验游戏者快速记忆力、培养团队成员专注的倾听能力的游戏，游戏者必须专注听清楚前面队员的姓名，然后记住顺序。这就必须让游戏者的思想高度集中，才能记住一长串的名字，对于我们最后面的几位团队成员来说，就更具有挑战性了。在游戏中考验了自己的记忆力及倾听能力，同时增进了大家的感情，在游戏中一下子就活跃起来了，原来童心一直在，我要多参与这样的团队游戏活动。相对于孩子来说，这个游戏同样适合在他们之间开展，锻炼他们的记忆力，在很短的时间内注意力要非常集中，记住名字，而且还可以很快地认识陌生的朋友，认识更多的好朋友，在游戏中培养注意力。

——果果的妈妈·2011年4月23日

**【幼儿稚语】**

成成：我能够把旁边的名字说出了，爸爸为我鼓掌了，我还想玩。

豆豆：我看到妈妈在上面玩的时候，我就想玩了，我喜欢玩这个游戏。

晨晨：很好玩，回家后我要和爸爸、妈妈、爷爷、奶奶，一起来玩这个游戏。

妞妞：很开心，爸爸表扬了我，对我竖起了大拇指，说我很棒！下次还要玩。

天天：我没有说出他们的名字，不过妈妈说没关系，回家后我们一起玩，下次玩的时候，我肯定能够说出来。

【教师感言】

在教师团队中体验"名字串串串"的游戏，我深刻感到在游戏过程中，一定要安静、专注。同时，这也是锻炼和训练记忆力的一个好方法。在幼儿园一日生活中，游戏是一种基本活动，能让孩子在游戏中习得新的经验，为其"一生的发展奠定基础"。体验游戏过后，想到平时的家园沟通中家长朋友常聊到孩子注意力不够集中，倾听习惯不好等话题，便将这个游戏带给了家长，意在"寓教于乐"，让之感受并尝试在家庭团队中以游戏的形式培养和锻炼孩子。第一轮是我们"帅气的爸爸们"，考虑到是相互都不认识的家长，难度可能有点大，我们便采取了"循序渐进"的原则，重新调整、降低了游戏难度，即以手偶代替名字，第一次游戏时，由于团队成员没有完全集中注意力而且活动室内比较喧哗，在第六个家长时就停止了。成员反思后进行第二次游戏，家长们明显专注了许多，活动室顿时鸦雀无声，成员们都特别认真地倾听、记忆、表述。韵颐的爸爸幽默地说："我是小鸡爸爸旁边的猪爸爸。"说着还扮演小猪的样子，孩子们捧腹大笑。其实适宜的、夸张的表情和动作是会获得孩子欢迎和喜爱的！第二轮我们请出了"靓丽的妈妈们"，游戏进行得很顺利，让刚尝试了两次才成功的爸爸们一片哗然，当最后凯凯妈妈说："我是大象妈妈、小鸡妈妈、小熊妈妈、小兔妈妈等"忘记了一个的时候，团队成员睿睿妈妈偷偷的把自己的手偶给凯凯妈妈做提示，这样最后一名"手偶串串串"的家长顺利地完成了整个游戏。从中我们可以体会到：团队中，是需要有共同的目标，互相帮助、一起奋斗的！第三轮是我们"可爱的宝宝们"，在爸爸妈妈的掌声鼓励中，我们的宝宝闪亮登场了，孩子们安静地听着、仔细地想着、开心地玩着，家长们认真地看着，当看到孩子们把手偶名字串完以后，家长对孩子们高高地竖起大拇指，宝宝们还意犹未尽地说着还要玩，我们看到，孩子们在开心快乐的游戏中获得了专注力、倾听能力、记忆力的提高和培养。

俄国教育家乌申斯基说过，"注意是心灵的天窗"。只有打开注意力的这扇窗户，智慧的阳光才能撒满心田。注意力是孩子学习和生活的基本能力，注意力的好与坏直接影响孩子的认知和社会性情感等方面的发展。

经过体验游戏让家长在游戏中体会到童心童趣，让孩子在游戏中快乐的成长，感受了童年的幸福。

2011 年 4 月 30 日

# 案例九 手指变变变

**一、活动目标：**

1. 通过玩游戏，激发团队成员参与手指游戏的兴趣，感受生活中的乐趣。

2. 培养团队成员手指的灵活性。

3. 发展团队成员的想象力及创编能力。

**二、活动时间：** 10 分钟。

**三、活动场地：** 适宜室内。

**四、活动准备：** 椅子若干张、50～100 人适宜，可根据场地大小定人数。

**五、活动实施：**

1. 团队成员分别伸出自己的双手，两分钟用最快的速度，边从 1 数到 5，边伸出相应数量的手指。游戏后的挑战问题：在两分钟内你来回数了多少遍？你有什么样的感受？

2. 做手指游戏，队员跟着一起做，边做边念儿歌，每说一句便伸出相同数量的手指，同时根据儿歌形象做模仿动作。

3. 两个队员相互合作。全体队员自由找到自己合作伙伴，两人相互配合做游戏，然后挑战三人合作游戏甚至更多的人合作游戏。

附儿歌及动作：

一根手指点点点， （伸出双手的食指，相互碰触）

二根手指敲敲敲， （伸出中指、食指并弯曲手指）

三根手指捏捏捏， （伸出大拇指、中指、食指在身上轻捏）

四根手指挠痒痒， （大拇指以外的四根手指在身上轻挠）

五根手指拍拍拍， （两只手对拍）

五个兄弟爬上山，　　　　　（从腿上开始往头上做爬山状）

叽里咕噜滚下来。　　　　　（从头上开始往下挠）

**六、注意事项：**

游戏可根据团队成员的兴趣控制时间。可以在第二次游戏体验中加上动作创编的要求。

**七、拓展游戏：**

团队成员更换儿歌内容，进行手指动作创编。

（1）手指睡觉

大哥哥睡了（两手心向上，拇指弯曲）。小弟弟睡了（食指弯曲）。小妹妹睡了（中指弯曲）。你睡了（无名指弯曲）。我睡了（小指弯曲），我们大家都睡了（双手合掌作睡觉状）。

大哥哥醒了（拇指伸直）。小弟弟醒了（食指伸直）。小妹妹醒了（中指伸直）。你醒了，我醒了（无名指、小指先后伸直）。我们大家都醒了（作起床状）。

（2）手指谣

一根手指按门铃（双手拇指伸出做按门铃的动作），两根手指捏豆豆（双手拇指、食指捏四次），三根手指扣钮扣（双手拇指、食指、中指在胸前做扣钮扣的动作），四根手指提兜兜（双手拇指、食指、中指、无名指做提兜兜的动作），五根手指拍拍手（伸出五指手心向前，拍拍手时双手二拍手）。

（3）小手变魔术

小手小手变魔术，（拍两下手，双手在胸前自由摆动），变只小兔跳跳跳，（伸出食指与中指在头顶做兔子耳朵状，左右摇摆），变只小猫喵喵喵，（撑开五指在嘴边做小猫捋胡须状），变只公鸡喔喔喔，（左手叉腰，右手五指并拢竖放在头顶上做公鸡状），老师见了眯眯笑，（双手做兰花指，在脸颊两边做花状），连声夸我手真巧。（拍手两次，伸出大拇指左右摇摆两次）。

（4）手部轱辘操

轱辘轱辘（双手握拳，作绕线状）一（伸出右手食指），轱辘轱辘二（绕线，伸出右手食、中指），轱辘轱辘三（绕线，伸出右手食、中、无名指），轱辘轱辘四（绕线，伸出右手食、中、无名、小指），上上下下（头上、下各拍手两次），前前后后（体前、体后各拍手两次），我（双手抚胸指自己）和你（右手食指指对方）来做游戏（双手手指张开从头上旋转而下）。

（5）爸爸是司机，开汽车，嘀嘀嘀（双手大拇指单伸出来，向下按），爸爸旁边是妈妈，妈妈洗衣服，唰唰唰（双手食指单伸出来，做搓衣服的动作），个子最高是哥哥，哥哥打篮球，砰砰砰（双手中指单伸出来，向上做投篮动作），哥哥旁边是姐姐，姐姐在跳舞，嚓嚓嚓（双手无名指单伸出来，做绕圈动作），个子最小就是我，我在敲小鼓，咚咚咚（双手小指单伸出来，做敲小鼓动作）。

（6）手指做饭

切切菜（两手小指相勾，无名指和中指并起，向下切），擀擀面（无名指、中指弯曲，食指向两边运动），包包饺子（三指并起，上下运动和拇指相碰），捣捣蒜（两手小指相勾运动拇指）。

（7）手指变变变

一根手指头呀，变成毛毛虫，爬呀爬呀。两根手指头，变成小兔子，跳呀跳呀。三根手指头呀，变成小花猫，喵呀喵呀。四根手指头，变成小螃蟹，爬呀爬呀。五跟手指头呀，变成大老虎，啊呜啊呜。

**八、游戏体验：**

**【家长心语】**

这次的游戏给了我在孩子面前树立形象的机会，我带着孩子积极地进行创编，让同伴模仿和学习我们。活动后，孩子的脸上洋溢着灿烂的笑容并对我说"爸爸，你真棒!"平时，宝贝总说妈妈很厉害，妈妈可以做出可口的饭菜、可以剪出漂亮的图案。今天终于听到他说我厉害了，很自豪。感谢幼儿园给我提供这种机会!

——鑫鑫的爸爸·2011 年 6 月 10 日

我家的小孩比较内向，以前我一直在想办法让他阳光些，但是都没收到良好的效果。今天活动开始的时候，李老师邀请我们进行手指变变变的游戏。说实话，刚开始的时候，我自己没有放开，表现不是很好。当我看到其他小孩与家长的精彩表现时，再看到自己的孩子默默不语，我顿时明白了：在孩子面前，做为妈妈我应该展现出阳光的一面，以身作则才有资格去要求孩子。最后我放下了包袱，积极地参与到游戏中，我的孩子也慢慢地活跃起来了。通过今天的游戏，我明白了家长是孩子的榜样与标杆。

——绪绪的妈妈·2011 年 6 月 10 日

曾经听过一个专家说："动动手指就是给大脑做体操。"因此，我非常注意孩子的动手能力，也经常上网搜集一些手指游戏。今天在幼儿园又学到了许多游戏，并且能够参与到其中，真的感觉很快乐。陪同孩子成长就如同是陪一只蜗牛在散步不能急，但是在陪同他们成长的过程中，我们也同样收获到心暖如春的风景！

——天天的妈妈·2011 年 6 月 10 日

【幼儿稚语】

鑫鑫：感觉十分的愉快，很久没有和爸爸一起玩游戏了，爸爸今天就是我的偶像！

绪绪：和妈妈一起游戏我感觉很幸福，像吃到棒棒糖般的甜蜜！

天天：这个游戏很简单，我可以创编出很多的动作！

【教师感言】

爱因斯坦说过："想象力比知识更重要，因为知识是有限的，而想象力概括了世界上的一切，推动着进步，并且是知识进化的源泉。"人的童年时期是培养、发展想象力的最佳时期，犹如农事的节气是不能错过的。新课程标准也指出：在发展语言能力的同时，发展思维能力，激发想象力和创造潜能。适当的创编可以发展幼儿的想象力，培养幼儿的创新能力。

手指变变变最大的作用是能锻炼孩子们的创造力和创编能力，训练孩子们在短时间内用最简单的手势表达出复杂的东西。游戏中一般都是用手指来表现所要表达事物的特征，从事物中提取重要特征来表述，从复杂中分析出简单，对幼儿分析能力的培养非常有帮助。用手指灵活形象地表达自己的意思，考验他们的表达能力，学会用最简单的方法清晰地表达出自己的意图。这个游戏还会使小孩子们迸发灵感的火花，当一下子没想出来的时候，看到别的小朋友都有自己的手指形状时会非常渴望有自己的想法，此时特别容易激发灵感，也许这就是成功路上起重要作用的百分之一的灵感吧。

手指游戏是幼儿喜欢的游戏，它能调动幼儿的耳、眼、口、手等各种器官，进行想、听、说、练趣味性极强。玩手指游戏，可以锻炼手指的小肌肉群，提高动作的灵活性、准确性及控制能力。手指活动与大脑的发育有着极为密切的关系，在做手指游戏活动时，大脑、手同时协调运动。在游戏"手指变变变"中，参与者要通过倾听儿歌内容，在脑海中快速反应，配合双手动作，真正的做到了多种感官的协调运动，对视觉、听觉、触觉、语言等的发展有着极大的促进作用。当听到儿歌中富有想象的场景时，既要思考如何进行动作的创编，又要拓展发散思维。长期坚持做手指运动能开发幼儿的大脑潜能，促进大脑与手指间的信息传递，锻炼幼儿指部肌肉群的发育。

游戏过程中，随语言节奏的变化来变换动作，可以促进幼儿大脑的发育和神经细胞的增殖，使幼儿反应更加敏捷，更加心灵手巧，更加聪明。手指活动不受时间、条件、年龄的限制，随时可以开展，组织者可根据幼儿接受能力、教育内容的需要来选择相应的手指游戏，使他们在轻松愉快的气氛中，由浅入深、循序渐进的学习。在亲子活动中组织游戏，家长被这富有童趣的儿歌内容所吸引，同时也被孩子那可爱的动作所牵引，无形中放下思想包袱，沉浸到了亲子游戏的氛围中，感受童年的快乐。

为了让幼儿的手指游戏更为丰富，我们还在团队中积极开展了其他的手指游戏，如"手指做饭"、"小猴荡秋千"、"手部轱辘操"等。同时也将手指游戏运用到一日活动中，发挥手指游戏在幼儿成长中的积极作用。

2011 年 6 月 13 日

## 案例十　送棒棒糖

**一、活动目标：**

1. 通过观察他人来了解自己，从别人对自己的评价中认识自我。

2. 重塑自信心、培养观察力、提高沟通表达能力、学会赞美他人。

3. 能够坦然面对自己的缺点和优点，虚心向他人学习。

**二、活动时间：** 20 分钟。

**三、活动场地：** 室内室外均可。

**四、活动准备：** 纸、笔。

**五、活动实施：**

1. 请每位成员用纸笔写下自己 3 个以上的优点。

2. 将成员分成多个小组进行活动，每个小组人数 4 ~ 10 人。每小组成员围成圆形而坐。每个队员轮流坐到中间让其他人观察，并依次一个个说出中间队员的优点，对该队员不熟悉者可以根据短时间的观察来预测。直到每个队员都经受过评价即"轰炸"为止。中间队员用纸笔记下其他人对自己的赞扬语，并与自己的自我评价作对比。

3. "送棒棒糖"游戏结束后，小组围成一圈自由发表受到别人赞扬时的感想。组织者适时引导各成员自己肯定自己，深信别人会对自己做出积极的评价，自我肯定是提高自信心的方法。

**六、注意事项：**

被表扬的队员学会倾听，只能无声回答。

**七、拓展游戏：**

可以根据团队的实际情况进行"黑色轰炸"，说成员的缺点，考验团队成员的自我承受能力。

**八、游戏体验：**

**【家长心语】**

今天参加活动，甚感开心。在老师的带领下参加了一个名叫"送棒棒糖"的游戏。通过体验游戏，指出孩子自身存在的优点与缺点。这次活动给我敲响了警钟：不能过分宠溺孩子，要让孩子充分了解自身的长处与短处，不能骄傲自满，改进不足并继续发扬优势，迎难而上直到成功。

——穗穗的妈妈·2011 年 10 月 14 日

今天在老师的带领下参加了亲子活动。通过活动，让我对孩子教育有了新的认识：要适时指出小孩的缺点，让他能够及时改正并得到持续发展；对于小孩的优点，则要及时表扬，但不能让小孩产生自傲的心理。

——绪绪的妈妈·2011 年 10 月 14 日

今天的活动，给予我很深的感触。孩子的心灵是最纯真、最纯净的，我们要予以保护今后我会让小孩对自我有良好的认识，他人对自己的评价，则要认真地分析。自身的优点要继续发扬，不能骄傲自满，自身存在的不足则要加以弥补。

——瑞瑞的爸爸·2011 年 10 月 14 日

今天的游戏，孩子玩得很开心。其他小朋友对他的评价也很高，很明显他沉溺于小伙伴对他的夸奖之中，这一切我看在眼里。回家后，我没有表扬他，反而让他说说自己的不足之处。因为只有这样，才能让他能够更好地认识自己。常言道：谦虚使人进步，骄傲使人落后。在这一点上，我们作为家长一定要把好关。

——鑫鑫的爸爸·2011 年 10 月 14 日

**【教师感言】**

在这个物质文明与精神文明高度发达的社会中，许多爷爷奶奶、爸爸妈妈把自己的孩子视之如珍宝，捧之为心头肉。孩子在爷爷奶奶、爸爸妈妈的呵护下似乎生活得很开心、很快乐。但是有些家长过于溺爱自己的小宝宝，一个劲儿地满足他们的要求，却忽视了孩子身上的问题，甚至有人提出自己孩子的缺点时还很反感。每个人都有优缺点，只要我们一分为二地看问题，努力发现孩子的闪光点，引导孩子改正自己的"坏"毛病，让孩子在成长中不断进步自我提升，这样才是对孩子真正的爱。

今天组织"送棒棒糖"游戏的主要目的在于让家长和孩子感受团队游戏的快乐以及学会赞赏他人。古人云："一日三省吾身"，我们伟大的领袖毛泽东同志，敢于正视自己的优点和缺点，并通过不懈的努力成为一代伟人。对待孩子的优缺点我们不能够回避，应该正确的去面对，加强教育和引导。今天的活动就是让孩子、家长在游戏中体验，在活动中成长。使家长和孩子共同取长补短、积极进步。

孩子们是春天、是朝阳。针对幼儿教育的特殊性，我们既要教育好孩子，又要引导孩子正确认识自己，通过这次团队游戏，孩子们在轻松快乐的氛围中接纳了自己的缺点，发现自身的问题并与家长一起学习进步。

活动后，家长普遍认为这种形式很好，让他们很受启发。解决问题不是一朝一夕的事，我们要循循善诱，耐心引导，不可操之过急。

今天的活动，不仅让孩子和家长感触很多，同时作为老师的我也收获不少。每个人都有优缺点，关键是怎么发现，发现了如何改正。我们既要一分为二地看问题，又要坚持适度的原则，既让孩子们在快乐中发现问题，又让孩子们在幸福中改正缺点。为了那群小可爱的美好明天，我们任重而道远。

2011 年 10 月 20 日

## 案例十一　看物评物

**一、活动目标：**

1. 激发团队成员挑战自我，参与语言创造性游戏的兴趣。

2. 培养团队成员细致的观察力，并能从某一物品引发多层次、多角度、多元化的思考能力。

3. 注意倾听他人的表述，学会从不同角度客观地、创造性地描述同一物体。

**二、活动时间：**20 分钟。

**三、活动场地：**室内。

**四、活动准备：**常见的物品 5 种。

**五、活动实施：**

1. 组织者出示生活中的一件常见物品，每位团队成员看着物品说说自己的感受，要求说出的内容不重复。

2. 互评同伴的表达、技巧、内容、谁的说法有创意。

3. 讨论：通过今天的活动，你获得了什么？组织者点评游戏的价值。

**六、注意事项：**

1. 组织者出示的物品要能给团队成员用发散性思维来观察。

2. 团队成员要注意倾听别人的心声，组织者适时调节成员间交流氛围。

**七、拓展游戏：**

可将团队成员分为若干组，每组团队成员评价同一物品，比比哪组成员评价的方式多元、方法多样但不重复。

**八、游戏体验：**

**【家长心语】**

　　今天参加了幼儿园的团队体验游戏——看物评物。老师让我们从不同的方面用一句话表达一瓶饮料。游戏中还没有轮到我说的时候，感觉到很紧张，拼命地在脑海中搜寻可以表达的语言。刚想到却被前面的家长"抢用了"，心中很是懊恼，不得已只能重新思考了。

　　紧张刺激的游戏后，给我带来了家庭教育的一点小启示：在日常家庭生活中，要经常引导孩子多角度看待事物和分析事物，培养孩子多方面思考问题的好习惯，如和孩子买来一条鱼，可问孩子：除了蒸以外，还有什么吃法？一张纸可以干什么？家具怎样摆放更合适？其实社会生活和家庭生活中每一个事物，都可以作为启发孩子多角度思考的内容，我们家长要注意加强孩子创新能力的引导和培养。

　　　　　　　　　　　　　　　　——芸芸的妈妈·2011 年 9 月 28 日

　　今天参与了这个游戏感觉很开心，仿佛回到了童年时光。最近工作上的一个难题难倒了我，玩了这次游戏后我想为何不换一种角度来思考这个问题，换一种解决的方法呢！有一个心理学家做过一个实验，大概是这样的：他在一张白纸上画了个圆，然后问大学生这是什么？大学生很容易的回答了一个相同的答案：圆。然后他又拿着这张纸去问幼儿园的小朋友，小朋友们好可爱啊，他们说这是面包，苹果，眼睛，世界，地球，也有孩子说这是彩虹。也许大学生的答案是对的：圆。可是相对于小朋友们的回答，又会引发我们怎样的思考呢？

　　其实，很多时候，我们往往思维定势。在幼儿的教育问题上也是一样，如孩子不吃饭之后，我们总是说："吃饭对身体好！"但是对于幼儿来说这种方法起不到关键性的作用，我们何不换一种思考方法，先不强求孩子吃，等到他们饿了的时候，自然就会吃。而我们自己也减少了许多念叨的时间，省出了更多的精力。

——佩佩的妈妈·2011 年 9 月 28 日

**【幼儿稚语】**

培培：这个游戏很好玩，我能够想象到很多东西，得到了老师的表扬。

彤彤：这个游戏对于我来说有点困难，但是在爸爸的支持下，我还是勇敢地挑战了，感觉很开心。

点点：和妈妈一起玩这个游戏，她每次都能够说出不同的东西，让我对这些东西有了更多的认识。

**【教师感言】**

很多时候，人们都被一种事物局限自己的思维，思考的方式过于单一。卡耐基在研究世界上众多亿万富翁及政界的成功人士后发现：成功者都是有很大共性的，其中有一个很重要的共同特点就是都具备发散性思维能力。可见，发散性思维的重要性。在幼儿的学习过程中，发散性思维起着关键性的作用。一名成功的教育者，一定要保护好孩子的好奇心，鼓励孩子多提问题，并强化这种好奇心，使他们逐步养成敢问、好问、善问的思维品质。此外，还要给他们留有思考的余地，通过思考让幼儿展开想象的翅膀，发展想象力。作为一名老师我们要积极发展幼儿的发散性思维，发展他们的想象力和创造力。因为想象力是一种强大的力量，是打开一切知识宝库的钥匙。

"看物评物"游戏是一个简单易开展的游戏，参与人数及年龄层次的局限性不大，适合家长团队、教师团队、亲子团队及中大班幼儿团队开展。并且游戏的材料简单。游戏可以提高团队参与者倾听、观察、表述的能力，更重要的是通过活动可以培养团队成员的发散性思维，引导其从多个角度看待问题。如：简单的一张白纸，可以引发团队成员对纸的材质、形状、颜色、制作时间等方面的思考。而游戏轻松的氛围，带给团队成员轻松愉悦的思考环境。单一的去思考问题，那么你的天空就不会五彩艳丽。在成人团队中，可以把这种多种角度看待事物的方法运用到工作中，用来解决工作中的困惑。拐一个弯，问题也许能迎刃而解。而对于幼儿团队来说，可以将这种思维方式运用到集体教学中，教师可在集体活动导入环节中加入此游戏，来发展幼儿的思维。如：在美术活动"圆形变变变"中，教师可以出示一个圆形来引导幼儿发挥想象力，问："你想把它变成什么？"孩子们这时候就会发挥想象，说出很多精彩的答案："太阳、月亮、地球、脸、头、花朵"等。当幼儿有了这些发散性的思维之后，他们所完成的作品也一定是精彩的。

在培养孩子发散性思维的过程中，老师是他们的支持者、合作者，也是引导者。老师要肯定孩子的奇思妙想，尊重孩子们的答案，并且在各种教育教学活动中不断丰富幼儿的认知世界，激励孩子更加积极主动地去思考、去探索、去创新，这样孩子的想象能力、创新能力、探索能力就会越来越强。为了发展幼儿的发散性思维，我园还根据不同年龄层次的幼儿开展了益智区活动，如：大班猜谜游戏、脑筋急转弯；中班的拼图、补缺；小班的动动手、动动脑等。

2011 年 9 月 30 日

## 案例十二　杜鹃开花　樟树发芽

**一、活动目标：**

1. 团队成员感受玩中学、学中玩的愉悦心情。

2. 培养家长团队合作意识，大胆展现自己的特长。

3. 知道杜鹃开花、樟树四季常青、果实累累的生长特点，丰富人生喜怒哀乐、成功失败的经历，懂得教育即生活，回归自然的道理。

**二、活动时间：** 20 分钟。

**三、活动场地：** 室内室外均可。

**四、活动准备：** 椅子若干张，50~100 人适宜，可根据场地大小定人数。

**五、活动实施：**

1. 团队花：所有团队成员围成一个圆圈，每个人手拉手面向圆心站立，微笑着闭上眼睛，把队员自己心灵的祝福和快乐用心用手传递给团队成员。

2. 团队开花。

（1）采用一问一答的方式进行游戏。

团队成员问：杜鹃要开花，开了几瓣花？

组织者答：开了五瓣花。

五个团队成员自由组合围成圆圈并做花样的动作集体亮相。组织者小结：杜鹃花的花瓣数字可以任意改成某一个阿拉伯数字，团队成员可根据组织者的指令数字自由组合成相应的一朵杜鹃花。如 7 瓣花即 7 个人围成一圈，也可说成 6 瓣花、9 瓣花等。

（2）游戏可反复进行几次。

可采用加快速度、变换花瓣数字、互换团队成员等方式重复游戏，让团队成员的智慧发挥作用，结识新朋友形成团队合力。

3. 创新游戏：樟树发芽。

（1）此游戏的玩法与杜鹃开花游戏的玩法一样，队员问，教师答，队员摆酷的造型动作。不过要注意的是"发芽"的动作与"开花"的动作要不同，体现新颖、奇特。

（2）玩法与"杜鹃开花"相同：

队员问：樟树要发芽，发的几枝芽？

教师答：樟树要发芽，发的七枝芽。

队员动作要求：7 人一组创造摆出樟树的造型动作。

**六、注意事项：**

1. 通过游戏激发队员热爱家乡，为家乡多做贡献的感情，因为杜鹃是长沙市市花，樟树是长沙市树，学会爱护花草树木，保护绿色环境；渗透环保教育，更学会爱祖国，爱人民。

2. 让队员体验游戏时懂得团队的力量大，适应新环境，结交新朋友，融入新团队，挑战新的自我。

3. "杜鹃花开，樟树发芽"游戏适合在教师、家长和大班幼儿团队中开展。肢体语言发展和美再现在游戏中。

**七、拓展游戏：**马兰开花。

**八、游戏体验：**

**【家长心语】**

亲子活动"杜鹃开花""樟树发芽"不仅让孩子们体验到团结胜利的喜悦，使孩子学会合作，也让我们家长之间、家长和老师之间增进了了解。看着孩子们在游戏中兴奋的表情，家长们仿佛回到了童年时代。与孩子们一起参与活动，也让我们忘记了年龄，时间仿佛都在这一刻定格。这是一个愉快的日子，我想也是孩子们难忘的一天。看着老师对孩子一次次的鼓励和细心的呵护，亲身体会到了老师对孩子的那份责任与爱，感觉到你们就像妈妈一样对待我们的孩子，作为家长向你们表示由衷的感谢！

——成成的妈妈·2011 年 3 月 22 日

很高兴能够参加本次老师组织的亲子活动，作为家长，参加这样的亲子互动活动，意犹未尽之余，也颇多感想。

在现今这样一个物质文明发达，而生活工作节奏紧张、竞争压力巨大的社会，孩子的衣食住行等物质生活不是最主要的，最重要的是家长要多陪伴孩子，靠近他们幼小的心灵，分享他们的快乐和烦恼。从这个角度看，亲子活动就是除家庭生活外的家长和孩子心灵沟通的重要平台，让家长和孩子有机会进一步增进彼此之间情感的交流。

——西西的妈妈·2011 年 3 月 22 日

**【幼儿稚语】**

西西：这个游戏太刺激啦，我的朋友多，所以很容易就找到花瓣在一起开。

佳佳：妈妈跟我一起玩游戏，摆了好多不一样的花朵，真好看。

睿睿：我总是找不到花瓣，我要去找的时候，别人都找完了，还是妈妈和我一起找到了花瓣。

成成：我和妈妈一起找到好伙伴和她的妈妈的时候，马上就商量着要摆成不一样的杜鹃花。

**【教师感言】**

卡耐基曾说过：一个成功的人，专业知识所起的作用是 15%，而交际能力却占 85%。一个人小时候的交际能力往往影响其以后的发展，所以在幼儿期，无论家长还是教师，都应该鼓励孩子大胆地表达自己的想法。从小培养孩子的人际交往能力，为孩子的未来打下良好的基础。

为了增进亲子感情，我们组织幼儿和爸爸妈妈一起玩"杜鹃开花、樟树发芽"的游戏。活动还没开始，孩子、家长们就跃跃欲试想要参与，当老师一声令下，大家很快就围成圆圈站好了。第一轮游戏，孩子、家长期待着问："杜鹃要开花，开了几瓣花？"当老师回答"开了三瓣花"时，孩子们有的反应速度很快，与爸爸妈妈摆出了好看的花形；有的和妈妈还有好朋友一起合作摆了一朵杜鹃花；个别平时比较内向的孩子则显得有些无措，等着别人来找他。当我表扬好看的杜鹃花后，第二轮的效果显然好了许多！孩子们开始学会合作、交流，与好伙伴、爸爸妈妈一起尝试各类造型，把自己美的一面尽情地展现。第三轮游戏，游戏进入到高潮，为了增加活动难度，也为了挑战孩子、家长的能力，我提高了游戏难度：将"杜鹃开花"改为拓展游戏"樟树发芽"，要求是"发芽"的动作与"开花"的动作要不同，要新颖奇特。当把数字加到："樟树要发芽，发的七枝芽"时，孩子和家长们便摆出了一棵棵发芽的、形状不一的樟树。

活动中我看到了孩子、家长们的积极表现，孩子懂得交流、合作，与同伴、爸爸妈妈一起商量，大胆地发挥想象，摆出各式各样不同的花形、树形。在这个过程中，也很好地渗透了科普知识，让幼儿知道杜鹃花开、樟树四季常青、果实累累的生长特点，进而知道关心周围的环境，关爱动植物。同时很好地增进了孩子、家长间的感情，爸爸妈妈看到了孩子在活动中的大胆表现很欣慰，孩子们有家人的陪伴一起游戏也很开心。

杜鹃开花是一个有趣、能很好的锻炼交际能力、大胆展示自我特长的规则游戏。通过游戏既能培养团队成员适应新环境、结交新朋友、挑战自我的能力，也能让孩子们学会爱护花草树木、保护市树市花、保护绿色环境。这样有意义的游戏，让幼儿在快乐中学习，寓教于乐。

2011 年 3 月 25 日

## 案例十三 我说你做

**一、活动目标：**

1. 团队成员体会合作的重要性，增进彼此间的感情。

2. 培养团队成员的合作意识并能共同完成任务。

3. 提高团队成员的语言表达能力及理解能力。

**二、活动时间：** 20 分钟。

**三、活动场地：** 适宜室内。

**四、活动准备：**

积木模型一个、彩色积木、纸、笔、桌子、椅子，可根据场地大小定人数。

**五、活动实施：**

1. 将参加人员分成若干组，每组 4~6 人为宜。

2. 每组讨论推选出一个"领导者"，其他人员为"操作者"。

3. 组织者拿出自己用积木做好的模型，让"领导者"只观看，不拆开，并记录模型的结构。

4. 1 分钟后，将模型收起，请每组的"领导者"将刚刚看到的模型描述给"操作者"，由"操作者"搭建一个与模型一模一样的造型。

5. 组织者展示标准模型，时间短且出错率低者为胜。

6. "领导者"和"操作者"分别将自己的想法写在白纸上，共同分享每组的感受。

组织者指导语：

（1）身为领导者，你有什么说法？

（2）身为操作者，你有什么体会？

（3）操作者没有按你的指导意图做的时候，你有什么感受？

（4）当看到自己完成的作品和标准模型不一样时，你有什么想法？

（5）你们感受到的压力有什么不一样？

**六、注意事项：**

1. 标准模型不能过于复杂，以 6~8 个积木为易。

2. "操作者"不能看到标准模型。

3. "指导者"将刚刚看到的标准模型描述完后，在操作者操作时不能再提醒。

**七、游戏体验：**

**【家长心语】**

今天参加了幼儿园的亲子团队游戏"我说你做"。在小孩的教育方面，我比较注重孩子能力的培养。在家里，我会每天给他猜一些脑筋急转弯，锻炼他的思维能力。今天的活动，让我和我的孩子有了更多的交流机会，让我对幼儿园老师以及孩子所在的班有了一些了解，还与家长一起探讨了孩子在家庭教育中出现的问题，感觉非常愉快。

——峰峰的妈妈·2011 年 10 月 14 日

今天我参加了宝宝班级举办的亲子团队游戏"我说你做"。在整个游戏中，宝宝显得很能干，每个孩子都很享受和爸爸妈妈一起游戏的过程。以前在家的时候我们不怎么带着孩子做游戏，只会在睡觉前跟她讲讲故事。没想到游戏可以带给她这么多的欢乐，以后在家也要多开展类似的游戏。希望老师能多组织一些好玩的游戏并教给家长，以方便家长与幼儿在家玩，增进亲子感情。

——萱萱的妈妈·2011 年 10 月 14 日

这一次幼儿园举行的活动"我说你做"，我参与了全过程。宝宝在操作的过程中既学到了知识又锻炼了智力。跟这么多孩子在一起玩游戏我感到无比的荣幸，感觉又回到了儿时与伙伴一起玩拼图的情景，找回了童年的乐趣。加深了我跟宝宝的交流，真希望这样的活动老师能够多举行，多开展不同类型的游戏。我们一定积极参与、配合。

——毓毓的爸爸·2011 年 10 月 14 日

**【教师感言】**

在亲子团队"我说你做"这个游戏中，看到的是孩子、家长们在一起其乐融融的场面。游戏结束，当和家长坐下来探讨时，大家都抛出该如何培养孩子的合作意识这个问题。

随着社会的进步、科技的发展，各行各业工作的人们都需要具备与人合作的能力。善于与人合作是时代的要求，是孩子日后生存和发展所必须培养的品质。一个懂得合作的孩子成人后能很快适应集体、胜任工作并发挥积极作用，而不懂得合作的孩子在生活中会遇到许多麻烦，产生许多困难并无从下手。幼儿期是各种意志品质形成的关键期，具备合作意识是合作素质形成的前提，要让幼儿在游戏中形成与他人合作的精神，使之乐意与他人相处，让集体共同获益。

生存是一门艺术，它的第一法则就是合作，这既是一种精神和气质，也是一种能力和修养。在本次游戏中既培养了团队成员间的亲子感情，同时也让团队成员，尤其是孩子在活动中体会到团队合作的重要性。还考验了游戏中"领导者"的语言表达能力和"操作者"的理解能力。

活动中每组派出的"领导者"都是家长，孩子们及另两位家长为"操作者"，当"领导者"表述出模型的结构后，每组的家长还陷入在沉思中，可爱的孩子们却早已迫不急待地开始动手了。活动的过程中，其中有一组家长听到"组织者"喊开始后并没有马上就动手，而是观察着自己的孩子在活动中的表现，看到孩子兴致勃勃地自己动手去操作时，站在一旁的家长露出满意的笑容。而另一组家长则微笑着，将"领导者"的指导语一遍一遍地复述给孩子听，让孩子自己去理解句子独自揣摩。最后获胜的一组家长非常开心地抱起了自己的孩子，摆出了胜利的姿势。"我说你做"作为孩子和家长共同参与的游戏，浓浓的亲子氛围把游戏渲染得很温馨。

活动后，有一位家长说到："这次与自己的宝宝一起参加亲子游戏，感觉很有意义，一直以来都觉得自己孩子的理解能力不行，但是在游戏中，他听到指令后，快速地做出了反应，并且还能有模有样地琢磨，俨然就是一个小大人，有这样一个聪明的孩子，我很自豪。而以后我也将积极地参与幼儿园的此类活动，掌握更多有趣的好方法来教育宝宝。"

俗话说："一个和尚挑水喝，两个和尚抬水喝，三个和尚没水喝。"这句话说明：众人不齐心，都怕自己吃亏，就不可能形成团结的力量。在"我说你做"这个游戏中正好体现了一个团队成员合作的重要性，而作为家长、老师的我们应该在平时的教育、游戏中注重引导，让孩子懂得，一滴水只有融入大海，才能永不干涸。一个人即使才华横溢，他的成功也同样离不开众人的支撑，只有团结一致、相互合作，力量才会变得无穷大。

2011 年 10 月 16 日

## 案例十四　顶锅盖

**一、活动目标：**

1. 乐意参与活动，感受团队游戏的乐趣，体验成功的喜悦。

2. 提高团队成员的倾听能力，增强团队成员之间的合作信任度。

3. 体验游戏锻炼躲闪能力，不被锅盖盖住。

**二、活动时间：** 15～20分钟。

**三、活动场地：** 室内。

**四、活动准备：** 活动前学会儿歌《顶锅盖》。

**五、活动实施：**

1. 两人合作游戏：一人用手掌做锅盖，另外一人食指顶着"锅盖"（手掌掌心向下）。

集体念儿歌，念完儿歌"锅盖"去抓顶着锅盖的食指，同时食指也要赶紧缩回，不让"锅盖"抓住。食指若被抓住，"锅盖"问："烧的什么菜？"被抓住者必须说出一道菜名，双方方能交换角色，继续游戏。

2. 自由结伴小组游戏：1名队员双手平伸做锅盖，3～5名队员伸出食指一起顶锅盖，集体念儿歌。念完儿歌"锅盖"去抓顶着锅盖的食指，同时食指也要赶紧缩回，不让"锅盖"盖住。食指若被抓住，"锅盖"问："烧的什么菜？"被抓住者必须说出一道菜名，双方方能交换角色，继续游戏。

3. 集体游戏：所有队员站成一个圆圈，右手做锅盖去抓右边顶锅盖队员的食指，左手食指顶锅盖，要及时地逃脱左边队员的锅盖，练习左右手灵敏的反应能力。

**六、注意事项：**

1. 团队成员必须边念儿歌边用食指顶着锅盖。

2. 活动中要强调游戏规则，必须儿歌念完，锅盖才能去抓住顶着锅盖的食指，同时食指才能缩回，不让锅盖抓住。不能犯规，犯规要受到小小惩罚。

附儿歌：顶锅盖，油炒菜，辣椒辣了不要怪。噗，一口风，噗，二口风，噗，三口风。顶锅盖，炒白菜，辣椒多了不加盖。噗，一口风，噗，二口风，噗，三口风。（当儿歌说到噗的时候，成员对着手作吹风的状态。）

**七、游戏体验：**

**【家长心语】**

很高兴与孩子一起参与到团队游戏"顶锅盖"，刚开始，我没能完全进入状态，我竟然被孩子抓住了，我发现孩子满脸的得意。我想怎么也不能被孩子比下去呀！于是，我集中注意力，想要去抓他的"锅盖"。但是，孩子在这个过程中表现得很专注、认真，信心满满的，虽然在后面的游戏中，他被"锅盖"抓住，但他依旧是洋溢着笑脸很高兴地参与。看得出，失败在他看来，并没有那么重要，更多的是体验到游戏的快乐。

——睿睿的妈妈·2011 年 4 月 3 日

今天有机会与孩子一起参与老师组织的团队游戏，在活动前，孩子就告诉我，要和好朋友还有他们的爸爸妈妈一起游戏。活动开始，所有成员围成圈坐好，你的手指顶着我的锅盖，我的锅盖顶在你的手指上，一只手在躲闪的同时，一只手却要去抓"锅盖"。我发现第一次孩子记得及时躲闪，却忘了抓"锅盖"，第二次记着抓"锅盖"，却忘了躲闪。在经过老师指导之后，孩子表现得比较好了，能够两方面都兼顾到。在尝试几次之后，他终于成功了。在活动过程中，很高兴看到他的进步，为他的表现感到骄傲，他能挑战自己获得成功的体验。

在教育这条路上，孩子需要学的很多。作为家长，在教育上需要学的也很多，学习是无止境的，我愿陪着孩子一起学习，见证他的成长。

——灿灿的妈妈·2011 年 4 月 3 日

**【教师感言】**

"顶锅盖"是一个有趣、生动的团队合作游戏，需要团队成员在活动中很好地与同伴合作，相互之间配合默契。一人左手当"锅盖"，一人右手顶"锅盖"，所有人必须遵守游戏规则，在念完儿歌之后才能及时躲闪，不被锅盖盖住。通过游戏锻炼了成员的倾听能力、躲闪能力、表达能力，同时培养了规则意识和秩序感。

我们班的幼儿两人合作玩过"顶锅盖"的游戏，但是和爸爸妈妈、好伙伴一起玩就有一定的挑战性。所有成员围成圈坐好，你的手指顶着我的锅盖，我的锅盖顶在你的手指上，这样要求更高了，一只手在躲闪的同时，一只手却要去抓顶"锅盖"的手指。游戏开始了，孩子、家长都很激动，第一次游戏时，有的孩子及时躲闪，却忘了抓"锅盖"，有的孩子记着抓"锅盖"，却忘了躲闪，两方面没有同时顾及到。在第二次游戏前，组织者提示孩子们要记住两只手有不同的任务，要考虑周全，同时完成两个任务。接下来的游戏中孩子试图协调两只手，虽然有一只手动作稍微慢，但看得出他们在努力。

在活动过程中，孩子的表现也看在家长的眼里，从开始的不知如何分配，到慢慢努力挑战自己，顾及周全，孩子的进步与改进，家长们有目共睹。

"授之以鱼，不如授之以渔。"游戏中，孩子们没有适应新的游戏规则，组织者并没有马上帮助他们，而是经过他们自己尝试后再介入，才能引发孩子思考，懂得只有通过多次尝试、努力，才能最后达到活动目标，体验团队游戏的快乐，感受成功的喜悦。在我们教育孩子的过程中，更多的需要教会孩子学习的方法，因为只有真正掌握方法之后才能学以致用，快乐生活。

2011 年 4 月 5 日

## 第三节　数学游戏活动案例

数学游戏能够将抽象枯燥的数学知识具体化、形象化，让幼儿在玩中学、动中学，符合幼儿好奇、好动、好玩的特点。通过为他们提供直观的游戏材料，引起幼儿强烈的好奇心，集中注意力，在与同伴、家长的合作中发展其数学思维，提高发现问题、解决问题的能力。

本节我们所介绍的 5 例数学游戏，以生活中的小事为题材，通过亲子在游戏中的协商合作完成游戏任务，达到学习数学知识、体验生活的目的。

### 案例一　找零钱

**一、活动目标：**

1. 营造团队成员积极参与游戏、分享快乐的氛围。
2. 培养团队成员专注、快速反应能力。
3. 每个人都有其存在的价值，要懂得互相尊重和珍惜。

**二、活动时间：**15 ~ 20 分钟。

**三、活动场地：**室内、室外均可。

**四、活动材料：**写有不同金额的卡片。

**五、活动实施：**

1. 体验游戏：每个男队成员代表 10 元钱，每个女队成员代表 1 元钱。全体成员手牵成一个大圆，由组织者说出具体价格数目，自由组合男、女队员参与游戏，最快组合完毕的即为获胜组合，没有组合上或组合错误的则视为失败。

2. 创造游戏，如开展物品拍卖的游戏，组织者出示不同的物品，成员自由组合不同的标价，价高者获胜。

**六、注意事项：**

1. 组织者可以由易到难的设置游戏，由单数到两位数、三位数等，训练团队成员的快速应变能力和组织合作的能力。

2. 结合生活实际来引导亲子开展找零钱的游戏。

**七、拓展游戏：**

可以在幼儿园组织孩子们开展跳蚤市场的活动，将孩子暂时用不上的物品进行拍卖。

**八、游戏体验：**

**【家长心语】**

文文现在已经是中班的大孩子了，最明显的区别就是回家后，不再像以前那样一直吵着和大人玩，而是可以静下来一个人独自画一张画，要不就是用他的玩具堆起一个奇形怪状的作品，然后喊我们过去看。作为父母感觉轻松不少。但随之发现这样很少关注孩子也有问题，总感觉这样会把孩子闷坏了，趁周末有空就陪孩子一起玩了一个找零钱的游戏。这个游戏是幼儿园园长组织我们家长玩过的一个团队游戏。我把这个游戏稍稍地改良了一下，选用实物把它运用到生活中，让孩子学会找零钱。我把家里能用上的小物品都拿出来，把零碎的硬币纸币都集中起来，让孩子开一个小卖部，并且自己为物品定出价格。接着我们就扮成顾客拿一些钱来购买物品，要求宝宝根据售价找回我们应得的零钱。

游戏时小家伙可开心了，一边紧紧攥着收获来的钱，一边嘴里不停地算该找多少。虽然比较慢，但基本上都没有算错。看着她忙里忙外的样子，真的好可爱。最后小家伙兴奋地告诉我们："哇，我今天赚了好多钱啊，以后等我长大了就要赚好多好多的钱，给爸爸妈妈用。"短暂的游戏结束了，可孩子依旧兴致不减，吵着下次还要玩。

通过这个游戏我们也有很多感受，作为父母，一方面生活压力越来越大，工作越来越忙，陪孩子的时间越来越少。有时候甚至不愿花时间去和孩子互动，总是说一个人看电视吧，或者说去画画吧，能支走就好，慢慢的孩子可能就会和父母疏远，有想法也不愿和父母交流。另一方面小孩生活在城市里出于安全考虑不会让孩子一个人和伙伴们玩，这也是为什么现在患抑郁症的孩子越来越多的原因。因此不管工作有多忙还是要多抽时间陪孩子玩，在游戏中交流，在互动中学习。我想只有这样孩子才能有更多的快乐。小家伙从小就是一个小财迷，看到钱总是很细心地整理好数一遍又一遍，数完还不忘问我们这么多钱是不是可以买好多好多的东西。通过这个游戏不仅加深了孩子对加减法的认知，也培养了孩子的一种消费理财观念，让她懂得只有付出才有收获的道理。我想这些也是她以后要谨记的。现在有很多孩子生活在富裕的生活环境中，对钱毫无概念，总觉得这些是应该有的，用钱大手大脚也是理所当然的，然而他们却不知道钱是如何得来的，慢慢的就会养成一种不愿付出只想收获的心态，这样的后果可想而知。所以让孩子从小就要勤于付出、珍惜收获，明白只有付出才有回报的观念非常重要，只有这样才能在以后的生活中形成正确的价值观人生观，才会在以后的学习工作中做到努力进取务实。我想所有的家长们，不管有没有时间，都要抽空多陪孩子游戏，学会从中找到科学育儿的方法。

——文文的爸爸·2011 年 11 月 3 日

**【教师感言】**

平时在各自单位扮演着佼佼者的家长们，今天抽空来到幼儿园参与团队游戏，大家几乎都在议论着同一个话题。"玩游戏啊？早知道就让奶奶过来。"为了让家长们在游戏结束后，收获到游戏的教育价值。老师说了一句话："家长们，很感谢您在百忙间抽空来体验孩子们的游戏，相信游戏结束后，带给你的会是一份幸福的、难忘的享受。"听完老师的话后，家长都安静地坐在了自己的位置上。紧接着老师将游戏的玩法，向家长们介绍并对其有疑问的家长给予解释。在大家理解的情况下，游戏开始了。在第一轮游戏中，看到的是爸爸的主动，妈妈的脑腆，胜者为少数，败者为多数。结束游戏后，老师简单地引导了个别家长，要怎样才能获取胜利，不能总想着别人会主动找你，自己也要化被动为主动。这样机会才会更多，胜利的几率才更大。第二轮游戏开始了，家长们经过老师的引导变得更加主动，开始寻找愿意与自己组合的同伴，尝试用语言去交流，用不一样的形式去获取最后的胜利。在家长们一次次的大胆尝试中，最后获胜的组合也越来越多。

在孩子们的世界里，游戏既能带来快乐也能挖掘孩子的能力。而今天组织家长玩游戏，是让家长去感受游戏、感知技巧、收获知识以及团队交往的技巧。在这个游戏中注意力与主动性很重要，你若等着别人找你，你有可能会输，如果找不到合适的位置，大家就应该根据自己代表的金额主动去找别人。在生活中也是一样，我们应该主动去和别人交朋友，你只等待，朋友就会少，如果你去主动找朋友交往，你才会拥有更多的朋友。通过这个游戏家长们应该鼓励孩子主动与别人交往，积累人际交往的经验。

2011 年 11 月 10 日

## 案例二　孔雀报时

**一、活动目标：**

1. 清楚表达"一分钟有多长，一小时有多长"的感受。

2. 感受体验秒、分、小时的长短，知道一秒、一分、一小时可以做很多事。

3. 懂得在生活中珍惜时间，学会合理安排时间。

**二、活动时间：** 20 分钟

**三、活动场地：** 室内室外均适宜

**四、活动准备：** 无

**五、活动实施：**

1. 分组讨论问题：一小时你能做多少事？假如给你一小时你最想完成什么？（讨论后集体分享小组讨论的结果。）

2. 游戏体验：孔雀报时

团队成员伸出自己的双手，左右手指头摆成孔雀头状，大拇指与食指两指尖合在一头，中指、无名指和小指伸出来，中指代表"秒"针，无名指代表"分"针，小指代表"时"针。中指弯曲第六十次即"一分钟"时无名指弯曲一次，无名指弯曲第六十次即"一小时"。小指弯曲一次即一小时，同时，秒钟摆动发出"咔嚓"声音，分钟发出"哐哐"声音。

3. 分组制作礼品：

将全体团队成员分成 6 组，激发队员的灵感，共同动手制作与众不同的礼物，时间为一小时，大家一起分享制作礼物的快乐。

**六、拓展游戏：**

孔雀报时游戏，可将"秒"、"分"、"小时"换成"整点、半点、刻点"，"昨天、今天、明天"，"春、夏、秋、冬"，"早上、中午、晚上"

以及"白天、黑夜"，用同样的方法来玩游戏，让全体团队成员珍惜时间，养成守时、惜时的良好习惯。

**七、注意事项：**

1. 通过玩孔雀报时的游戏，让团队成员了解秒针、分针、时针三者之间摆动的规律。

2. 鼓励成员参与游戏时尽量做到秒针、分针、时针摆动协调一致。

3. 激励成员掌握秒针、分针、时针三者摆动速度不一样，秒针快速摆动、分针中速摆动、时针慢速摆动。

**八、游戏体验：**

**【家长心语】**

听到游戏的名称，第一反应就是与我们身边的时间息息相关，通过游戏能让幼儿逐渐了解时间概念，感知时间并且拓展思维，回忆一日生活中的事情，更好地让幼儿熟知时间的概念。

培养幼儿时间观念，并不是进行"说教式"的长篇大论，而是通过引导，让幼儿自觉地感知到时间，3～6岁是形成良好行为习惯的关键期，"孔雀报时"以"手指游戏"的形式进行，让队员体验一分、一秒、一小时的长短，同时还锻炼了手指的灵活性。幼儿的主动、家长的参与，使得游戏的教育价值与亲子之间的"爱"相融合，增添了色彩。除了在游戏中体验到的乐趣以外，家长也领悟到对时间应进行规划；从幼儿角度看，可以体验游戏中的快乐，意犹未尽的一次又一次地进行游戏，更为开心的是家长的参与，让孩子感到无比的幸福。

时间如白驹过隙，匆匆流逝。当有时间时我们没有觉察，时间流走之后才反思到：哦！原来拥有过。"时间"是如此的珍贵，可是作为幼儿，他们现在对它还是非常的模糊，只能通过我们的引导让幼儿理解它，从而规划好自己的一日作息，体验时间的存在，懂得珍惜时间，逐步培养幼儿良好的生活习惯。

"亲子"团队游戏，让家长和幼儿同时感受到游戏中的快乐，让幼儿感受到家长对自己浓浓的爱，享受快乐的生活。游戏还能使家长在游戏中获取更多科学的教育价值，挖掘潜藏之中的快乐与意义。

——敏敏的爸爸·2011年10月15日

参加了家长培训活动后，想想自己在教育孩子的时候，经常是催促孩子：快点，要迟到了。你还没有穿好衣服呀？你怎么这么慢呀？所有的话语都是在催促孩子。今天的培训引发了我的思考，我有时间的概念，而孩子没有呀，你催促得再急，他也不会感受到你是因为时间不够而着急。孔雀报时的游戏给我带来了不少的启示，我回家一定要和孩子尝试游戏，首先让孩子明白秒、分、时，初步认识时间，然后过渡到教育孩子合理安排时间，并支配使用时间。

——文文的妈妈·2011年10月15日

**【幼儿稚语】**

环环：动动手指头我最棒了。

丁丁：1小时里面有60分钟，1分钟里面有60秒钟，今天我在游戏中学会了。

明明：一天的时间很容易过去。

玉子：我要珍惜时间，快快长大。

**【教师感言】**

达尔文说：人的差异产生在业余时间，我从来不认为半小时是微不足道的。未来的竞争是节约时间的竞争，时间管理能力是每个人需要的一项非常重要的能力，时间没有任何替代品，也没有任何的弹性，时间是一次性的，过完了就没有了。对时间管理能力的培养应从小做起，良好的时间观会受益一生。对于成长中的孩子来说，家长要担起这份责任，从小就应该重视培养孩子合理安排时间、运用时间的能力，孔雀报时的游戏给家长合理计划时间、惜时、守时以及培养幼儿良好的时间观念带来一定的启示。

在全园家长会上组织了这个游戏，团队成员第一次尝试将手指头摆成孔雀状态，当组织者说出游戏规则后，大家很专注地投入到游戏中，认真地进行点数，既了解时钟变化，又理解分、秒、小时的单位换算。游戏中，大家还表达了自己对此游戏的理解，还创新了玩法，将分、秒、小时替换和其他的时间表达。

简单的手指游戏，引发团队的思考，自己的一生时间有多少年，有多少月，有多少天，甚至有多少小时。而教育孩子自己又花费了多少时间。孩子在慢慢地长大，而时间在流逝。家长团队在各自交流自己的教育心得：有的家长说每天将坚持一小时和孩子讲故事，有的则表示每天陪孩子玩两小时的亲子游戏，有的反思自己没有时间陪伴孩子。大家在交流中进步，最后大家的讨论落在孩子的自我时间管理的教育问题上。教育孩子珍惜时间不是一件容易的事，因为孩子暂时还不能理解时间具体是怎么回事，更不懂得生命对于自己只能有一次，但遵守时间是一种良好的习惯，也是人们把握时机获得成功的重要条件。3~6 岁是形成这一良好行为习惯的关键期，孔雀报时以手指游戏的形式来进行，每个队员感受、体验一秒、一分、一小时的长短，反思自己怎样把握每一个时间段。我们家长可以从孩子的生活节奏着手，为孩子制订一份家庭作息表，在孩子的日常生活中，通过睡觉、吃饭游戏等各种活动，培养孩子良好的生活习惯，并潜移默化地引导孩子感知时间词汇，如早晨起床后要上幼儿园，天黑吃过晚饭出去散步等，让具体的时间概念慢慢渗透到孩子的脑海中，在为孩子制订作息制度的同时，父母也应对自己提出严格要求，以身作则，通过长期的教育和榜样行为的感染，孩子遵守时间的行为习惯能得到发展和巩固。一寸光阴一寸金，寸金难买寸光阴！从小培养孩子的时间意识，使孩子懂得珍惜时间，学会管理时间，成为时间的真正主人，对孩子的成长可谓大有裨益。

2011 年 10 月 20 日

## 案例三　传球争冠须夺秒

**一、活动目标：**

1. 引导团队成员树立信心、鼓足勇气、勇于挑战。

2. 体会到团队合作能提高效率。

3. 积累有效完成任务的经验。

**二、活动时间：**大约需要 20 分钟。

**三、活动场地：**室内、室外均可。

**四、活动准备：**彩色小球若干、秒表。

**五、活动实施：**

1. 将全体团队成员分成若干小组，9 人为一组。每组推荐 1 名组长，每个小组向组织者领取彩色小球 1 只。

2. 宣布游戏规则：组员都需要接（碰到）球，但前后接（碰到）球的人不可以是相邻者，以全体成员均接（碰到）过球时间最短的组为胜。

3. 计时员用秒表为各个组计时，完成一轮计时后，请获胜组做表演示范。

4. 组织者要启发大家用更快、更好的方法取胜，最后请用时最少的前 3 个小组成员做集体分享，同时选出比赛冠军，给予奖励。

**六、注意事项：**

1. 开始游戏时各小组如果采用"传"的方法，会因成员配合欠默契促使速度不快，因此第一轮游戏要让成员体验提高效率的过程。

2. 组织者要启发团队成员分析原因、总结经验，在反复训练合作的基础上，不断开拓，尝试改变不同的方法。

3. 组织者应及时宣布不断被刷新的用时新记录，提示创造新玩法，加快速度，不断宣布产生的新方法，并要注重过程而不是结果。故组织者不要急于宣告最新方法，要对新思路，新办法质疑、反复验证，在探索的过程中获得成功。

**七、拓展游戏：**

1. 将彩色小球换成篮球或排球或是其他球类等，在人数上也可是 5 或 6 或 8 等量的人为一组进行游戏。

2. 组织者可以抛出问题："有没有更好的方法让传球时间变得越来越短越来越快呢？你们可以创编新的游戏，让游戏的时间还可以变得更短。"

**八、游戏体验：**

**【家长心语】**

通过游戏我明白：只要我们大家愿意开动脑筋，发挥团队优势，启用队员的集体智慧，就可以不断挑战新的极限，取得新的突破，获得新的成功。今天老师组织的游戏让我感受的是合作着、快乐着并创造着、幸福着。

——豆豆的妈妈·2011 年 5 月 12 日

通过玩这个"传球争冠须夺秒"的团队游戏，让我受到很多启发：现在我们生活、工作、学习的压力让越来越多的人变得孤僻、不愿与人交流。工作、生活、学习的过程中遇到困难时，也总是喜欢一个人思考，缺少了与他人沟通的欲望。然而这样做是不对的，"三个臭皮匠，顶个诸葛亮"，这句话告诉我们，与他人沟通，协商合作、共同奋斗、解决重难点问题是可行的，因为大家的智慧是无限的。

——意意的妈妈·2011 年 5 月 12 日

**【幼儿感言】**

天天：游戏很好玩，可是我老是传错了。

嘉怡：我们只能传一次球，要比速度呀，能多传几次球就更好啦！

龙龙：我要回去和我的爷爷奶奶一起玩，他们肯定玩不赢我，呵呵！

**【教师感言】**

我们所有老师在中午休息时间进行了一次团队游戏活动，以此来放松一下心情。首先玩一个新游戏"传球争冠须夺秒"。大家一听到传球游戏就开始跃跃欲试，于是自发组成小组，组织者讲述游戏规则。游戏开始，我们这组围成圈，一个接一个地把球传了过去，显然没有弄清游戏规则。因为游戏规则中要求前后接（碰到）球的人不可以是相邻者，我们全部犯规，重新开始游戏。第二次游戏，我们不是相邻的人传球，每次隔了一个人，可是传了几个人，到后面总有人出错。经过几次尝试，终于成功。但与旁边的小组一比，我们的速度却慢了很多。突然队伍里有人说到，我们不一定要只隔一个人，只要不相邻，隔几个人都可以。于是我们又开始重新调整传球方式，把球传给对角，这样几次尝试，速度快了很多，接下来我们又创新传球的方法，出错也少了。

我们反思：之前失败的原因首先是没有理解游戏规则，如果没有听清要求或规则就去做，很有可能会走错方向，满盘皆输。我们失败还有一个原因就是我们不善于思考，不会打破固有的思维模式，没有去寻求更好更快地方法。在生活中，思维定势会束缚我们，使我们只用常规方法去解决问题，而不求用其他"捷径"突破，因而也会给解决问题带来一些消极影响。

最后经过几次的尝试，我们掌握了游戏规则，在大家的努力下，速度越来越快，出错也少了。由此可见团队力量的伟大，发挥团队智慧，集合团队的创意，一件看似不可能完成的事也能成功！

2011 年 5 月 15 日

## 案例四  扮时钟

**一、活动目标：**

1. 团队成员合作扮演角色时针、分针、秒针，感受表演游戏的喜悦。
2. 锻炼团队成员准确的判断力和灵敏的反应力。
3. 学习管理、分配自己的时间，初步掌握时空规律。

**二、活动时间：** 15~20 分钟。

**三、活动场地：** 室内。

**四、活动准备：** 黑板、大时钟模型（2~3 个）、不同长度的小棒三根（2~3 套）、10~20 人。

**五、活动实施：**

1. 准备好只有刻度没有指针的时钟模型。

2. 3 人为一小组，分别扮演时钟的秒针、分针和时针，手持 3 种长度不一的小棒或其他道具，如代表时钟的指针，在时钟前面站成一纵队，注意是背向时钟模型。

3. 组织者任意说出一个时间，比如现在是 3 时 45 分 15 秒，3 人迅速地将代表指针的道具指向正确的位置，指示错误或指示慢的人表演节目，指示正确的队员要说一下在这个时间段"你在做什么"。

4. 团队成员分组进行游戏，每组 3 人，其他成员为"裁判"，组织者说出的时刻从易到难，比比哪组成员反应"快"而"准"。

**六、注意事项：**

1. 当团队成员对游戏较为熟悉时，可增加难度，背对时钟指示相应时刻。

2. 此游戏适合 5 岁以上的团体开展。

**七、拓展游戏：**

1. 引导家长团队成员通过玩游戏教会孩子认识时钟，如：区别时针、分针、秒针；认识整点、半点；知道 1 分钟等于 60 秒、1 小时是 60 分钟，1 天是 24 小时等。

2. 4 岁以上的幼儿团队可以听指令进行找整点排队的游戏，也可以画出时钟模型。

**八、游戏体验：**

**【家长心语】**

这个游戏挺有趣的，在扮演时针、分针、秒针的过程中，我和崽崽一起参与到游戏中扮演时钟。我们一起转动了起来，刚开始还好，没觉得头晕，可是随着时间不断过去，我们转动的时间越来越久，越来越长。这时，我看了看旁边一起转动的孩子，他丝毫没有想要放弃停下来的样子，一直保持着匀速转动，看到孩子不怕困难、勇往直前的样子，我也坚持着，心想要给崽崽树立好的榜样，不能输给孩子。最后，我们较快地找对了时间。另外扮演秒针的妈妈，因为转动时间较久，没有在规定的时间找准秒钟的时间，所以我们这组落败。开始，我还担心孩子会因为失败不高兴，试着安慰他，他却说到没关系，下次我们一定能获胜。

小小的游戏，让我看到了孩子的成长，即将步入小学的崽崽，能在这样的活动中，主动了解到时间的重要，知道要珍惜时间，养成良好的时间观念，也很好地培养了孩子的学习意识。

——卓卓的爸爸·2011 年 10 月 15 日

　　这个游戏很好玩，很感谢老师能给予我们这样的机会和孩子一起参加这样的亲子游戏，让我们在获得快乐的同时也很好地锻炼了孩子各方面的能力，在玩的同时也收获了知识，能力得到了锻炼。

　　我发现玩游戏需要很强的专注力，在游戏的过程中不能分心，一边转动一边认真听时间，还需要较好地反应能力和应变能力。孩子在游戏过程中更多的是体验快乐，他们只是希望能够扮好时钟找准时间，但在无形中也培养了他们的专注能力、观察能力、应变能力。作为家长的我，在游戏中也找到了童年游戏的快乐，同时，也引起了我的思考，知道应该通过哪种游戏能够更好地培养孩子的能力，并且，能在游戏中交流亲子感情，培养大家的团队合作能力。希望幼儿园能够多组织这样的亲子游戏，既能增进我和孩子间的感情，也让家长学习怎样和孩子一起玩游戏。

——涵涵的妈妈·2011 年 10 月 15 日

【幼儿稚语】

珂珂：妈妈跟我一起扮演时针、分针、秒钟，今天好开心。

睿睿：我没有指对时间，真的转到头晕了。

乐乐：真好玩，我扮演时针，妈妈扮演分针，爸爸扮演秒针。

盼盼：我今天扮演分针了，指对时间了，好高兴的。

佳佳：这个游戏好玩，我们一家一起扮演了时钟。

【教师感言】

　　扮时钟是个好玩、有意义的亲子团队游戏。通过扮演时针、分针、秒针能够很好地让孩子、家长在游戏中体验到时间的规律，知道时间一分一秒都在过去，培养孩子的时间观念，在以后的学习中要懂得珍惜时间，学习管理、合理分配自己的时间。同时，很好地训练了孩子、家长的反应能力和判断能力，要在短时间里，集中注意力准确找到组织者指定的时间，还要注意认真倾听，培养了幼儿的多元能力。对于孩子来说，这样的游戏是具有一定的挑战性的，不仅要了解时间的规律，还需要很强的专注力，较好的反应能力和判断能力，但有了父母的陪伴，孩子们变得更加大胆、自信了。孩子能够很好地体验到与爸爸妈妈一起游戏、一起迎接挑战、一起调整心态、一起解决难题的快乐，让他们知道在成长的路上一直有爸爸、妈妈、老师陪伴自己，在困难面前有许多的人在支持自己，也让他们知道只有专注地做好一件事才有可能成功。同时，扮演时钟的亲身体验，让他们知道在以后的学习、游戏、运动、生活中要合理分配时间，珍惜每一分每一秒。

虽然每位成人都知道"时间"的存在，但若要为它下一个注解，那还真不是件容易的事啊！"时间"这个看不见、摸不着，却又相当重要的概念，较难透过口头告知的方式，让小朋友从中得到启发。通过这个游戏，孩子能够掌握时、分、秒及时间的规律性。有了这个层次的认识，家长可以给孩子做一个玩具钟，每天教他拨动指针转动到一定的位置来表示当时活动的时间，使他逐步感知时间，懂得按时作息。此外还要帮助孩子严格遵守时间。如画图、玩玩具、做游戏、听故事等都要按时进行，按时结束。从小要养成守时、遵时、惜时的好习惯，对时间有紧迫感。孩子思想上有了时间观念就不会做事"慢吞吞"、"拖拖拉拉"。

良好的时间观念有助于孩子的健康成长。守时、惜时的孩子，往往心智的成熟程度较高，很容易建立起健康规律的生活习惯，学习的效率高，同时他们有自信、乐观精神，对外交往能力也强。父母只得多费点心，配合孩子的成长，利用它所熟知的事物来了解时间观念，帮助他获得时间的意义，运用孩子可理解的语汇，将抽象的时间概念融入生活之中。掌握时间概念是幼儿养成良好的生活和学习习惯的重要基础，良好的时间观念对于幼儿适应集体生活以及未来的学校生活具有重要意义。

2011 年 10 月 15 日

## 案例五　多元排队

**一、活动目标：**

1. 通过游戏让家长团队成员掌握科学的家庭教育方法。

2. 培养团队成员细致的观察力，让团队成员寻找一个真实的自我。

3. 发展团队成员多角度思考问题的能力，让家长认识自我并发现自己的优点，正确地评价自己的孩子。悦纳自己、欣赏孩子。

**二、活动时间：**10～20分钟。

**三、活动场地：**空旷、平坦的室内、室外场地均可。

**四、活动准备：**10～40人适宜，可根据活动场地调节游戏人数。

**五、活动实施：**

1. 全体成员围成一个圆圈，大家面向圆心站立，观察身边和对面的同伴，用微笑把快乐传递给他人，让他人感受自己积极向上、大胆自信、活泼开朗的性格特征。

2. 听指令学习排队，只能用肢体语言沟通，不能用口头语言交流。

（1）按高矮排队，最高的站在组织者左边，最矮的站在组织者右边，依次排队。

（2）按胖瘦排队，最胖的站在教师左边，最瘦的站在教师右边，依次排列。

（3）按服装颜色排队，穿同样色系衣服的成员站在一起。

（4）按出生年月排队，按顺时针方向由年龄大的依次往下排，排完后，通过说出自己的出生年月等检查是否有人排错了队，排错者需说明原因。

3. 组织者可从团队队员的特点、优点、亮点和不同点出发，选择合适的角度让队员多次体验游戏，拓展队员从多角度、多玩法、多样性来思考育儿的问题，从而解决现实生活中育儿时遇到的矛盾冲突。

六、注意事项：

1. 游戏可按多种特征分类，如头发长短、裤子类型等，训练团队成员敏锐的观察力及反应能力。

2. 组织者要注意在游戏中明显排错的队员，要其说明排错的原因。

3. 在游戏中，要注意团队成员是否用语言交流，若用语言交流，组织者要予以提醒。注意培养队员的规则意识。

七、游戏体验：

【家长心语】

参与今天的活动我很开心。通过游戏让我了解到了观察力与专注力的重要性。因此，我们应该鼓励孩子去观察，并养成良好的倾听习惯，这样孩子才会有进步。也希望幼儿园多开展类似活动，让我们在轻松的氛围中学习更多的育儿知识。

——龙龙的妈妈·2010 年 4 月 7 日

今天，刚开始游戏时，我的心思还没完全投入，因此在发出指令后，我并没有迅速地做出反应，导致排队出错。后来我调整了心态，专心地游戏。快速地做出反应，出错的几率也就少了。因此，只有专心地做一件事，才能将事情完成得漂亮！我们常常因为工作忙而疏忽孩子的教育，总是没有心思陪孩子，而让孩子自娱自乐。现在我要反思自己，花更多的时间在孩子身上，做一名合格的妈妈。

——轩轩的妈妈·2010 年 4 月 7 日

在与孩子的相处中，我发现孩子思考问题的角度太单一。这对于他以后步入社会是不太好的，但是通过今天的游戏，我发现其实要培养孩子多角度思考问题是很简单的，可以通过一些小游戏来培养孩子的发散性思维，就会更全面地思考问题。在游戏中，我还发现不管是胖、瘦、高、矮都应该是自信的，因为我们都是人，每个人的身体特征都不一样，只要有愉快的心情，有良好的心态去做每一件事，那么事情会事半功倍。

——点点的妈妈·2010 年 4 月 7 日

**【教师感言】**

"多元排队"是一个易组织、易开展的团队游戏。成员之间没有太大的竞争压力，可以在放松的心态下进行。并且在游戏中，可以发展团队成员的多角度思考问题能力、观察力等。因此，此游戏很适合在家长团队中开展，让家长了解观察力、应变力、专注力的重要性，并掌握较好的培养方法。

这是一个让家长、幼儿、教师都可以轻松参与的活动，需要与同伴合作，了解自己，又能够和他人做简单的交流。"多元排队"是从身高到体重再到出生月日等，由浅入深地逐步递进。因为面对一个陌生的群体，想要找到自己的适当位置，可通过观察、询问、交流等方式，游戏规定不可以用言语交流，设置了障碍，我们可以选择自己的交往态度和技巧来破除阻碍。有的人很快就可以找到自己准确的位置，因为他知己知彼；也有人一次次站错了位置，被请出了队列，因为他总是以"想当然"、"凭感觉"等来做主观判断。在"多元排队"游戏中，有人对自己的位置很满意，也有不满意的，消极心态的人总是以自己的短处与他人的长处比较，越比越泄气，越比越自卑。积极心态的人，是悦纳自己，欣赏他人，扬长避短。

多角度思考问题是团队游戏的一个典型的特点。多角度思考问题，有助于培养和发展人的求异思维、发散性思维、逆向思维。历史上那些科学家与艺术天才首要的思维策略即在于他们能从多种角度思考问题。达·芬奇、爱因斯坦、弗洛伊德他们往往从不同的角度重新建构问题，他们对问题的理解随视角的转换而逐渐加深，最终抓住问题的实质。爱因斯坦的相对论就是对不同视角之间的关系的一种解释。弗洛伊德的精神分析法旨在找到与传统方法不同的方法，以便发现一个全新的视角。而在多元排队游戏中，可以很好地发展团队成员多方面多角度思考问题。如从身高、胖瘦、年龄等方面来进行排队，让团队成员感受从不同的角度排队自己所处的位置是不同的。

通过这个游戏，我感觉到教师、家长需要转变自己的儿童观。可以结合幼儿发展的多种目标、认知、情感、技能等来设计游戏玩法。所以在组织游戏时，家长、教师要做细心的观察者、引导者、问题的解决者、适当的支持者、合作者，只有这样才能让幼儿得到充分发展，真正体验到游戏的快乐！"你给他一个世界，他立刻可以创造出无数世界来还给你惊喜。"给幼儿自由游戏的空间吧，放飞幼儿的心灵，这样他们才能站得更高、飞得更远！

2010 年 4 月 7 日

## 第四节　音乐游戏活动案例

音乐游戏是家长团队游戏中借助音乐而进行的一种游戏活动。它把丰富的教育要求以生动有趣的游戏形式表现出来，幼儿在听听、唱唱、动动、玩玩当中掌握了一定的知识、技能，在不知不觉中渗透了常规教育和审美教育。日本著名的教育家铃木先生曾指出：玩，一直都是儿童心理的重要特征。由此可见游戏的重要价值。

本节我们介绍的6例音乐游戏需要家长和幼儿一起来唱一唱、扭一扭，带动幼儿的热情，培养幼儿的自信，同时对于家长自身来说也是释放身心的好机会。

### 案例一　拔萝卜

**一、活动目标：**

1. 体验游戏时角色互换的心情。

2. 培养合作、协调精神。

3. 学会尊老爱幼。

**二、活动时间：** 20 分钟。

**三、活动场地：** 室内。

**四、活动准备：** 拔萝卜的表演场景、《拔萝卜》音乐。

**五、活动实施：**

1. 自选角色：团队成员之间自由组合成小组（每组 5～6 人），自由尝试表演游戏中的某角色。

2. 尝试表演：要求表演者运用声音、动作将每一个角色的典型特征表现出来，尤其是"想拔萝卜的渴望、拔不出萝卜的焦急、寻求帮助的急切和帮助者的热情、拔出萝卜后的高兴"等状态。

3. 多轮游戏：团队成员选择不同的角色多轮参与游戏，体验不同的角色在游戏中不同的作用。如：力量要大一些、位置靠前一些、年龄不一样等。

4. 其他成员当评委，点评拔萝卜成员的表现，选出最佳表演者给予奖励。

**六、注意事项：**

1. 在活动之前，熟悉故事情节。

2. 附歌词：

拔萝卜、拔萝卜。嗨吆嗨吆，拔萝卜，嗨吆嗨吆，拔不动，老太婆，快快来，快来帮我们拔萝卜。

拔萝卜、拔萝卜。嗨吆嗨吆，拔萝卜，嗨吆嗨吆，拔不动，小姑娘，快快来，快来帮我们拔萝卜。

拔萝卜、拔萝卜。嗨吆嗨吆，拔萝卜，嗨吆嗨吆，拔不动，小黄狗，快快来，快来帮我们拔萝卜。

拔萝卜、拔萝卜。嗨吆嗨吆，拔萝卜，嗨吆嗨吆，拔不动，小花猫，快快来，快来帮我们拔萝卜。

**七、游戏体验：**

**【家长心语】**

3月18日是一个特别的周末。我们全家起了一个大早，因为今天在我们家要举行亲子游戏会。尽管今天的天气不太好，但是怎么也阻止不了我们陪女儿共同游戏的脚步。孩子的童年是有限的，在有限的时间里，我们要尽量给她营造无限的快乐。伴随着动听的"拔萝卜"的音乐，亲子游戏紧张有序的开始了。首先由爸爸扮演一颗大萝卜，由妈妈和月月来拔萝卜。开始是月月拔，但是她的力气较小，没有拔动。后来她又请来妈妈帮忙拔，终于将萝卜给拔出来了……在游戏的过程中，处处洋溢着我们的欢声笑语。

游戏结束后，月月还由衷地对我们说："爸爸妈妈，我很开心！你们以后多陪我玩这样的游戏。"说句实在的，平时我们工作都挺忙，很少一起陪孩子玩游戏，这次老师布置的亲子游戏给我们提供了一次很好的亲情施展的机会，也给了孩子一次绝佳的锻炼机会。在"贴鼻子"的游戏中，让孩子学会了团结合作，融入集体，培养了孩子集体意识；在"石头剪刀布"的游戏中，教会了宝宝如何调整心态，"胜不骄，败不馁"。总之，在游戏中我们发现了孩子，培养了孩子，增进了同孩子的感情，全家"其乐融融"。我想，这也就达到了老师精心布置这次亲子小游戏的目的和初衷。感谢老师们的细心与爱心，不只是孩子们玩得开心，家长也在这游戏中重温了童年！

　　　　　　　　　　　　　　　　——月月的妈妈·2012 年 3 月 18 日

【幼儿稚语】

萱萱：好玩，我扮演的是老奶奶来拔萝卜。

涵涵：这个游戏好玩，我喜欢扮演小猫。

潼潼：我们终于一起拔出了萝卜。

灿灿：爸爸、妈妈和我一起玩游戏了，开心。

【教师感言】

　　拔萝卜是一个经典的表演游戏，孩子们容易被这个简单、有趣的故事吸引，将自己想象成其中的一员，都想帮老爷爷拔萝卜。每次请小朋友、家长扮演其中的角色时，一个个鲜活的故事形象映入我的眼帘，我也被他们认真的表演所吸引。

　　虽然孩子、家长们早已听过"拔萝卜"的故事，但丝毫没有减弱他们对此活动的兴趣，反而对他们的表演起到相当大的帮助。由于他们对故事非常熟悉，再配上好听的拔萝卜的歌曲，小朋友很快就记住了，更加积极参与活动。当我出示故事人物桌面教具时，小朋友被深深吸引。他们拔萝卜时，小朋友也伸出小手做拔萝卜的样子，似乎是想多给他们一点力量。因为我边唱边按顺序出示桌面教具，所以他们对歌词顺序记得很清楚，没有出现合唱混乱的情况。特别是请小朋友、家长扮演时，小朋友和家长一个个都举起手，最后以滚小球的方式请了六个小朋友和家长一起表演。我开始还担心着他们不好意思表演，会放不开，但我发现上来表演的小朋友都表现出想拔萝卜的渴望，拔不出的焦急，拔出来的喜悦，家长们也跟着一起投入进来，在孩子们精彩表演的感染下，把每个角色特征表现得淋漓尽致。下面的观众也看得乐呵呵的。最后我又请了一批孩子、家长上台，配上"拔萝卜"的音乐，表演拔萝卜游戏。这次既有韵律还有歌词提醒大家，把气氛渲染得更浓。台上台下边唱边表演，歌声、笑声回荡在整个教室里。

在请孩子们表演的时候，大家争先恐后地想要表演自己喜欢的角色。我很高兴看到他们在活动中大胆地、勇敢地来表现自己，一边记着台词，一边唱着歌曲，一边表演着自己的角色，流淌着真情实感。对于小班孩子而言，表演游戏具有一定的挑战性，对他们的语言表达、动作表现、表情显现都有着难度。孩子在记住故事内容的同时要清楚知道，自己的角色什么时候上场，该说些什么，该做些什么，要求孩子对故事人物形象有一定的了解，并能用自己的方式表达出来。当然，孩子在活动中的成长，也是家长、老师有目共睹的，他们模仿老爷爷、老奶奶慢吞吞走路的样子，他们学小动物们的动作、声音都赢得家长们的阵阵掌声与喝彩。

日常生活中小朋友总喜欢一个人玩玩具、看书，不喜欢和同伴分享玩具等，孩子们的合作意识欠缺。通过"拔萝卜"的游戏表演，很好地教育了他们，让孩子懂得了团结就是力量。学习像故事中人物一样互相帮助，利用集体的力量，共同战胜困难，在遇到困难的时候还有许多同伴帮助自己，一起解决问题，体验成功的喜悦。其实，幼儿的心所透视的奥秘，往往是成人无法理解的，而故事中的"非真实世界"带给幼儿的真实力量也是成人无法揣度的。故事似乎永远是幼儿百听不厌的，其作品中的情节性、人事物的关联、时空的转换、场景的变化，具有较强的动态感、真实感、表演性，适合幼儿的角色扮演，让幼儿进入亦真亦幻的虚拟世界，体现了幼儿喜欢游戏的特征。在今后的活动中要加强对这些孩子的引导，多鼓励他们大胆地参加集体活动，增强他们的自信心。

2011 年 9 月 26 日

## 案例二　猫捉老鼠

**一、活动目标：**

1. 体验音乐团队游戏的乐趣，伴随欢快的音乐放松心情。
2. 发展团队成员的反应力和判断力，能够灵活地进行躲闪与追捕。
3. 遵守游戏规则，增强生存的危机感。

**二、活动时间：**20 分钟。

**三、活动场地：**适宜室外。

**四、活动准备：**

1. 猫和老鼠头饰若干，15～30 人适宜，可根据场地大小定人数。

2.《猫和老鼠》音乐；在场地上画两个大圆圈代表猫和老鼠的家，用报纸球做米粒。

**五、活动实施：**

1. 将团队成员分成两组，分别扮演猫和老鼠，边唱歌曲边玩。

2. 唱第一段歌词时，猫做睡觉状，老鼠双手置于胸前，手指并拢成老鼠爪状，随音乐四处走走，唱到"现在睡着了"时，老鼠偷东西吃，表现出老鼠鬼鬼祟祟、贼头贼脑的神态，双手随音乐节奏做吃东西状。

3. 唱第二段歌词时，猫被老鼠的声音吵醒了，准备抓老鼠，当老鼠听到"喵"的声音时，用最快的速度回到洞里，避免被猫抓住，被抓住的老鼠与猫互换角色，游戏反复进行。

附音乐歌词：许多老猫正在睡觉，正在睡觉，现在睡着了。小小老鼠，正在吃米，正在吃米，现在吃饱了！喵……

**六、注意事项：**

1. 游戏前，可先播放音乐，让团队成员熟悉。

2. 小老鼠要等到大猫"喵"的声音时，才能回到洞里。

**七、拓展游戏：**

1. 组织者可根据饰老鼠的成员的相貌特征、年龄特点、穿着服饰和动作姿态等来发出指令，如：抓一只穿黑色衣服的老鼠、抓一只雌老鼠、抓一只笑老鼠等。

2. 在亲子团队中，可让孩子当老鼠，家长当猫。

**八、游戏体验：**

【家长心语】

参加这种集体式的游戏让我们每个人的心情都很放松，每个人都沉浸在游戏带来的快乐中。所有人都熟悉游戏规则后，当老鼠角色的成员都像脚上装了"风火轮"以迅雷不及掩耳之势的速度跑回到洞里。游戏时聪明的老鼠和猫各有各的高招，老鼠会"声东击西"，在洞旁喊着"来呀、来呀"，但当猫真正跑过来时，会赶紧从其他洞里钻出去再钻回来。猫也会隐藏法，就是不理睬老鼠的"诱惑"，躲藏在人墙的后面，让老鼠看不到，这样老鼠钻出来的时候，刚好被抓住。我们虽然玩得满头大汗，但也很开心很快乐！

——翔翔的爸爸·2009 年 11 月 23 日

猫和老鼠是动画片里的经典人物形象，在日常生活中幼儿对猫和老鼠非常的熟悉，在整个游戏中阳阳兴致很高，思维非常开阔，在游戏活动中幼儿非常积极主动，阳阳表现得非常好。

在这个游戏活动中，老师以两个孩子非常熟悉的小动物"猫"和"老鼠"，引发幼儿的兴趣，再逐渐引导孩子"你还在哪里看见过猫和老鼠呀？"阳阳想到了猫和老鼠的动画片，由于很多幼儿对这一动画片都非常熟悉，所以这样开放性的问题给了幼儿很大的启发性，很多小朋友非常活跃，都把小手举得高高的，阳阳也积极举手示意让老师关注。游戏活动开始时，老师请小朋友回想猫和老鼠的样子，模仿它们的动作，阳阳做小老鼠偷跑的动作模仿得很好很像。

——阳阳的妈妈·2011 年 4 月 18 日

【幼儿稚语】

格格：今天在游戏中我是猫，抓住了许多小老鼠呢！

楚楚：感觉这个游戏可以锻炼我们躲避的能力。

天天：为什么一定是猫捉老鼠呢？难道他们不能够和平相处，这些小动物们啊，还是我们人好些，可以一起玩游戏！

佼佼：今天爸爸做猫来抓我，但是他怎么都抓不住我。我和妈妈都笑：爸爸这只大肥猫要减肥啦！

【教师感言】

"猫捉老鼠"是一个富有童趣的音乐游戏。游戏中的角色老少皆宜，游戏规则也十分简单，因此游戏适合在各个年龄段的团队中开展。在成人团队中开展此类游戏可以让团队成员放松心情，释放压力。在亲子团队中开展此类游戏，则可以拉近亲子间的关系，让亲子之间的感情更为浓烈。在幼儿团队中开展此游戏，可以培养幼儿多方面的能力，以下便是从幼儿角度出发来挖掘本游戏的教育价值。

规则意识的培养。俗话说："没有规矩，不成方圆。"在游戏活动中，如果没有一定的游戏规则，活动者就不会遵守规则，就会影响活动的进行。趣味性浓厚的游戏能使我们愉快地、心甘情愿地去参与活动，遵守游戏的规则和要求并约束自己，能有效地矫正自己的不良行为，养成遵守规则的好习惯。当前，幼儿园的集体生活是幼儿从家庭迈向社会的一个小小驿站，也是幼儿走向社会的第一步，幼儿从熟悉自由宽松的家庭环境进入到陌生又有约束的集体环境之中，难免给幼儿带来不适。幼儿不能像在家里那样随心所欲，而要受集体规则的制约，要让幼儿慢慢理解在集体中应该怎样做，不应该怎样做。在"猫捉老鼠"的游戏中，幼儿必须遵守抓与被抓的关系、捕捉与闪躲的关联。

提高思维的灵敏性。通过游戏，让幼儿明白"猫与老鼠"之间的关系，老鼠应如何想办法躲避猫的捕捉，才能更好地把自己保护起来，不让猫给捉住，身体必须灵活地躲避猫的攻击。同时还要倾听歌曲，表演角色，当听到"喵喵"的声音必须马上躲回洞里，体验快乐的同时，幼儿的思维反应力也得到提高。

2011 年 3 月 13 日

# 案例三    兔子舞

**一、活动目标：**

1. 体验团队游戏的快乐，在音乐游戏中愉悦身心。

2. 培养自主学习和创编能力，发扬团队精神提高展现自我的勇气。

3. 掌握兔子舞的基本动作及步伐，发展身体的灵活性。

**二、活动时间：** 20 分钟。

**三、活动场地：** 宽敞的室内场地或空地。

**四、活动准备：** 兔子舞音乐、15～30 人左右的团队。

**五、活动实施：**

1. 所有团队成员围跑成一个大圆圈，要求后面的成员用双手搭在前面队员的双肩上。

2. 组织者进行动作指令：左脚跳两下，右脚跳两下，双腿合并向前跳一下，向后跳一下，再连续向前跳三下。（组织者可改变跳的形式）。

3. 团队成员根据组织者指令做出相应动作。

4. 可以轮换组织者，反复游戏。

**六、注意事项：**

1. 此游戏适用于 15 人以上的团队中开展，但人数不宜过多，否则会降低游戏的乐趣。

2. 团队队员要在组织者指令声中，做出相应动作，尽量和团队成员保持一致。

3. 在游戏中，团队成员双手必须搭在前面队员的双肩上。

## 七、游戏体验：

### 【家长心语】

大家围成一圈，游戏开始了，游戏者用双手搭在前面队员的肩上。组织者：左脚跳2次，右脚跳2次，双脚前面跳2次，后面跳2次。队员们根据指令做出相应动作。可是发现队员中很多人的动作都不一致。有的用左脚跳，有的用右脚跳，有的用双脚跳，整个队伍不协调。于是大家共同找出错误的原因，听到口令后，大家要一起做动作，并且一定要听清要求，集中注意力。先出什么脚，先做什么动作，这样大家的动作才能一致。通过前面经验的总结，在第二次游戏中，大家动作的整齐性明显提高，大家集中注意力融入游戏中。通过三四次游戏大家动作速度越来越快，表现得越来越完美。

——帆帆的爸爸·2010年9月25日

民间有个这样的说法："一个和尚挑水喝，两个和尚抬水喝，三个和尚没水喝。"说明众人不齐心，都怕自己吃亏，就形成了不团结，显示不出力量。我认为这个游戏刚好体现这点，如果我们的团队成员不齐心，各自做各自的动作，那么整个团队就会乱，做不到动作协调统一。兔子舞体现了"人心齐，泰山移"的教育意义。

——都都的爸爸·2011年10月17日

### 【幼儿稚语】

兴兴：我和妈妈跳了兔子舞，好像两只可爱的小兔子。

都都：妈妈比我跳得高，我是小兔子。

沁沁：我们都变成了小兔子。

### 【教师感言】

兔子舞是一个娱乐舞蹈。把舞蹈融入游戏中，重在游戏中的动作协调配合。玩这个游戏需要团队成员听从统一口令，全神贯注地做出统一的动作，这个游戏有助于培养团队成员的感情以及增进彼此的了解，同时让他们体会沟通与合作的妙处。在当今社会，人们的合作意识、团队精神和交往能力拓展了个人生存发展的社会舞台，是事业成功的保障。作为父母，应重视培养孩子的团队合作意识。兔子舞强调的是合作，还可以发展孩子的动作协调能力和反应能力。

一个人的力量是有限的，只有众人的团结与合作，才能够聚集成强大的力量，才能做到个人所不能做的事情，而且你也不能有太多的个人主义，才能共同进步。这个游戏既可以在成人之间玩，也可以在孩子之间玩，希望通过组织玩兔子舞这个游戏可以让大家体会精诚团结的意义。

2011 年 10 月 20 日

## 案例四　幸福拍手歌

**一、活动目标：**

1. 感受参与音乐游戏带来的愉悦。

2. 引导团队成员创造不同的节奏型并以不同的动作创编游戏。

3. 培养团队成员对音乐韵律节奏的感知能力及身体协调能力。

**二、活动时间：**10～20 分钟。

**三、活动场地：**空旷、平坦的室内或室外场地均可。

**四、活动准备：**椅子、幸福拍手歌伴奏乐。

**五、活动实施：**

1. 全体成员围成圆圈坐在椅子上，听《幸福拍手歌》音乐，按音乐以准确而稳定的节奏自行拍手，音乐结束后分组讨论：还有其他的拍手节奏类型吗？除了拍手的动作，还可以用什么动作表示？

2. 队员参与、创造游戏。

（1）团队成员倾听音乐伴奏一边唱歌一边进行动作创编，按幸福拍手歌音乐的节奏改编团队游戏，如拍肩、拍腿，鼓励成员大胆尝试并讲述自己的创意玩法。

（2）第二次游戏尝试体验集体创造游戏，团队成员一起将手搭在旁边同伴的肩上、腿上或腰间进行集体游戏，边玩边思考，总结游戏新玩法。

3. 拓展游戏玩法：组织者可用钢琴弹奏幸福拍手歌音乐，改变其速度，引导团队成员进行拍手等动作创编，让团队成员在节奏快、动作多、时间短的游戏中感悟游戏的教育价值。

**六、注意事项：**

1. 团队成员在创编时要注意创新，不能重复模仿其他团队成员的动作。

2. 不同的团队成员对音乐的感受及理解不一样，组织者注意发现并挖掘游戏中更具有价值的玩法及形式。

附歌曲：

## 幸福拍手歌

1 = C  4/4

美国传统民歌

```
5·5|1 1 1 1 1 1·1 7·1|2   ×   × 5·5|2 2 2 2 2 2·2 1·2|3   0 0 5·5|
```

1. 如 果 感 到 幸 福 你 就 拍 拍 手，（拍 手）如 果 感 到 幸 福 你 就 拍 拍 手，（拍 手）如 果
2. 如 果 感 到 幸 福 你 就 踩 踩 脚，（踩 脚）如 果 感 到 幸 福 你 就 踩 踩 脚，（踩 脚）如 果
3. 如 果 感 到 幸 福 你 就 伸 伸 腰，（伸懒腰）如 果 感 到 幸 福 你 就 伸 伸 腰，（伸懒腰）如 果
4. 如 果 感 到 幸 福 你 就 挤 个 眼 儿，（挤眼儿）如 果 感 到 幸 福 你 就 挤 挤 眼 儿，（挤眼儿）如 果
5. 如 果 感 到 幸 福 你 就 拍 拍 肩，（拍肩膀）如 果 感 到 幸 福 你 就 拍 拍 肩，（拍肩膀）如 果
1. 如 果 感 到 幸 福 你 就 拍 拍 手，（拍 手）如 果 感 到 幸 福 你 就 拍 拍 手，（拍 手）如 果

```
3·3 3·3  3  3·3|4  3·3 1  7·1|2  2·1 7·5 6·7|1   × × ×‖
```

感 到 幸 福 就 快 快 拍拍手 哟，看哪，大 家 都 一 齐 拍 拍 手。（拍拍手）
感 到 幸 福 就 快 快 踩踩脚 哟，看哪，大 家 都 一 齐 踩 踩 脚。（踩踩脚）
感 到 幸 福 就 快 快 伸伸腰 哟，看哪，大 家 都 一 齐 伸 伸 腰。（伸懒腰）
感 到 幸 福 就 快 快 挤个眼 儿哟，看哪，大 家 都 一 齐 挤 挤 眼 儿。（挤眼儿）

感 到 幸 福 就 快 快 拍拍肩 哟，看哪，大 家 都 一 齐 拍 拍 肩。（拍肩膀）
感 到 幸 福 就 快 快 拍拍手 哟，看哪，大 家 都 一 齐 拍 拍 手。（拍拍手）

## 七、游戏体验：

### 【家长心语】

融入音乐游戏时一边唱歌一边再配上肢体动作，根据歌词一起互动：如果感到幸福你就拍拍手（拍手），如果感到幸福你就拍拍头（拍拍头），如果感到幸福你就伸伸腰（伸懒腰），如果感到幸福你就拍拍小朋友的肩（拍小朋友的肩），如果感到幸福你就踩踩脚（踩脚），如果感到幸福你就蹲下来（蹲下来），如果感到幸福你就抱一抱。阳阳一把抱住了我。这个游戏中间有很多的肢体动作，对阳阳来说，可能比今天前面那个游戏更感兴趣，积极性更高，而且阳阳的模仿能力较好，平时也喜欢玩这些互动的小游戏，平时我们在家，只要我们有时间，就会抽时间陪阳阳玩玩一些小游戏，如拍手、抓中指、石头剪刀布以及手指变动物等。

回家后，我给阳阳放了这个游戏的视频版，还听了歌，看着阳阳在电脑旁边有唱有跳，我问她今天在教室玩的游戏好不好玩，她说非常好玩。我问她以后还想不想玩，她很肯定地告诉我非常想！我觉得这种亲子游戏幼儿园如果有时间可以多开展几次。包括以后的家长会可以在班级开，让所有家长更进一步地了解自己的孩子在幼儿园老师的带领下的种种表现，更好地做到家园共育！

——阳阳的妈妈·2011 年 11 月 17 日

虽说是一个很常见的律动，但是很多人集合在一起玩时，真的别有一番趣味。所以，透过这个游戏我发现快乐随处可找寻，只要我们有心。以后，我也会与儿子经常开展这些游戏，让我们在快乐中拉近亲子间的关系。游戏中现场的创作考验个人的灵敏性，当组织者邀请部分团队成员上台展示自己的游戏创编时，我有些犹豫，担心自己创编不好，所以退缩了。但是当我下定决心时，机会已经溜走，很遗憾我和孩子没有在集体前展示自我。不过，我告诉自己下次我一定要珍惜类似的机会，大胆展现自我。这既是对孩子自信心的鼓励，也是对自我的一种激励。让我也认识自己的弱点，不够大胆。儿子，妈妈和你一起学习，一同挑战，一起成长，相信母子是最棒的！因为母子同心，没有克服不了的困难，加油！

——泽泽的妈妈·2012 年 2 月 18 日

### 【教师感言】

幸福拍手歌音乐游戏能够通过团队协作，训练团队成员的乐感、创造能力、动作协调能力，要求团队成员根据音乐节奏准确而稳定地运用肢体动作参与到游戏中，从而感受到音乐游戏的快乐。另外，在活动中要注意团队成员乐感的培养（乐感是指对音乐的感知）。灵敏和丰富的乐感使团队成员欣赏到美的音乐作品时，形成心灵碰撞、情绪饱满、耳闻仙乐、醉意浓浓的感觉。本游戏适宜在大、中、小班及家庭亲子间开展。

团队成员对《幸福拍手歌》比较熟悉，当听到组织者介绍游戏规则后，随着音乐节奏自主地进行第一轮拍手游戏，拍手节奏为×× ××｜×× ××｜×× ×｜。当组织者抛出问题"除了拍手还可以拍哪里？"游戏成员的创造性思维即打开了，如有的"拍手"，有的"拍肩"，有的"叉腰"，还有的"头部、肩膀、膝盖、脚"运用在一起进行有规律的肢体创造游戏玩法。节奏型亦是各种各样，如×× ｜×× ｜×× ××｜×× ｜× 0 ｜等。团队成员在组织者的引导下，尝试两人合作，多人合作，最后所有团队成员一起将"幸福""快乐"互相传递。通过游戏，在发展创造力、培养乐感的同时，也让孩子们充分感受了团队音乐游戏的快乐。

通过组织亲子玩这个游戏，我发现在游戏中要采用不同的方式鼓励成员积极参与，引导成员大胆尝试节奏型及动作的创编。在这方面发现孩子是家长的老师，大多数有创意的动作基本都是孩子创编出来的，这也许是家长不够大胆敞开心扉的原因，也可能是不同的团队成员对音乐的感受及理解不一样。我们要注意发现、挖掘游戏中更具价值的玩法及形式。在游戏中先是以家长、小孩围坐圆圈的形式来进行，孩子们都是和自己的父母开展动作创编，后来小川小朋友提议"老师，我想和我的好朋友一组。"这个提议得到大多数孩子的赞同，怎么解决这个问题呢，我将问题抛给了亲子团队成员，还是家长有主见，家长建议将家长和孩子分成两个圆圈站立，第一轮家长和孩子面对面地站立进行亲子的游戏，第二轮转个方向按顺时针方向家长和家长、孩子和孩子来游戏，第三和第四轮又可以重复，这样可以和不同的团队成员游戏。家长的建议操作起来后，感觉还真不错，而且在舞蹈里面的同心圆的队列也很好。第三个要注意的方面就是要根据游戏的难易适当增加难度，如按头部、肩膀、膝盖、脚循环运动，加快节奏来玩。简单的游戏，多样的玩法，使参与游戏的人员乐在其中，回归童真。

　　游戏考验了我们的创造力，每一个参与游戏的人，可以从歌曲旋律、动作速度等方面创新游戏方法，我们共同创新各种不同的玩法。玩游戏时心情处于愉快和轻松的状态，在或快或慢的音乐节奏中做出相应的动作，每次游戏结束后感觉自己的节奏感都有进步，对音乐的感受力和表现力越来越强，一个平凡的圆圈，身边站着一个个同时为孩子教育全心投入的身影，当"快乐和幸福"通过肢体传递的时候，我感受到了"平凡"游戏的"不平凡"，也给我和孩子的交流投入了新的灵感，这种感觉真好。

2011 年 11 月 20 日

# 案例五　丢手绢

**一、活动目标：**

1. 体验民间传统游戏，找寻童年的回忆。

2. 拉近团队成员的心理距离，大胆表现自己，结识新朋友。

3. 培养团队协作精神、应变能力，掌握游戏规则的同时学会创新游戏玩法。

**二、活动时间：** 20 分钟。

**三、活动场地：** 较为宽敞的室内或室外场地均可。

**四、活动准备：** 音乐《丢手绢》、3 条小手绢、10 ~ 40 人适宜的游戏。

**五、活动实施**

1. 开始部分：游戏"火车过山洞"，所有团队成员围成一个圆圈，面向圆心蹲下。

2. 团队成员游戏：

(1) 团队成员齐唱歌曲《丢手绢》。

（2）游戏：开始前，大家推选一个丢手绢的人，其余的人围成一个大圆圈蹲下。游戏开始，大家一起唱《丢手绢》歌谣，被推选为丢手绢的人沿着圆圈外顺时针跑动。在歌谣唱完之前，丢手绢的人要不知不觉地将手绢丢在其中一人的身后。被丢了手绢的成员要迅速发现自己身后的手绢，然后快速起身追逐丢手绢的人，丢手绢的人沿着圆圈顺时针奔跑，跑到被丢手绢人的位置蹲下，如被抓到则要表演一个节目。如果被丢手绢的人在歌谣唱完后仍未发现身后的手绢，而让丢手绢的人转了一圈后抓住，就要做下一轮丢手绢的人，他的位置则由刚才丢手绢的人代替。

3. 可以根据情况进行多轮游戏，也可以激发队员创造新的玩法。

**六、注意事项：**

1. 丢手绢的人不能绕着圈子走了一圈又一圈，要在歌曲结束前将手绢丢到某队员的身后。

2. 丢手绢的人刚走过你的身后时，你不能偷看背后有没有手绢，其他人不能提醒被丢手绢的人。

3. 游戏过程中要注意力集中，反应敏捷。

4. 活动中只能统一按顺时针的方向追跑，以保证队员游戏安全。

**七、拓展游戏：**

传统玩法是一个小朋友丢手绢，在此基础上进行发展创新，请大家念儿歌，两个小朋友拿不同颜色的手绢，一起丢手绢，改变在以往的游戏中单人单圈做，增加游戏的趣味性，可以双人双圈，三人三圈玩，选择多圈组合既增加了游戏的难度，又给幼儿提供了更多的游戏机会。

附：

丢手绢

1 = C 2/4

```
5. 3 | 5. 3 | 5 3 2 3 | 5 - | 5 5  3 | 6  5 | 3 5 3 2 | 1 2 |
丢 呀  丢 呀   丢 手   绢，   轻轻地   放 在   * * *的  后 面
3 5 | 3 2  1 2 | 3 - | 6 5 6 5 | 2 3  5 | 6 5 6 5 | 2  3 1 | 1 - ‖
* * 快快 站起 来   *  * *  欢迎 你   *  * *  欢迎  你。
```

**八、游戏体验：**

**【家长心语】**

今天和小朋友一起玩了丢手绢的亲子团队游戏。游戏简单又有趣，给孩子们带来无尽的乐趣，也勾起我们家长对美好童年无限的回忆，使我们更加了解孩子在幼儿园丰富、精彩的生活，增进了我和儿子之间的感情，

在以后的生活中可以通过玩小游戏和儿子度过节假日和周末的空余时间啦！

——逸逸的妈妈·2011 年 3 月 28 日

今天放学和蒽蒽一起参加了幼儿园老师组织的亲子团队游戏丢手绢，看得出大家都很兴奋，这个游戏让孩子们锻炼了自己的胆量与表现能力。我家球球异常兴奋，特别是在被追的时候，他能灵敏地躲闪回到我的怀抱，还增加了我们母子的感情。游戏时间虽然很短暂，但我感到特别的高兴，希望幼儿园多多组织这种有活力的游戏，让家长、孩子和老师一起游戏，一起快乐，锻炼孩子之间的竞争意识和团结合作意识，有益于孩子健康成长。

——球球的妈妈·2011 年 9 月 25 日

**【幼儿稚语】**

可可：好玩，因为刚才我把手绢丢到俊俊后面他没追到我。

嘉嘉：很好玩，我跟妈妈在家也经常玩。

成成：哈哈，好好玩，因为我没有被抓到。

灿灿：实在太好玩啦，我被抓到了还表演了动物叫。

**【教师感言】**

丢手绢又叫丢手帕，是传统的民间游戏，它以动听的歌谣作为伴奏，参与游戏的队员可以随着歌谣的节奏拍手，丢手绢者可以在快乐的节奏中来寻找自己放置手绢的目标队员，在追逐中全体队员可以给予加油，体验到团队的合力。整个游戏氛围轻松、快乐又刺激，还能够拉近队员间的心理距离，提供给每个人自我表现、自我推荐的机会。此游戏适合不同年龄层次、不同性质团队成员参与，活动场地、材料随手可得，很容易开展。"丢手绢"是孩子喜爱的游戏，游戏的氛围很和谐，没有过多激烈的竞争，能够愉快地在游戏中分享自己的快乐，结交不同的新朋友，可让孩子在"玩中学，学中玩"。每次组织这个游戏都会带给我不一样的感受和快乐。

一天下午我在户外活动时组织幼儿进行"丢手绢"游戏。第一轮，当丢手绢的人把手绢丢在同伴的后面时，没有及时地回到原位，跑了一圈又一圈。刚开始每位孩子跑起来的速度还是挺快的，能较快地跑到正确的位置蹲下，游戏一次次进行，孩子们也兴奋起来，大声为跑的孩子加油，场面跟着孩子的呐喊声越来越激烈，从他们的脸上看到舒畅的笑容，让我顿时感受到孩子们的快乐。游戏中孩子注意力特别集中，尤其是追赶的过程中。活动中我不断提醒孩子注意安全，以免摔伤。同时在游戏过程中也增进了孩子与孩子之间的友谊，学会关心同伴，表演过程中教师鼓励孩子大方的表现自己，也让孩子大胆展示自己。

一周以后，我又组织十几位家长和孩子一起玩丢手绢的亲子游戏。游戏刚开始，许多家长团队成员都不敢大声地唱出歌，有点害羞，我用言语鼓励家长团队成员，让孩子们带着家长一起念歌谣，大家才渐渐融入到活动中，从他们的歌唱中听到他们的快乐，从他们的脸上看到舒畅的笑脸，不时还伴着"加油"的声音。陌生的团队成员成了好朋友，彼此加油打气、彼此鼓励，释放自己最真挚的心情。在游戏结束闲暇之余，团队成员还一起探讨儿时玩过的游戏，仿佛又回到童年。在游戏中，团队成员们心情愉快，紧张而又刺激。家长感言这个游戏是大家从小玩到大的，今时如同回到了童年时候，又做了一回小孩。

游戏，让我们感受到童年的味道，并且在游戏中与其他成员由陌生变为朋友。同时在游戏中也学到要对孩子进行赏识教育，我们应该了解孩子的天性，让他们玩得开心，过得愉快，不要给他们太多的压力，而家长参与亲子游戏，可以舒缓自己的压力，与孩子一起感受快乐，从而增进亲子感情。

2011 年 5 月 30 日

## 案例六 圆圈舞

**一、活动目标：**

1. 感受游戏带来的快乐，表达欣赏美、艺术美、创造美的憧憬。

2. 感知音乐的快慢并做出相应的反应，培养团队成员快速的听动反应能力。

3. 在游戏情境中团队成员借助简单的节奏型探索并创编优美的舞蹈动作。

**二、活动时间：**30 分钟。

**三、活动场地：**宽敞的活动场地。

**四、活动准备：**《拉个圆圈走走》音乐伴奏。

**五、活动实施：**

1. 热身活动：所有团队成员围着组织者手拉手站成一个圆圈，顺时针方向边念儿歌边根据音乐的节奏做出相应的动作，最后一句由组织者发令，可以变换不同的动作命令，如：看谁先蹲下！看谁先站好！看谁先跑跑！看谁先跳跳！

2. 挑战游戏：所有团队成员围着组织者手拉手站成一个圆圈，顺时针方向边唱边根据音乐的节奏做出相应的动作，组织者可以变换节奏的速度。

**六、注意事项：**

1. 根据团队的游戏情况，可以加上脚步的动作变化，加大游戏的难度。

2. 组织者要出其不意地发出动作口令，培养团队成员认真倾听的习惯。

附歌谱：

拉个圆圈走走

1 = C 2/4

3 3　1 3｜5　5｜3 3　3 5｜2　2｜3 1 2 0｜6 5　3 0｜2 5　3 2｜
手拉　手儿 走 走　拉个　圆圈　走 走，走呀 走　走呀 走　看谁 最先
手拉　手儿 跑 跑　拉个　圆圈　跑 跑，跑呀 跑　跑呀 跑　看谁 最先

1　1｜‖
蹲 下。

站 好。

**七、游戏体验：**

**【教师感言】**

《拉个圆圈走走》的节奏欢快，不难理解其意义，就是所有人拉成一个圆圈，组织者唱着发令："拉个圆圈走走，拉个圆圈走走，走呀走走呀走，看谁最先站好。"也可以是拉个圆圈跑跑，拉个圆圈跳跳，最后一句也可以变成看谁最先蹲下等等，可随意发挥，变换指令。孩子可以在游戏中认真倾听，感受节奏快慢的变化，并做出相应的动作。我们知道，幼儿的注意力和兴趣维持的时间很短，极易转移，而《拉个圆圈走走》的音乐游戏简短，动作优美且有变化，容易吸引孩子的兴趣，是一个很棒的幼儿圆圈舞团队游戏，在游戏中孩子能够体验到与同伴共同进行游戏的快乐。

幼儿喜欢游戏，游戏能使幼儿获得愉快的情绪体验，促进动作的协调，还能发展想象力、创造力。《拉个圆圈走走》无论在发展幼儿音乐能力上，还是全面发展教育上都有着综合性的作用。伴随着这首歌曲，家长和孩子玩起了"拉个圆圈走走"的游戏。我们可以看到，孩子们是开心的，也愿意和家长一起进行游戏。家长也很快乐，从来没有和孩子这样放开身份的去学过、玩过。游戏让家长看到了自己孩子的表现，看到了孩子

在游戏中学习，在学习中玩乐。

游戏过程中，幼儿一直高兴地用心听、做，并情不自禁地跟着学唱，自觉地投入到活动中去，在这种热闹愉快的环境中，产生爱音乐的情感。游戏将音乐学习与幼儿的活动融为一体，使幼儿能自觉地去听，去唱，去动，不仅提高了学习的效果，使学习过程轻松愉快，而且具有培养审美意识和审美能力的长时效应。通过在游戏中学音乐，孩子们在学中玩，在玩中学，对音乐产生浓厚的兴趣，在舞蹈中找到快乐，体验到融入音乐的美妙感觉。

2011 年 11 月 20 日

## 第五节　美术游戏活动案例

美术游戏，是指运用美术元素来进行游戏的亲子团队游戏，其主要的作用在于引导亲子对自我的剖析，发现自我、完善自我，启迪幼儿的想象力和创造力，同时，游戏与美术相整合，增进幼儿的美术兴趣，培养幼儿的审美能力，让幼儿在游戏中学会审美。

本节我们介绍的 3 例美术游戏，以美术的形式引导家长和幼儿对自我进行剖析，帮助幼儿完善其性格，培养幼儿的勇气，同时也是对家长自身的挑战。

### 案例一　撕纸大比拼

**一、活动目标：**

1. 分享团队成员通力合作的默契感。

2. 领悟不同成员的思维方式差异性，建立成员开放性、多元思考的方向标。

3. 学会站在不同角度换位思考问题，丰富人生经历。

**二、活动时间：**20 分钟。

**三、活动场地：**室内。

**四、材料准备：**正方形纸张若干。

**五、活动实施：**

1．初步尝试游戏：全体队员闭上眼睛听组织者的口令做出相应的折纸、撕纸的动作。

（1）游戏的全过程成员不许提问题，按组织者的口令进行操作。

（2）组织者发出指令：把正方形的纸张上下对折折叠；把纸张垂直对折折叠；撕下折叠过纸张的一个或多个角后继续下一个对折指令和撕纸的指令。（组织者根据纸张的大小决定折、撕的次数，但要求折、撕3次以上。）

把经过多次折叠和撕角处理的纸张展开，与临近的参与者做对比，看最终展开来的纸张平面的几何形状是否相同或相似，并把结果报告组织者以便统计结果来阐述问题。

2．再次验证游戏：组织者重复相同的指令，游戏继续开始。唯一不同的是，这次队员睁开眼睛并且可以提出问题。

请每一位队员展示自己撕的纸并相互交流游戏经验。

3．游戏感受与分享：

第一次游戏，大家接受的指令是一样的，为什么会有这么多不同的结果？

完成第二次游戏之后的结果又是怎样的？反馈在游戏中起到什么作用？

相同的游戏，为什么两次的结果会有如此大的差别？

通过这个游戏，你有什么样的感悟？

**六、注意事项：**

1．游戏过程中的纸张道具要求组织者统一发放，并且保证纸张的大小要一样，这样游戏的效果会比较明显。

2．第一轮游戏过程中强调队员不能偷偷睁开眼睛，以保证游戏的准确度与说服力。

3．重复做第二次游戏时，也可以请一名新成员上来，发出游戏指令，从而加深体验。

**七、游戏体验：**

**【家长心语】**

今天这个游戏很简单，刚开始以为就是一张纸能够玩出什么名堂？但是游戏开始后，我沉浸在其中，配合园长精彩的讲座，我终于明白原来教育孩子不是我们想的那么简单，但也不是我们想的那么复杂。的确，我的孩子比较自私，这与爷爷奶奶的溺爱是分不开的。她是家里的小公主，每个人都必须按照她的想法来进行。对此，我很苦恼。通过今天的游戏，我想我可以回家和孩子玩一玩这个游戏，然后让孩子自己探索发现站在别人角度思考问题的好处。

——萍萍的妈妈·2009 年 11 月 15 日

今天的游戏让我很开心，很久没有和孩子玩游戏了，孩子今天有模有样回家教我玩这个游戏。说实话，这个游戏在一次家长培训中我玩过，所以知道活动过程。但是，我不想打击孩子的积极性，于是陪他一起玩起来。虽然这个游戏被他改头换面了，但是我们依然玩得很开心。我感觉亲子之间的感情真的是别人无法插足的，当老公说你们两个"小孩子"时，我很开心。因为我们现在是平等的，都站在对方的角度思考问题了。

——媛媛的妈妈·2011 年 5 月 24 日

【幼儿稚语】

琳琳：这个游戏锻炼了我们撕纸的能力，我觉得我们撕出来的东西太漂亮了。

句句：今天在家和妈妈玩了这个游戏，我们都很认真。

香香：今天我是用剪刀来玩的游戏，我很享受游戏的过程。

【教师感言】

现实生活中，我们常常听到"他为什么要这样做？""搞不懂这个人到底是怎么想的！"诸如此类的抱怨。其实，当我们为此纠结之时，不妨多站在别人的角度思考问题。由于人的学历、生活经历、工作性质、年龄等方面都不尽相同，因此，各人考虑问题的角度也千差万别。而一个人的思考问题角度便会有所欠缺，因此每个人都要尝试站在别人的角度去思考问题，从而减少与人之间交往的沟壑。站在别人的角度去考虑问题，就是所谓的心理换位的方法，是俗话说的"将心比心"。体会别人的情绪与感受，有利于防止自己不良情绪的产生，或消除已产生的不良情绪。

现在的孩子们都是被家长捧在手心里的宝，他们不能接受别人的指导意见，只是以自己的思考方式去思考问题，如何去体谅他人，为别人思考，他们还表现得不够成熟。于是，当他们与人相处时，别人就会给他们扣上"自私"、"不合群"、"难以沟通"的帽子。曾在一次家长调查中发现，大部分家长都在烦恼孩子不能替他们思考，不能理解他们。因此，我们多次研讨后拟通过一些游戏来让幼儿感受替他人思考的重要性。

"撕纸大比拼"是一个考验团队成员思维方式的团队游戏。游戏的材料易准备，不易受活动场地及人数的限制。但是由于游戏要闭上眼睛，并且要对方位感有一定的了解，游戏适合在大班幼儿团队、家长团队中开展。在幼儿团队中，让孩子初步感知多角度思考，初步学会站在他人的角度思考问题。在家长团队中开展时，组织者可向家长讲述现在幼儿的普遍性格特征，告知家长游戏的教育目标，让家长明白培养幼儿站在他人角度思考问题的必要性。但是在不同的团队中开展此游戏时，组织者发出口令的难易程度可以有所不同，在家长团队中开展时可相对复杂，从而使游戏气氛更为浓厚。

在幼儿团队中开展游戏，我们教师还面向小朋友组织一系列的教育活动，让幼儿了解各个行业的不易，从而引发幼儿初步站在他人角度思考问题的意识。让孩子养成良好的人际交往、文明礼仪习惯。

2011 年 9 月 27 日

## 案例二　亲子画像

**一、活动目标：**

1. 激发团队成员参与游戏的兴趣，感受生活的快乐。

2. 加强团队成员间的互相了解和认识。

3. 在介绍自画像的同时，对自己进行更深层次的认识与分析。

**二、活动时间：**30 分钟。

**三、活动场地：**室内。

**四、活动准备：**纸张、画笔。

**五、活动实施：**

1. 队员先进行自画像，并在画纸反面写下自己的性格特征。

2. 交换自画像，根据你拿到的自画像说出该成员的性格特征，然后由组织者公布该成员自己写的性格特征，进行比对。

**六、注意事项：**

1. 在游戏中拉近队员之间的感情，促进团队成员之间的进一步认识。

2. 在游戏活动中可以根据团队人数确定相应的游戏时间。

**七、游戏体验：**

【家长心语】

小小一幅画，儿子用最简单的几笔，却赋予它满满的想法，我都有点吃惊，原本以为他只是胡乱随便画的，没想到孩子有他自己的观察和比较。前几天我翻看了儿子 2011 年美术作品，觉得画得一点都不好，不知道画的是什么。今天看来，不管他画什么，过程最重要，在这个过程中他有很多想法与我们不同，所以不能用简单的笑，单调的词语来评价他的表现，我们应该用多一些的时间来陪他共同完成。在学习绘画或其他的过程中，我们可以交流，可以发现，可以提醒，可以共同进步。

——果果的妈妈·2012年2月25日

上周星期五放学，老师给我和暄暄宝贝布置了一个小小的任务，说是任务，其实就是陪孩子玩。因为周六和周日带他都是进行的户外活动，所以这个游戏周一才做。细心的暄暄周一放学的时候还拉着妈妈去看老师写的东西，跟我说：这是老师布置的任务，我们回家也做，行吗？我说，当然可以！

回到家吃完饭，我们就开始做游戏。老师布置的是一个"自画像"的游戏，每一个人先画自己，并写下自己性格特征，接着与其他的成员两两互相交换，由另一成员拿着自画像介绍自己。因为只有我和暄暄两个人，所以我自己把游戏稍微改了一下，我和他都是画我们一家人：爸爸、妈妈和暄暄。画画的过程很开心，暄暄画了爸爸、妈妈和自己，我也同样的画了老公、崽崽和自己，由于自己的绘画本领不够，我完成的作品不是很漂亮，所以我刚画完，暄暄就自豪地说："哈哈，妈妈，你画得没我漂亮！"虽然他的画也不是很出色，但是我知道对孩子更多的应该是鼓励，所以我夸他顶呱呱。最后，他还没忘记给爸爸妈妈画上了眼镜。我们边画边说。我说："暄，你挺活泼开朗的，并且越来越细心了，你最喜欢的事是看动画片吧？"他说："不对，我最喜欢画画！"我问："那妈妈最喜欢干什么呀？"他说："看电视。"我说："是，是喜欢看电视，但是妈妈还很喜欢看书和听歌。那爸爸呢？"他说："爸爸最喜欢打篮球。"嗯，老公确实蛮喜欢打篮球的。我补充了一点："爸爸还喜欢看郭德纲和中央五台体育频道。"接下来的时间，他一口气画了很多画，彩虹、呼啦圈、鞋子、石头……孩子的想象真的是天马行空！在和孩子进行游戏的整个过程暄暄都很认真，而且活动中暄暄还学会了帮助他人，也懂得了工具要大家一起分享，最后，还把画稿整理放齐，画笔用一个袋子装好了。

作为家长，我真的很开心，因为半年的幼儿园生活，宝宝在老师的帮助下长大了很多，进步了不少。想想我们自己整天都在忙着自己的事情，真的没有拿出过多的时间来和孩子快快乐乐地做游戏，真心的和孩子交流，认真地倾听孩子的想法。尤其是现在大多数家庭都是一个孩子，家长给予孩子太多的厚望，总希望自己的孩子是最优秀的。但是我觉得主要是让孩子从小能养成良好的行为习惯，其他没必要给孩子太多的压力。试想想，有什么比给孩子一个缤纷自由、健康快乐的童年更重要呢？

——暄暄的妈妈·2011 年 12 月 25 日

【教师感言】

在一次亲子活动中，请家长和孩子画自己的像，然后相互交换，介绍自画像。有一位爸爸介绍了自己的孩子，他说自己的孩子最喜欢看电视，马上就得到孩子的反对，孩子说：其实他最喜欢玩游戏，但是爸爸和妈妈都不愿意陪他玩，他只有看电视。还有一位母亲在介绍自己孩子时，说孩子最喜欢做的事是弹钢琴，也得到了孩子的反对，孩子说自己最喜欢做的事情是打篮球。纵观全场只有少数的几个家长完整地介绍了自己的孩子，很多的父母不能够完全走进孩子的内心去介绍自己的孩子。"内心"指的是真正的理解孩子，现在的父母工作太忙了，很多时候都是爷爷奶奶带孩子，父母与孩子之间的沟通少之又少。"自画像"游戏并不是比拼谁的美术好，而是想通过这个游戏让家长和幼儿更加了解彼此，孩子与父母能够成为好朋友，不再有距离感，感受到幸福的美好味道。

在现实生活中，每个人的压力尤其是为人父母的压力都很大，我们往往忽视跟旁边人交流了解。在游戏中，可以发现家长对于孩子沟通是非常少的，家长以为自己喜欢的就是孩子喜欢的，没有关注到孩子的内心想法。在生活中只有通过面对面的沟通、交流，你才能够真正认识了解别人。

2011 年 12 月 26 日

# 案例三　空杯报纸

**一、活动目标：**

1. 感受多角度思考问题带来的快乐。

2. 引导团队成员利用废旧报纸、空杯创新思考的能力。

3. 生活多创意，以美的心情去欣赏、观察、探究身边的事物。

**二、活动时间：**20 分钟。

**三、活动场地：**室内。

**四、活动准备：**废旧报纸和空杯若干。

**五、活动实施：**

1. 阅读报纸。团队成员分别拿取一份报纸，自由阅读 5 分钟，挑战自己的记忆极限。

阅读后挑战组织者的问题：报纸的日期是多少？你5分钟从这份报纸上获得了什么？

2. 创造游戏。

（1）全体成员拿出报纸和水杯进行创意玩法，要求两样物品组合在一起玩。鼓励团队成员大胆地表达自己的创意想法。

（2）第二次游戏体验，团队成员用最快速的方法将报纸塞进水杯里，讨论：你刚才用的是什么方法，你觉得合适吗？还有哪些有趣的玩法？

（3）第三次合作游戏体验：自由组合，用手上的报纸和杯子合作做一样创意作品。

**六、注意事项：**

1. 在游戏中激发团队成员的创造性思维，能够大胆在团队中表现自己。

2. 游戏可根据团队成员的兴趣控制时间。可以在第二次游戏体验中加设新的要求，如首先是纸不撕烂怎么塞进去，纸撕烂又怎样放进杯中呢？

3. 不同团队成员放报纸的方法不一样，杯花的形状也不一样，教育孩子时，教师、家长采用榜样激励与批评责罚等类似的语言教育孩子，其结果完全不一样。

**七、拓展游戏：**

可以和孩子开展一物多玩的游戏。如报纸、绳子、球等物品进行一物多玩的游戏。

**八、游戏体验：**

**【家长心语】**

首先3个人都面对面站着，妈妈拿出3张旧报纸，每人分发一份，豆豆蹦蹦跳跳地接过报纸，接着妈妈说："我们现在开始自由阅读这份报纸，两分钟后停止，我到时候会有问题要你们回答。"阅读报纸期间，爸爸很认真，豆豆拿着报纸，也学着爸爸很"认真"的样子，左看看，右瞧瞧。妈妈自然也在看着报纸。

两分钟时间到，妈妈说了句"停止！"豆豆笑嘻嘻地看着妈妈。妈妈开始提问了："豆豆爸，请问你刚才看的报纸是哪一天的？你从报纸上了解到哪些内容？"爸爸说："2011年12月3日。"妈妈问豆豆："豆豆，你刚才在报纸上看到了什么？"豆豆指着报纸说："妈妈你看这有个爷爷。"我一看，原来报纸上有个老人的图像。说明豆豆也很认真地看报纸了。

接下来：爸爸拿出纸杯说："现在我们把报纸装进杯子里，看谁最快。"话一说完，爸爸开始把报纸揉成团，往纸杯里塞，妈妈忙把报纸叠小，试图塞进纸杯里。豆豆看着爸爸妈妈都在忙着往纸杯里塞报纸，也用小手用力揉着报纸。最后，爸爸以最快的速度把报纸揉成纸团，塞进了纸杯。

通过这个游戏，让我体验到在轻松愉快的氛围中进行快速记忆的效率，展现了每个人不同的思维方式，感受不一样的家庭温馨，让孩子在快乐中学会解决实际问题的方法。和孩子一起做游戏，家长可以起到积极的引导作用。

——豆豆的爸爸·2011 年 12 月 5 日

我让孩子把报纸放到杯子里的时候，孩子很随意地放到杯子里，我提示孩子是不是还有其他的方法呢？他就直接把塞着报纸的杯子当球儿踢了，这时候他很高兴，后来报纸一点点儿被踢出来了，他开始还往里塞塞，再脚踢，后来就直接把报纸捏成个纸棒，顶着水杯转，每次水杯掉到地上，他都特别兴奋，大喊："掉了，掉了，又掉了。"平时在家，很多东西也是这样玩儿的，特别喜欢看到突然间的变化，像：小汽车撞到柜子，头上顶的玩具掉下来，自己掉进沙发连接处，等等。

孩子对待游戏中的道具或者平时的玩具有两种态度：第一，不会经常按照玩具原来的玩法玩，只想按自己的想法进行，比如说拿遥控车当模型车玩，又拿个遥控器，让别人推着模型车玩；第二，家里所有的东西都可以成为玩具，拿洗脸盆当方向盘，拿锅盖当鼓敲。

我认为，一个孩子如果对同一个玩具能够玩出几种方法，至少说明他是善于思考的，也有一定的创造力，一定要鼓励。另外，认真地陪他一起玩，引导他进行更广阔的思考，不仅会对他更有帮助，他也会玩得更开心。我们并不是每一次都能全心全意地聆听他的创造，但是当他创造性地教我们玩游戏，或者形象地说这个像什么，那个像什么的时候，觉得他还真会想象。

——嘉嘉的妈妈·2012 年 3 月 24 日

【教师感言】

我将报纸发给家长时，所有家长都问了起来"报纸用来干什么？"而有几位家长却把发到手中的报纸打开看了起来，而大部分家长则拿着报纸和旁边的家长聊起了天，五分钟过去了，我问到"这张报纸的日期是多少？"家长们都哑口无声。接着我问："你 5 分钟从报纸上得到什么有益的信息?"这时瑞瑞的妈妈说道:"我刚看了一下,好像我买的股票又涨了。"众人都哈哈大笑起来,并为这个妈妈鼓掌。接着我说到:"孩子的创新意识是由敏锐的观察力、创造力、思维力,记忆力、操作力相结合才能培养,观察力是创造、创新力的前提,你们对这张报纸的视而不见,可以猜得出,你们从孩子的身上同时无法得到感性的生活材料,反思您平时的教育,是否从小事做起,给孩子一个好的创新平台。"

爱因斯坦说过:提出一个问题往往比解决一个问题更重要,因为解决问题也许仅是一个创新上或实验上的技能而已,而提出新的问题、新的可能性,从新的角度去看旧的问题,都需有创新性的想象力,而且标志着科学的进步。在游戏中,我发现不同团队成员放报纸的方法不一样,做成杯花的形状也不一样。如果父母不了解孩子的心理,不体验他们的愿望和感情,把孩子的创意或想象的产物看成无所事事或毫无意义的事情,夺走的是孩子创造的欢乐,挫伤的是他们创造的积极性。

21世纪人才的显著标志是创新品质和创新能力。21世纪幼儿园教育、社会教育和家庭教育的重要任务就是培养孩子的创新精神。在"空杯报纸"团队游戏中,利用废旧报纸、水杯创新各种新的玩法,反思到我们在教育孩子的方法上,是否我们也可利用生活中一些有可能创造教育的"物质"挖掘幼儿与生俱来的潜能。

2011年12月25日

## 第六节　集体娱乐游戏活动案例

集体娱乐游戏,是一种集体性的亲子团队游戏,至少要3人以上,幼儿园组织大型的亲子团队游戏时一般采用这类游戏。其特点是娱乐性、感染性强,融合了多种元素在内,像前面所讲的信任背摔、体验心灵的窗户、测试专注力、穿越电网、牵情结等也属于集体娱乐活动。

本节我们将介绍17例集体娱乐游戏,这些游戏的设计大多是对游戏者心灵的净化,能引导幼儿形成健康的人格。同时,对于繁忙的父母来说相信也有帮助作用。

# 案例一　三打白骨精

**一、活动目标：**

1. 激发团队成员对生活的热爱，喜欢扮演故事中的各种角色。

2. 培养团队成员专注力、观察力及逻辑思维反应能力。

3. 理解天地万物相生相克的道理，正确面对和学会解决生活、工作、学习中的矛盾冲突。

**二、活动时间：** 20 分钟。

**三、活动场地：** 空旷的场地。

**四、活动准备：** 《西游记》主题音乐。

**五、活动实施：**

1. 播放《西游记》主题曲，引导团队成员回忆剧中人物，激发团队成员参与游戏的兴趣。

2. 介绍游戏中人物及其典型的表现动作。

唐僧：双手合十做念经状。

孙悟空：单手眺望，单脚站立状。

白骨精：双手分别在耳畔做爪子状。

3. 介绍游戏规则及玩法。

游戏玩法：全体团队成员围站成半圆，选派 3 名团队成员作为游戏中的参照者，背对着全体团队成员站好，同时全体团队成员按照自己喜欢的角色分成 3 组。当全体团队成员听到主持人的口令"三打白骨精"后，所有队员按照自己所选的角色动作保持不动。

角色规则：唐僧降孙悟空，孙悟空降白骨精，白骨精降唐僧。

游戏规则：当团队成员所做动作与参照者的动作相对立时，相应的团队成员就被淘汰。如参照者做的动作是唐僧，则做孙悟空动作的队员就被淘汰。需要注意的是动作必须在组织者发出指令后才可表演出来，并且保持不变，若改变动作就被淘汰，坚持到最后的队员获胜。游戏可反复进行。

**六、注意事项：**

1. 所有团队成员听到组织者的口令后，要按照自己所选的角色做出相应的动作，同时保持动作不变。

2. 淘汰的队员可以当评委，快速检查游戏的情况。

**七、拓展游戏：**

1. 亲子游戏：家长和孩子背向而站，相距二步远。游戏开始后两人一块唱："孙悟空三打白骨精！"并在原地合拍双手跳 3 下，注意唱到"精"字时，必须同时做 180 度跳，并在落地前做出一个造型动作。造型动作有 3 种：一是孙悟空：抬起左膝，右手反掌心在额前作搭凉棚状，同时左臂微屈勾拳。二是白骨精：双手叉腰，两腿侧开。三是唐僧：双手合掌于胸前。如果两人造型相同，游戏重来。一旦双方造型建立了制约关系，负者就要给胜者恭敬地鞠一个躬。

2. 游戏中的角色可拓展到生活中，如大班《动物的食物链》就可以运用此游戏，让幼儿理解动物之间的食物链关系。

**八、游戏体验：**

**【家长心语】**

这个游戏无论大人还是小孩都是从头笑到尾，我给他加油，他给我打气，宝贝还很兴奋地跟我说："妈妈，你赢了张老师和杨老师！"谁都不会知道他说这话的时候有多自豪，因为在他心里，老师是万能的，是最棒的，而他的妈妈却赢得了比赛。简单的游戏，既增添了欢声笑语，又锻炼了孩子的反应能力。回家以后，我让他教爸爸、爷爷、奶奶玩，一家人玩得很开心。我相信，游戏始终是孩子最佳的学习方式。

——淘淘的妈妈·2009 年 11 月 17 日

星期六的上午，很荣幸地得到幼儿园老师的邀请，与孩子一起玩游戏。在游戏中，感触最深的就是对孩子的愧疚，由于工作的原因，孩子从出生到现在，陪在他身边的时间实在是太少，甚至于连他的成长过程都没有关注到，也导致孩子出现很多问题，如自信心不够、胆怯等等。其次，与孩子缺少沟通，没有真正去了解孩子，不知道孩子心里的真正想法。仅仅一个小时的游戏，使我深深体会到很多教育问题，今后我将着重注意以下几方面：

多抽时间陪孩子，尽量减少出差的时间。

注意言传身教：我的一举一动都是他的榜样，要以身作则，别处处依赖或求助别人。

注重培养他的学习习惯，让他有自己的学习空间，努力为孩子营造好的学习环境。

多沟通，建立良好的亲子关系，让他感受到父母的关爱无处不在。

孩子的健康成长是每个父母的愿望，在这条成长的道路上将会有很多磕磕绊绊，我将竭尽全力，使孩子少走弯路，让孩子身心健康、茁壮成长。

——彬彬的妈妈·2011年9月27日

【幼儿稚语】

淘淘：孙悟空是我最崇拜的人，我最喜欢学他的样子了！

曦曦：要是游戏中能够借我一根金箍棒，我就可以消灭所有的妖精，保护我的师傅了。

彬彬：很高兴，每一次我都没有被消灭，我是最厉害的！

【教师感言】

《三打白骨精》不受场地、人员限制，可随时随地开展。而且游戏中的角色是大家十分熟悉和了解的，能够轻易掌握游戏中人物的关系，快速掌握游戏规则。游戏中的教育价值也是很有意义的。家长了解此游戏的教育价值，从而更好的从游戏中去让幼儿学到知识，发展其能力。其真谛就是以幼儿喜欢的游戏方式，让他们健康快乐的成长！

在游戏中我发现，男孩做的动作较多的是唐僧和孙悟空，而女孩子大多扮演女子形象白骨精。家长与幼儿合作的时候，家长也很投入。整个游戏现场被浓浓的亲子氛围所渲染。有的家长因工作原因，没有很多时间陪伴幼儿，通过这次游戏，让他们体会到了久违的亲情。也让我看到了父母和孩子的快乐与幸福，同时我感触很深：我们应该多给孩子和家长提供这样的亲子游戏机会，以孩子最喜爱的方式来表达亲子之情。

这个游戏也让我感悟颇多，带给了我很多思考。首先是要学会辩证地看待问题，游戏规则中唐僧降孙悟空，孙悟空降白骨精，白骨精又降唐僧，这里面其实有一个道理：万物相生相克、事物之间都是相互制约的，就如"螳螂捕蝉，黄雀在后"一样。我们生活、工作、学习中也会存在着矛盾的两个方面，既有斗争性，又有同一性，不能过分夸大同一性。你付出越多，就会收获越多。如果对生活有诸多抱怨，那么不如意事就会更多。我想用下面几点鞭策自己：说话前，先学会倾听；写作前，先学会思考；批评前，先学会等待；放弃前，先学会尝试；唠叨前，先学会安心；激动前，先学会冷静。人的一生就是不断播种行为收获思想的过程，关键是你收获了哪一层面的思想并与它知行统一，如果能够获得大道而且与道同化，那生命的永恒也就是自然的事。

另外，教育孩子也须遵循其成长的自然规律，有些家长对孩子的期望很高，出现拔苗助长的教育现象，孩子的成长必然受阻；有些家长教育得法，孩子茁壮成长。教育孩子要有健康的心理和健全的人格，"当父母不容易，当好父母更不容易"。家长应以身作则，言传身教地关爱朋友、同事、他人、社会、国家等等，使之尊老爱幼，互帮谦让，宽容大度，待人和气。如果孩子在适当的表扬和鼓励中生活，他将学会自尊和自信；反之，在羞辱中生活，他将学会自卑；在平等中生活，他将学会公道；在争吵、埋怨、偏爱和冷漠中生活，他将学会诡辩、责怪、妒忌等，作为家长应充分肯定、鼓励和赞扬孩子的优势，用"无言之教"影响、陪伴孩子成长。

2011 年 4 月 25 日

## 案例二 撕思时间

**一、活动目标：**

1. 通过撕纸条思考自我时间安排的合理性，引导团队成员珍惜时间，做时间的主人。

2. 明白工作、生活、学习都有侧重，需要合理安排与调节。

**二、活动时间：** 15 分钟。

**三、活动场地：** 室内。

**四、活动准备：** 若干根 1 米细长纸条，纸条数比团队成员人数多。

**五、活动实施：**

1. 撕思一天的时间。

家长团队成员每人领取一根 1 米长的纸条，从生活（吃饭、喝水、睡觉、沐浴）、学习（看书、写作、习武）、工作（上班、加班）等角度来撕纸条，撕下的每一节纸条都代表 1 天 24 小时内的时间，余下时间代表与孩子游戏、交流的时间。大家比一比谁留给孩子的时间最多。

2. 撕思一年的时间。

请部分团队成员自愿上台，取其同样长的纸条，从生活、学习、工作、娱乐、育儿、运动、健身等方面来分割一年的时间，剩余时间代表团队孝顺父母的时间。

3. 撕思一生的时间。

请团队成员自愿上台，取其同样长的纸条继续游戏，从读书时间、工作时间、陪伴亲人、科学育儿、睡觉时间、吃饭时间等多方面来分割一生的时间，剩余时间代表其为自己治病健身的时间。大家比一比，谁留给自己运动的时间最多。

**六、注意事项：**

1. 同样的时间，但做的事情不同，有的比较难，有的比较容易，所以结果也不同。

2. 相同的事情，在相同的时间里做，因为每个人的动作有快有慢，所以结果也会不同。

3. 同样的事情，在不同的时间里做结果不一样。引导成员明白：珍惜时间，合理地安排时间，讲究效率。

**七、拓展游戏：**

1. 将每个团队成员撕下的纸条贴在一张操作纸上进行比较，在指定的时间段里哪部分是重点，反思时间安排的合理性。

2. 引导幼儿用撕纸条的游戏来制定一日作息安排、一周作息计划等。

**八、游戏体验：**

【家长心语】

玩"撕思时间"的时候，蒽蒽一直在说我玩电脑的时间太长，反思自己确实喜欢玩电脑，除了工作要用电脑，平常时间也是经常拿电脑看网页、看PPS，却经常教育她不要玩电脑。今后自己要以身作则，一定努力改正，多点时间陪她。

其实，作为成人我们总有很多忙碌的事情，但这些忙碌的事情归根结底都是为了给孩子创造一个好的学习条件，殊不知，我们在创造这些的时候，却失去了更多。失去了陪伴孩子的时光，忽略了孩子成长的过程，也错过了亲子共乐的美好时光。现在我在反思，为了孩子，我们是否应该创造更多与她在一起收获成长的机会。通过今天的游戏，我会调整自己的工作步调，调整业余时间，用更多的时间去"陪一只蜗牛去散步"！

——妈妈的爸爸·2011 年 5 月 24 日

看着撕剩的时间越来越少，心里有些惶急，我们总是在忙碌，加班、出差、聚会、逛街……好像每件事都非做不可，可是我们剩下了多少时间给孩子呢？我拿着一尺长的代表时间的红纸送给了源源，他很高兴地接过去，可是回头再想想，这是我这一生的时间可以给孩子的。那么再问问他所需要的、而我又能给予的时间，还能剩下多少呢？随着他慢慢长大，十年二十年以后，他会离我越来越远，去走他自己的人生，寻找他自己想要的生活。

自从我邂逅了台湾诗人张文亮的《牵一只蜗牛去散步》这首诗以后，我就喜欢上了这首诗："和孩子一起走过他孩提时代和青春岁月，虽然也有被气疯和失去耐心的时候，然而，孩子却在不知不觉中向我们展示了生命中最初最美好的一面。"

所以，告诫自己，在他还需要我的时候，好好陪伴，好好享受他成长的历程。我相信，这会是我们彼此生命中最美好的回忆。

——源源的妈妈·2011 年 5 月 24 日

【教师感言】

"一寸光阴一寸金，寸金难买寸光阴。"这句话想必早已家喻户晓了，可又有多少人做得到珍惜时间。在"撕思时间"的游戏中，一根纸条代表自己一天、一年、一生的时间，人生短短几个秋，说起来也是弹指一挥间。反思自己安排的时间，以前总以为过了今天还有明天，今天工作没有完成明天还可以继续做，可我从来没想过有多少个明天。这个游戏给我敲响了一次警钟，明白了就要开始努力珍惜，时间对每个人都是公平的，给予每个人相同的时间，就看你怎么安排。懒惰者总是在浪费时间，勤奋者则争取把时间充分利用。从现在就要让我人生每一秒都充实起来，不虚度光阴。

组织家长玩此游戏，我感触很深：大部分家长对时间分配不够合理。家长在撕纸条的游戏中发现自己的时间是如此的少，自己陪孩子的时间更是少得可怜。究竟是什么原因造成的，我想每位家长自己都会有一个答案。作为孩子的监护人，通过该游戏我们领悟到教育孩子是需要时间的，家长不能只想孩子成长、能力提高、学习进步，更需要家长挤出时间与孩子共同努力。不要以工作忙、家务事多、业务忙来做借口，时间就是一块有水的海绵，只要用力挤，就能挤出水。因此，珍惜每一分，每一秒，把时间从你的海绵里挤出来，就会收获更多孩子成长的喜悦！

珍惜时间，让我们生命的长河更加绚丽，让人生的道路更加精彩，让教育实践的步伐更加坚定。

2011 年 12 月 15 日

## 案例三　巧指五官

**一、活动目标：**

1. 舒缓团队成员的压力，在游戏中放松心情。
2. 培养团队人员的眼、手、口、脑的协调能力及快速反应能力。
3. 养成专注的好习惯。

**二、活动时间：**20 分钟。

**三、活动场地：**宽敞的室内。

**四、活动准备：**无。

**五、活动实施：**

1. 3~4人为一组，选出一名队员当发令者，指自己的五官任何一处问其他队员：这是哪里？队员要正确回答，并用手指向其他的五官。如发令者指着自己的鼻子问："这是哪里？"队友回答："这是鼻子。"同时手指着眼睛或耳朵或嘴巴等，速度可以由慢到快，游戏过程中出错就要受罚。3个问题之后，可以轮换发令者。

2. 检验游戏玩法。可邀请一组成员表演游戏，其他成员观看游戏后说说自己的感受。

3. 增强游戏趣味性和难度，可以由指五官变成指身体的其他部位。

**六、注意事项：**

1. 组织者要规定游戏中所能指的身体部位并进行统一命名。

2. 游戏者不能重复指同一部位，否则将视为出错，退出比赛。

3. 巧指五官游戏非常有趣，主要可以锻炼大家的反应能力和注意力。在游戏的过程中时刻出现错误的队员可以给予小小的惩罚，如唱歌、扮演鬼脸、讲个笑话等。

**七、拓展游戏：**

1. 可准备多种动物图片，让团队成员指A说B动物名称。如一人指着老虎图片问："这是什么？"然后其同伴便指着另一种动物，说："这是老虎！"

2. 亲子游戏《小手拍拍》，根据儿歌内容做相应的动作。

附儿歌：

小手拍拍，小手拍拍，手指伸出来，手指伸出来，眼睛在哪里？眼睛在这里。用手指出来，用手指出来。

小手拍拍，小手拍拍，手指伸出来，手指伸出来，鼻子在哪里？鼻子在这里。用手指出来，用手指出来。

小手拍拍，小手拍拍，手指伸出来，手指伸出来，耳朵在哪里？耳朵在这里。用手指出来，用手指出来。

小手拍拍，小手拍拍，手指伸出来，手指伸出来，嘴巴在哪里？嘴巴在这里。用手指出来，用手指出来。

**八、游戏体验：**

**【家长心语】**

作为成人，我们都度过了自己难忘的童年，如今童年的往事也许只有斑驳的记忆。今天我们能够和自己的宝宝、幼儿园老师一起参加这样的游戏活动，真的很有纪念意义，很幸福、很开心。

在这一次"巧指五官"游戏活动中，既锻炼了幼儿的反应能力，又增进了家长与幼儿的沟通。刚开始玩的时候，进行得不是很顺利，老是乱了阵脚，后来我告诉孩子你不能急，慢慢地想，想出来就告诉我。经过几次的练习，我们协调得很好，游戏进行得很顺利，直到游戏结束我们还沉浸在愉悦的游戏过程当中。

——汉汉的妈妈·2010 年 5 月 22 日

今天幼儿园安排了亲子游戏活动"巧指五官"，这是一次非常有意义的活动，能在生活中体验亲情、感受快乐。在游戏活动中我和我的女儿紫紫非常享受其中的乐趣。通过互相指五官，增进了我和她的交流，使得她在活动中都快忘了自我，催我"妈妈你怎么报得这么慢，你报快点，我一下子就指到了你报的五官了"。后来我加快速度，没想到她有点跟不上节奏，于是我根据孩子状态调整适宜的速度，我们俩在欢快的笑语中结束了游戏。在和老师的交流中，老师对我们速度的调整提出了表扬，这样既能培养孩子的自信，能够保持孩子游戏的激情，也给了我很大的教育启示。关注孩子的点滴变化，适时的调整教育策略是关键。

——紫紫的妈妈·2011 年 4 月 23 日

【幼儿稚语】

宇宇：今天虽然在游戏中我经常出错，但是在妈妈的鼓励下，我坚持了。虽然没获得胜利，但是我发现和妈妈玩游戏真开心。

宣宣：回家之后我要教我的好伙伴们玩这个游戏。

平平：今天我赢了爸爸，真开心。

韵韵：没有想到我的奶奶是游戏的高手。

【教师感言】

"巧指五官"游戏是一个不受场地、人数限制的趣味性游戏。通过游戏可提高团队成员手、眼、口、脑的协调能力。眼睛是心灵的窗户，通过眼睛才能真实了解周围的事物；手也是认识事物的重要器官，手的活动可以促进大脑的发展。对孩子来说，手、眼、口、脑协调是一种特殊的技能，即当眼睛看到物体后，通过大脑皮层中的感觉中枢，进行由手操作的运动来完成整个协调活动。手、眼、口、脑协调能力的培养对孩子的教育具有重要的意义。

透过这个游戏我发现只有参与其中，才能够完整理解游戏的规则与内涵。在一次亲子活动中，我组织了这个游戏。刚开始幼儿和家长听到我介绍游戏规则和示范时，都说这个游戏太简单。但是当游戏开展之后，他们跟不上节奏变得手忙脚乱、状况连连。当孩子出错时，家长会在旁边鼓励他们。这让我想到，孩子出错时最应该注意幼儿的情绪，作为引导者的家长和教师应适时出现，用正确地方式进行引导。这个游戏给家长和孩子带来了无限的快乐，孩子会因为家长的错误而哈哈大笑，家长会因为孩子灵敏的反应能力而自豪。

　　看到亲子间其乐融融的画面，我觉得现在的家长更新了对孩子的教育观念，关注培养幼儿的生活习惯、学习习惯、运动习惯，在家里能主动和幼儿开展亲子游戏活动。这是一件幸福的事，也是一种非常好的习惯，不仅给自己一天的工作舒缓压力，而且在体验游戏中潜移默化地开发孩子的智力，孩子觉得你非常关心他，是跟他在一起的。亲子游戏可以增进孩子与家长的情感，促进孩子与成人的交往，能全面理解孩子，真正了解孩子的需要。

2011 年 4 月 28 日

# 案例四　找"领导者"

**一、活动目标：**

1. 体验不同角色的定位，感受集体中与人相处时民主、公正的氛围。

2. 明确自己的角色职责，提高自我抗干扰的能力。

3. 学会换位思考，探索站在他人的立场发现问题，解决问题。

**二、活动时间：**大约 20 分钟。

**三、活动场地：**室内或室外均可。

**四、活动准备：**无。

**五、活动实施：**

1. 选出一个队员作为"猜谜者"，让他远离活动现场、不能让成员听见和看见组织者和队员之间悄悄地交流对话。

2. 选出一名队员扮演"镜子"，其功能是表演"领导者"的动作给其他成员，即"领导者"做什么动作，"镜子"要完全标准地复制。

3. 剩下的全体队员按方形队或圆形队站立。根据活动现场的具体情况由团队队员商量选出一名队作"领导者"，也可以由队员自愿担任"领导者"，或者由组织者指定一名队员出任"领导者"。"领导者"的任务是连续创编出不同的动作，如梳头状、洗澡状、演花型等。

4. "领导者"站在团队圆圈中做出连续的动作。"镜子"在团队中间复制"领导者"的动作，其他队员复制"镜子"的动作，此时看去所有的队员认真模仿"镜子"动作。组织者可以让猜猜看的队员进来，告诉他在这些队员里有一个"领导者"，是动作的创编者，短时间内猜猜谁是真正的"领导者"。

5. "猜谜者"、"镜子"、"领导者"和其他队员分享体验游戏的感受。

6. 游戏可反复进行，可选出不同的队员担任游戏中不同的角色进行体验。

**六、注意事项：**

1. "领导者"发出的动作要连贯，每个动作之间不能停顿，动作的变化不宜过大过快，避免猜谜者容易看出"领导者"。

2. "镜子"模仿动作反应速度要快，否则"领导者"更换动作时"镜子"回应慢，也容易让"猜谜者"快速找出"领导者"。因此组织者选"镜子"时，应找反应灵活、模仿力强、坚持性好、视力好的成员担任更为合适，为开展好游戏打下良好的基础。

3. 模仿"镜子"的团队成员要齐心协力，步调一致，认真复制"镜子"的动作。如果有成员动作错或慢或随意改动，给"猜谜者"会产生错觉，从而干扰游戏并失去游戏的意义。如果"猜谜者"一段时间猜不出正确答案，组织者可随时结束游戏。

4. 组织者一定要说清楚游戏的规则，让其成员明白游戏任务，不然就会发生许多的误会产生混乱现象。

**七、游戏体验：**

**【家长心语】**

今天参与幼儿园组织的找"领导者"游戏，老师分两次进行组织，首先是家长团队开展，然后是孩子。当老师讲解游戏规则以后，我就联想到我们其实就是孩子的领导者，如果我们家长的游戏示范得不好，将直接影响接下来孩子的游戏。老师在游戏前和我们分析了这个游戏的价值，并提醒了我们家长注意示范作用，还真与我想到的一致，所以家长们积极参与游戏，虽然状况不断，但迎来孩子阵阵掌声。孩子的游戏则让我感受到孩子们快乐而不失童真的场面，领导者的动作滑稽可笑，"镜子"在认真学习，模仿的孩子则努力地保护着领导者，猜谜者摸不着头脑。游戏是轻松、愉快的，我很高兴与孩子一起度过了一个愉快的下午。

——月月的妈妈·2011 年 4 月 21 日

对孩子观察力的培养一直是我关注的问题，今天参与了幼儿园组织的"找领导者"游戏，又给了我不小的启示。楚楚在游戏中扮演的是猜谜者，这对他的观察力及判断力有一定的挑战。孩子高兴地跑到场地内，就直接在模仿者的团队中去寻找，结果找了很久还是没有找出来，我就纳闷，平时我对他观察力的培养还是做得很好呀，今天怎么没有表现出来呢？带着这个问题我边做游戏边思考着，直到最后老师讲解每个角色的要求及注意事项时，我顿时醒悟，今天孩子犯了一个小小的错误，那就是孩子没有分析"镜子"、模仿者、领导者三者之间的关系，只关注了在哪里找出领导者，没有多方面地进行比较。观察与分析、判断与评价等思维过程是紧密联系在一起。教育是无止境的，关键在于怎样教育得法，感谢老师又给我们家长上了一堂生动、适用又轻松的一课。

——楚楚的爸爸·2012 年 3 月 17 日

【教师感言】

找领导者的游戏是一个角色扮演的团队娱乐性游戏，每个队员要清楚自己在游戏中所扮演的角色规则与要求，不同角色有不同的挑战。

领导者，或许这一概念对于任何人而言都不新奇，但是其影响却是巨大的。虽然在这个游戏中的领导者是一个角色的扮演者，但他创编的动作将影响全场游戏的效果。由此可见，虽然领导者拥有创编动作的自由和权力，但是最重要的是作为领导者，同时还要担负责任，不能因出现失误而导致游戏无法顺利开展。因为"责任"才是"领导"的真谛。在这个游戏中的领导者拥有他人没有的自由权。他可以随心所欲地表现任何动作，然而他所做的动作是否适度，这些动作是否让游戏有趣、更好玩，是他不容忽视的责任。大家之所以授予领导者权力，乃是期望他能借此带给大家一场美妙畅快的游戏享受。这是这个游戏赋予领导者角色的要求和权利。

"镜子"的角色，由名字就可以清楚地明白，对他角色的要求很高，他必须是一样物品的完整、清楚的复制模板，对这个角色是观察力、记忆力、模仿力的挑战，所以在完成任务前，必须先详细了解任务。在进行过程中你必须认真学习，记住领导者的每个动作以及其他有价值的东西。了解任务的内容，将使你更好地扮演你在这个游戏中的角色。

模仿者是这个游戏中的大众群体，对保护中间的领导者有着决定性的作用，要齐心协力，步调一致，认真复制"镜子"的动作。如果有队员动作出错或慢或随意改动，给猜谜者产生错觉，游戏即刻停止。

猜谜者首先要了解一个事实，就是团队中只会有一个领导者，明白领导者是这个团队中唯一做决定的人。其次要准确地判断谁是游戏中的领导者，需要有敏锐的观察力。而观察与分析、判断等思维过程也往往是紧密联系在一起的！如何在短时间里找出谁是领导者，首先要看眼神与面色。记得是古书里曾说过：血勇（小勇）之人面赤，骨勇（中勇）之人面白，而神勇之人面不改色！因此，直接的盯住可疑队员的眼睛。往往能奏奇效！对方若心中有鬼，立刻就在表情上流露出来，要么就是不敢直视你的眼睛；然后看动作，如果动作的流畅性不够肯定不会是领导者，可以一一地进行排除。还有是学会比较模仿者、镜子间的动作差异，尤其注意观察镜子的动作及眼神。当然还有细节的关注，往往一个细节反射到一个整体。

简单的游戏，大大的智慧，如何在游戏中找到自己的价值所在，探索游戏中赋予自己的知识，是要我们用心体会与感受的。

2011 年 3 月 20 日

# 案例五　齐眉翠竹

**一、活动目标：**

1. 充分发挥个人在团队中的力量，感受团结力量大。

2. 提高团队成员在游戏中相互配合、相互协作的能力。

3. 引导团队成员换位思考，认识到责任与信任是相互的。

**二、活动时间：** 30 分钟左右。

**三、活动场地：** 宽敞的场地。

**四、活动准备：** 空心、直径为 40 厘米的翠竹一根，游戏者 10～18 人适宜。

**五、活动实施：**

1. 团队成员均分为两队，相向站立。

2. 团队成员双手伸出食指尖，掌心向上，举到自己眉头的位置。

3. 将翠竹放在每个人的双手食指指尖上。

4. 团队成员共同用食指将一根竹竿从齐眉的高度缓慢放到地上，手离开竹竿或竹竿自然掉落游戏失败。

**六、注意事项：**

1. 必须保证每双手的食指都接触到竹竿，并且手都在竹竿的下面。

2. 团队成员要将竹竿保持水平，一旦有人的手离开竹竿或竹竿没有水平往下移动，游戏就算失败。

**七、游戏体验：**

**【家长心语】**

第一次玩这个游戏。刚开始我听到游戏规则，用食指平衡地举着一根竹竿，从齐眉的高度缓慢放到地上，感觉很简单。但游戏一开始，才发现不是想象中那么简单。大家一起用食指支撑竹棍非常不稳，平衡也不够，但经过第一次尝试后，大家调整了高度、力量等，坚持的时间越来越长，而且发现每一个人的表情都是非常专注。这个游戏的成功离不开大家的团队合作，需要所有人都集中注意力，考验着大家的耐力和默契。我认为这个游戏很有趣味，虽然游戏结束时，手臂有点酸酸的，但我还是玩得很高兴，也很尽兴。

通过幼儿园组织家长玩"齐眉翠竹"游戏，我从这个游戏中领悟到，在团队之间一定要增加合作意识，以及人们之间的相互沟通、理解、协调。一个团队团结很重要，方法也很重要，更重要的是一定要有一个核心的人物，领着大家共同努力；否则，个人忙个人的，劲使不到一处，又怎么能成功呢？

——龙龙的妈妈·2011 年 5 月 24 日

当组织者说出游戏名称和玩法时，只听见大家说："喔！这还不简单。"可当真正体验起来时，才发现这游戏远远比想象中的难，玩第一次的时候手指上的竹竿像不听使唤一样，十几个人竟然连举都没有举起来，在半空中竹竿就掉下来了，大家呆住了，这是怎么回事呀？大家开始互相埋怨：你们那边怎么没出力呀！这边的人速度太快了，慢点才行。最后在组织者的帮助下，大家停止埋怨，重新开始游戏。可这一次，还是没成功，大家沮丧着并讨论着，为什么这个游戏不能成功完成？最后讨论的结果是：大家的速度力量没有统一，有的快，有的慢，导致手中的竹竿不能保持平衡，出现竹竿老掉的现象。分析了原因，我们开始第三次游戏，这一次大家不再只是想着自己了，学会观察其他人的状态，发现问题会相互提醒。所以在大家的共同努力下，游戏终于成功了。

——可可的妈妈·2012 年 2 月 27 日

**【教师感言】**

这个团队游戏主要考验一个团队同心协力的集体精神。我们的老师团队在园长带领下经常会玩这类团队游戏，所以老师们都很有信心。于是游戏规则一公布，大家都跃跃欲试。可是我们在游戏中，开始不是往下放竹竿，而是往上举竹竿，有的人食指还明显地离开了竹竿，结果几次尝试不成功后，有的人选择了放弃。这个游戏看似非常简单，自己亲自参与到其中才发现事情不是很简单。

于是游戏过后，我们总结失败的原因。有的人说：人太多了，这个游戏人多不一定力量大；很多人都在说长道短，却没有人认真反省自己做得如何。大家在不停发表自己的看法，却忽略了组织者的声音：一些人总是将失败的责任推卸给他人。其实这个游戏，个人做起来简单的事情，团队做起来可能却很难，因为中间存在团队成员相互协作、沟通交流的困难，团队成员存在个体差异，奉献型、抱怨型、指责型等不同性格倾向的个体被融为一个整体，需要磨合。在团队完成任务过程中，个体轻微的动作或行动偏差，可能被团队在纠正过程中慢慢放大，直至整个团队任务的失败。大家之所以没能顺利地完成任务，根本原因在于缺乏相互信任，不敢也不愿意承担因自己造成团队失利的责任。

很多经典的故事和童话如三个和尚喝水、十根筷子等都告诉我们：一个人的力量是单薄的，只有众人的团结和合作，才能集聚强大的力量，才能完成一个人无法做到的事情，学会团结合作，克服个人不足，壮大集体力量，达到同步进行。

平日我们遇到困难或出现问题时，很多人马上会找到别人的不足，却很少发现自己的问题，队员间的抱怨、指责、不理解对团队有很大的危害。这个游戏告诉我们大家："照顾好自己就是对团队最大的贡献。"提高队员在工作中相互配合、相互协作的能力，统一地指挥所有队员共同努力对于团队成功起着至关重要的作用。所以游戏的诀窍就是：一组只能听一个人的指挥，一切服从指挥，协作目标一致，游戏就能成功！

2011 年 3 月 17 日

## 案例六 主动认错 接受现实

### 一、活动目标：

1. 团队成员参与游戏认识到敢于承认错误是自身勇于担当责任的表现。

2. 培养团队成员有错就改，敢于担当的责任意识，学会宽容、谅解他人之过。

3. 合作游戏让团队成员意识到相互尊重、信任、忠诚等是一种优秀品质。

**二、活动时间：**20分钟。

**三、活动场地：**室内或室外均可。

**四、活动准备：**学习儿歌。

**五、活动实施：**

1. 团队成员在空旷的场地围成一个圆圈。自愿报名参加游戏，根据场地大小决定人数多少，一般为12~16人为一组，也可以更多。

2. 成员按照体操队形站立，站3~5排，每排3~5人，前排两手侧平举，后排前平举。

3. 组织者发出指令：组织者喊一时，队员举左手；喊二时，队员举右手；喊三时，队员提动左脚；喊四时，队员提动右脚；喊五时，队员站立原地不动。队员按要求体验做相应的动作，组织者和不参加游戏的队员当监督者。

4. 队员出错时，出错的人要走出来站在大家面前先鞠一躬，然后单膝下跪，举起右手高声说："对不起，我错了！"或"我错了，对不起！"出错的成员退出游戏，游戏继续进行。可根据实际情况选择终止，也可直到最后剩下一个成员。

5. 增加难度：团队成员边念儿歌边听指令做出反应，若念错儿歌也算出错，将接受惩罚。

6. 团队成员分享游戏感言。

**六、注意事项：**

1. 成员喊出"对不起，我错了"这句话也许对许多成员来讲是件容易的事，如果要成员当着大家的面单膝下跪，可能有一些人不接受，甚至有人认为这是对人的不尊重。因此，游戏前组织者一定要与团队成员沟通，说明游戏玩法，向成员解释游戏规则，取得大家认可。游戏适宜在同性团队成员中组织。

2. 组织者不要强行做此游戏，避免组织者和团队成员之间带来一些不必要的误解。

3. 游戏前要和成员讲清楚，也许每个人都会犯错误，体验这个游戏更多地考验自己的自觉性和敢于承认错误的勇气。

4. 附儿歌：一、二、三、四、五，上山打老虎，老虎不在家，碰了爬墙虎。

## 七、拓展游戏：

可以练习石头、剪刀、布的游戏，通过参与游戏体验成功与失败的关联。培养自己的自信心和勇气，敢于挑战，不论对错，知错就改，积极磨炼自己的意志品质。

## 八、游戏体验：

**【家长心语】**

今天很是受益匪浅，虽然在游戏中我没有出错，但是看到接受惩罚的人那种勇气我真的觉得自己有所欠缺。或许在以前工作、生活中的许多错误没有正视过，但是透过今天的游戏以及园长的培训，相信我会在以后的日子中正视自己大大小小的错误，正确地处理，以榜样行为影响我的孩子。

——果果的妈妈·2011 年 5 月 24 日

今天的游戏对于我来说是个挑战，因为在第一轮游戏中我就出错了，虽然在游戏前组织者就已经说了游戏的规则，让我们做好心理准备，如果不能接受可以不参加游戏，但是作为首轮惩罚者，面对这个惩罚我还是有些反感的，因为作为一个男人要面对着别人下跪是一件很难的事，我总想着"男人膝下有黄金"，迟迟不能做出反应。这个时候，团队中的其他成员开始替我求情，"算了吧，他承认了就好！"面对这些包容我的陌生家长们，我低下了头。这让我想到一次和孩子的接触中，我有着明显的错误，但是为了树立我在他心目中的光辉形象，我逃避着，不愿承认错误。后来孩子的妈妈，说我给孩子留下了不好的印象。我也意识到自己的行为不太好。想到这，我缓缓地跪了下来，因为敢于承担责任，正视自己的错误的男人才是真正的男人，我得给我的孩子树立榜样。虽然跪下去了，但是我并不觉得丢脸，因为我是一个大男人！

——德德的爸爸·2011 年 5 月 24 日

**【幼儿稚语】**

鸿鸿：我今天听了列宁的故事，我决定以后一定要做个敢于承认错误、改正不足的好孩子。

铁铁：虽然今天的游戏我下跪时受到了一些同伴的哄笑，但是我觉得自己很勇敢，因为爸爸说我是一个勇敢的男子汉。

吉吉：在游戏中我体验到了快乐，知道了主动承认错误的孩子就是好孩子。所以，我要做个诚实孩子。

**【教师感言】**

温家宝总理曾在会议中指出"事不避难，勇于担当"。责任不是空洞的、抽象的，而是具体的、实在的。勇于承担责任的精神是改变一切的力量，它可以改变你平庸的生活状态，可以帮助人们赢得别人的信任和尊重，更重要的是，作为有责任有担当的人往往可以获得好机会的眷顾，从而使自己的机会更多。很多人有个劣性，犯了错误时却不敢承认，不甘心接受批评，而在承认错误之后，常常会在意他人的目光，并且担心承认错误之后会给自己带来损失。这就造成了他们不能主动承认自己的错误，不敢去担负责任。有很多人之所以一生一事无成，都是因为缺乏勇于担当的精神。他们常常自由享乐、消极散漫、不负责任、不能正视自己的错误，结果无可避免地沦落为工作和生活的失败者。由此可见，每个人都需要敢于承认错误、勇于担当。作为教育工作者，从小培养孩子主动承认错误、勇于担当的精神是我们刻不容缓的工作。作为独生子女的他们，从小在家人的羽翼保护得完好无损，什么错误都被大人包揽过去，养成了他们自大、骄傲的性格，而一旦离开家长的保护圈，他们则会从天空掉落到悬崖，极度不适应。

"主动认错"是一个挑战参与者心理的游戏。游戏不受场地限制，不需要复杂的游戏材料，由于游戏需要团队成员对自我心理认知能力有一定的了解，因此，此游戏适合在大班幼儿团队、家长团队、教师团队中开展。但是在活动的组织过程中，组织者要注意，由于成人面对陌生的异性对于下跪承认错误会感到拘谨和反感，因此在家长团队组织时，尽量是在同性的家长团队中开展，以避免尴尬。此游戏可根据不同年龄段的团队成员进行游戏难易程度的调整，如在幼儿团队中则可以只听指令做相应的动作。在幼儿团队中开展游戏前，可先给幼儿讲述列宁摔花瓶等故事，让幼儿初步感知主动承认错误及敢于担当的责任心。而在成人团队中则可以将儿歌加入，让成员边念儿歌边听指令边做动作，这样更具挑战性。

在家长团队中组织此游戏时，组织者可先向家长讲述现代人直面自己错误及勇于承担责任的意识不强，而这些也直接影响到孩子，因此作为孩子的家长，首先应该自己养成这些好的习惯，从而更好地去感染教育孩子。

当然责任感等不是靠一个游戏就能够培养成的，需要长期培养。在幼儿园中，我们将培养幼儿责任意识融入一日活动中，让每个孩子都能够成为品学兼优的栋梁之才！

2011 年 11 月 21 日

## 案例七 互帮互助

**一、活动目标：**

1. 感受同伴间互帮互助的愉悦心情。

2. 培养团队成员奉献精神及人际交往能力。

3. 通过游戏让团队成员了解人与人之间应该相互信任相互奉献，学会友好的与人相处。

**二、活动时间：**10分钟。

**三、活动场地：**适宜室内。

**四、活动准备：**《爱的奉献》音乐。

**五、活动实施：**

1. 团队传情：所有团队成员朝着同一方向，将自己的双手搭在前面一位成员的肩膀上，在跳跃开心的音乐中活泼地玩着开火车的游戏。

组织者小结：所有的成员要把自己的快乐传递给你的同伴，要让他感受你的热情。因为，从此刻起，他就是你的朋友，并且是你信任的朋友。反方向再进行一次。

2. 团队奉献：所有团队成员朝着同一方向，在《爱的奉献》音乐中给前面的同伴捶捶背，揉揉肩。

组织者小结：所有的成员要用合适的力量给予同伴无限的舒适感，要让他感受你的热情，感受你真挚的友情。边捶背时还可互相交流自己的个人信息、思想、经验等。游戏可换反方向进行。

3. 合作生情：所有团队成员在《团结力量大》的音乐中给前面的同伴捏捏耳朵、揉揉肩、捶捶背，传递爱心和亲情。

**六、注意事项：**

1. 团队队员在游戏中学会适应新环境，认识陌生队员，结交新朋友，融入新团队，挑战新的自我。

2. 此游戏适合在相互不认识的团队中开展，游戏可多次进行，组织者可引导成员交换位置，认识不同的朋友。

**七、游戏体验：**

**【家长心语】**

今天参加了幼儿园的家长培训活动，会中园长组织所有的家长玩了"互帮互助"的游戏，游戏的方法很简单，就是帮身边的家长进行按摩。

很享受那个按摩的过程，如果每天工作之余能够有这样20分钟免费的享受，那是很爽的一件事情。在园长的讲解下，才领会这个游戏的教育价值，家长每天辛苦工作，为孩子努力付出，可从来没有想到要向孩子索取，其实按摩的这种享受可以向孩子索要，亲子间互帮互助，让孩子明白家长的辛苦，懂得感恩。自己回家将园长的一席话进行细细品味：对待孩子出现的教育问题，应该从孩子的角度去处理、去思考解决；孩子的成长过程其实是一个学习的过程，而家长在这个过程中也在不断地学习与成长；家长应在孩子的成长过程中帮助孩子成长而不是替代孩子成长。

——欣欣的爸爸·2011 年 11 月 19 日

新环境里离不开人的参与，那么处理好人际关系，新环境的陌生感也会在与别人相处的情况下消失。今天园长组织的"互帮互助"的游戏，通过互相按摩来认识身边陌生的家长自然而轻松。我认识了班级以外的几个家长，还彼此交流了一下教育孩子的心得，大家互相表扬了别人好的教育方法。谦虚地接受别人的表扬、乐观地接受别人的批评、善意地拒绝别人的要求。总之，生活中给别人一个好印象，留自己一片纯净的天地，保持自己一份做人准则与做事原则，自己会收获很多。我也会用这种思想引导孩子，让孩子健康成长。

——多多的妈妈·2011 年 11 月 19 日

**【教师感言】**

每个人每到一个新的地方，都会要结识新朋友，认识新朋友，而在社会中，越来越多的人会跟陌生人保持距离，人际交往日趋冷漠，怎样才能让人们重拾那份亲密，也许这个游戏可以帮助我们。此游戏是通过在陌生团体中组织团队成员进行互动，从而让团队成员相互了解，相互认识，通过在欣赏音乐《爱的奉献》，找到人们最初之间的那份温情。对于新到一个环境的孩子来说，急切地想要认识新朋友，但是年纪尚小的孩子大多不会像成人那样主动地去了解别人来认识新朋友。因此，可以让他们在游戏轻松快乐的氛围中了解新朋友，降低了他们的紧张感。而家长朋友们通过体验这个游戏后，可以将在游戏中体验到的感受告诉幼儿，让幼儿也体会那一份温情，将那种互帮互助、相互信任的精神运用到自己的人际交往中去。

在团队游戏中，不认识的团队成员很拘谨地拉着手，闭上双眼，面带微笑，在歌声中感受到奉献、快乐，不知不觉中部分团队成员手放松了，微笑开了。在给同伴进行捶背时，有个别团队成员因个子不够高而跪起脚，个别团队成员还会轻声地问前面的同伴力度是否适中，当别人帮助自己时会说上一声"谢谢"！

团队成员在美妙的音乐中怀着感恩的心为别人奉献自己的诚心与力量，每个人笑容洋溢在脸上，心情无限舒畅。在游戏中，团队成员开始询问对方的姓名、爱好、住址等，相互之间交流着育儿的经验，把整个游戏的气氛推到了高潮。我觉得这次游戏很成功，让人们之间的那份生疏感瞬间消逝。相信家长朋友们也会将这份快乐感受传递给孩子，让孩子从中领悟到游戏的趣味性。

2011 年 11 月 21 日

## 案例八　此时无声

**一、活动目标：**

1. 体验心静、无声的感觉，学会专注地倾听。

2. 用心聆听，感知肢体如手、背、眼神等相互接触彼此间传递的信息。

3. 学会站在对方的角度去思考、去行动，静心感受无声环境、无声世界的影响并学会自我对话。

**二、活动时间：**大约 15 分钟。

**三、活动场地：**以室内为宜。

**四、活动准备：**优美、宁静的音乐。

**五、活动实施：**

1. 全体成员分成甲、乙两组，围成甲、乙两个同心圆，甲圈与乙圈的人面对面盘膝而坐，也可坐在椅子上。组织者提出游戏规则，轻轻地闭上眼睛、做个深呼吸，每次呼气时慢慢放松，安静地、专注地感知来自周围的声音。慢慢地睁开双眼，愉悦交流听到的声音。

2. 甲圈和乙圈的人继续面对面坐好，稍稍地闭上双眼，做 3～4 个深呼吸，倾听音乐，慢慢地睁开眼睛注视对方，微笑地、默默地去体会对方此时无声的心理活动和想要表达的心理愿景。

3. 分享感言。

4. 甲圈和乙圈所有的成员继续面对面而坐，轻轻地闭上双眼，连续做 4 个深呼吸，成员都伸出双手去触摸对方的手，努力地去感知对方给你传来的各种信息。

5．全体团队成员分享感受。

**六、注意事项：**

1．"此时无声"游戏需要一个十分宁静、无任何干扰的氛围，在成员们非常舒服的状态中，才会让人用心说话，用心倾听，用心感悟意境。

2．适宜以同性的成员为一组。

3．音乐的选择以鸟鸣、雨声、水声、雷声等自然现象的声音为宜。

4．室内的光泽可调节为渐暗渐明，当室内安静、黑暗的氛围时，成员近乎能听到自己的心跳声效果会更佳。

5．成员在无声地注视，这是需要用心灵去诠释信息密码，此时无声胜有声。

**七、拓展游戏：**

可让团队成员继续面对面坐好，深呼吸 3 次后，各成员转过身体，背靠背坐着，去体会双方背脊要传达的信息。

**八、游戏体验：**

**【家长心语】**

工作中的压力，生活中的繁琐都让我变得浮躁，成为了一个不能够冷静思考的人。当孩子不听话时，我选择打骂的教育方式，耐心变得不够，导致孩子在我的影响下变得越发的调皮。与其他的同伴相处时，常常与他人发生争吵，有时甚至是拳头相向。今天在游戏中放松自己，也反思到自己的性格缺陷。我想以后我要调整心态，学会遇事"冷静处理"。

——琳琳的妈妈·2010 年 9 月 27 日

如果不是今天的培训和游戏，我不会意识到现代都市人群有着这么多的性格缺陷，也不会反思自己的不足。一直以来我都是处事比较冷静的，但是这个浮躁的社会却渐渐磨灭掉我的宁静，让我越来越浮躁起来。遇事没有耐心，在很多事情的处理上也思考不到位。我想，我可以适当地将自己的步调放缓，节奏放慢，冷静地思考每个问题。

——敏敏的妈妈·2011 年 5 月 13 日

今天这个活动开展很有意义，既让我们反思自己的工作状态，同时也反思我们对孩子的影响。的确，孩子的成长过程就是一部模仿史，当我们在不知不觉中表现出一些行为时，却间接地影响到了孩子。因此，我们要注意调整自己的心态，给孩子树立最好的榜样！

——哲哲的爸爸·2011 年 5 月 13 日

**【幼儿稚语】**

叶叶：当我看到爸爸微笑着看我时，我感觉幸福极了。我知道，那是爸爸在夸奖我！

墨墨：虽然这个游戏中有很多地方我不是很明白，但是我觉得能跟妈妈一起玩游戏是非常开心的，听着音乐仿佛在天上和小鸟玩耍！

**【教师感言】**

现代社会，人们的内心变得浮躁，浮躁的产生有深刻的时代根源，社会整体节奏加快、人际关系日益淡漠和功利化、生活和工作不稳定、人生发展没有稳定的预期、竞争激烈和天灾人祸等等，都是浮躁的诱因。当一个人处于心情浮躁的状态中时，他就不能正确地做出思考，冷静地处理好每一件事。当人们处于浮躁状态时，也容易与他人产生矛盾，从而影响到自己的人际交往关系。当成人的世界充满着浮躁时，孩子也就无可避免地被感染，他们也变得暴躁，在幼儿园坐不住，与同伴发生争吵、思想注意力不集中等。因此，如何学会在浮躁的世界中保持平静的心态，冷静地思考问题，达到与他人的共识是现代人应该思考的。

为了让孩子从小养成遇事冷静的习惯，我们在幼儿园会有意识地进行培养。如：教学活动前进行蒙氏教育中的走线活动，进餐活动中播放轻音乐等。当然我们也会在游戏中来培养幼儿综合的能力。

"此时无声"是一个不受人数限制，不需准备复杂的游戏材料，简单易开展的团队心理游戏。团队成员在安静、轻松的氛围中感受那一丝宁静，体会与他人无声交流的快乐。可以让团队放下浮躁的心情，缓和心境，体会冷静思考问题。游戏中组织者要对团队成员进行一些语言的引领，所以此游戏对于参与者的语言领悟能力及想象力有一定的要求。因此，此游戏适合在大班幼儿团队、家长团队、大班亲子团队、教师团队中开展。在组织的过程中，组织者针对不同年龄段的成员进行语言引导，要结合他们的生活经验及想象能力的层面来引领，否则，游戏将不能达到好的效果。

减少浮躁情绪可能是个长期的过程，不单单是通过一个游戏就能够解决的。因此，我们也会在多次家长、教师培训中讲述一些减少浮躁的方法：首先需要我们放平心态，正本清源，无论身居何位，都不要盲目攀比，更不要唯利是图。其次，要有好的心理调节能力，提高自己的心理弹性或心理复原能力，通常可以通过阅读一些饱含智慧的书籍，经常反思和反省自己的行为来获得对浮躁的免疫力。浮躁的产生大多数都是由于压力太大、头绪太多或选择太多、节奏太快。因此，要暂时告别压力太大的社会情境，到大自然中去放松身心，徒步旅行，倾听自己内心的声音，明白自己真正的需要。另外，培养一种闲情逸致，一种为之神往的业余爱好，也是很好地解决浮躁的方法。

2011 年 12 月 4 日

## 案例九  挑战时间极限（一分钟）

**一、活动目标：**

1. 认识到在有限的时间里能创造出其应有的价值。

2. 意识到生命是由每分每秒组成的，热爱生命应从珍惜每一分每一秒开始。

3. 体验到一分钟的价值，珍惜时间就是珍惜生命。

**二、活动时间：** 10 分钟。

**三、活动场地：** 室内室外均适宜。

**四、活动准备：** 记录纸若干。

**五、活动实施：**

1. 团队组织者提出讨论问题：

（1）一分钟有多长？

（2）一分钟能做多少事？

讨论要求：团队成员自由分成两组，每组选出记录员。

分享讨论结果：组织者与成员一起评一评、说一说，看哪组讨论的内容丰富、全面、具有可操作性，哪组发言守时具有创新性。

2. 挑战游戏。

（1）挑战 10 秒钟。团队组织者从 1 数到 10，团队成员双手击掌，同时记下掌声数量。游戏结束后，团队组织者统计每人的击掌数，看有谁能超过 50 次。

（2）挑战 30 秒钟。方法同上，挑战击掌次数 150 次。

（3）挑战 60 秒钟。方法同上，挑战击掌次数 300 次。

（4）挑战 90 秒钟。方法同上，挑战击掌次数又是多少次呢？

**六、注意事项：**

组织者应尽可能激发团队成员对一分钟价值的挖掘，让队员真正意识到生命中分分秒秒的重要性。

## 七、游戏体验：

### 【家长心语】

刚开始游戏时，孩子感觉很好玩，她每次都比我们拍得少，有时拍完后却忘记数数，但是她还是能够坚持跟我们比赛。在我们的鼓励下她有了小小的进步。通过本次游戏，我发现能使孩子的专注力及反应能力提高，也能增强亲子间的情感交流，同时我们也会积极配合幼儿园开展类似的游戏活动，让孩子在"玩中学"，愉快地成长！

——甜甜的爷爷·2009 年 11 月 24 日

今天跟孩子开展了此次游戏，感受很深。当第一轮游戏完成后，孩子对我说："妈妈，时间过得真快！"于是我对她说："是的，时间总是匆匆溜走，所以我们要珍惜时间。"当我们在统计拍手的次数时，我发现她拍手的速度越来越快，她又骄傲地对我说："妈妈，我在这么短的时间内可以拍手这么多次，真厉害！"看到她这么高兴，我开始思考这个游戏的价值，并对她说："宝贝，其实只要我们合理安排时间，很多事情我们都可以快速完成的。所以，记得要合理安排你的时间哦！"孩子似懂非懂地点了点头。透过此次游戏，我认为还可以让孩子体会干什么事情都要坚持、认真、用心，最终你就会获得成功。

——欣欣的妈妈·2011 年 4 月 22 日

### 【幼儿稚语】

淘淘：拍久了会很累，但是很开心。

阳阳：我发现两手靠近点，用右手指拍左手心，左手不动就会拍得快一些。

梓怡：开始的时候有力，后来就手麻了。但是我也发现，坚持可以拍得更久，所以我们做什么事情都要坚持。

### 【教师感言】

"挑战时间极限"游戏是让团队成员从中感受每时每刻的重要性，体现每时每刻的价值，让团队成员认识到要珍惜时间。俗话说得好，"一寸光阴一寸金，寸金难买寸光阴"。简单的俗语却蕴含着极为珍贵的道理！据说大富翁比尔·盖茨看见地上掉着一千美金，他从不弯腰捡。不是他不把一千美金放在眼里，而是因为他认为时间实在是太宝贵了。按比尔·盖茨总资产来计算，他一秒钟就可以赚一万美金，而弯一下腰捡钱却要用 6 秒钟，用 6 万美金来换一千美金，那不是太可惜了吗？总有一些人感叹：

"我还有很多事情没做，时间真不够用！"其实不然，想想我们很多人是否将时间浪费在浏览网页、购物泡吧上呢？却没有意识到时间就这样流逝了。

在与幼儿的接触中，我发现孩子时间观念模糊，但时间观念对于孩子来说是十分重要的。那么，到底什么是时间呢？资深教育专家黄汉坤老师指出，时间是人类赖以生存的生物时钟，存在于人的一呼一吸中，也是人类内在秩序的源头，虽然不同文化对时间的诠释不尽相同，但基本的原理却是一样的。同时时间也是影响人类人格特质的一个因素，如：有人做事慢吞吞，有人却是急性子。时间具有规律性、稳定性、反复性及可预测性等特性。因此，从小培养幼儿的时间观念很重要。

一分钟的时间有多长？一分钟能做多少事？这个游戏旨在一分钟内不断地挑战自己，挖掘自己的潜能。也许第一次挑战不成功，但通过尝试，找到正确的方法，不断激发自己的潜能，击掌的次数就会越来越多，你的挑战也就越来越容易。

在亲子之间以及家长团队、幼儿团队中开展此游戏时，我发现每个成员在参与游戏时都神情专注、高度紧张，他们将游戏看做一种比赛，都在尽力地与时间赛跑。在游戏结束后每个人会大大地松一口气，然后惊讶于自己在短短的几十秒内竟然能够做这么多动作，同时也认识到很多美好的时间都被自己在无意间浪费了。而对于孩子们来说，他们接受了一次游戏挑战，通过挑战让他们有了时间观念，从而珍惜时间，珍爱生命。

2011 年 2 月 18 日

## 案例十　贴鼻子

**一、活动目标：**

1. 感受盲人生活的不方便，激发团队成员关心残疾人，不歧视残疾人。
2. 培养团队成员的方位感平衡感及准确的判断能力。
3. 体验在蒙眼的状态下，快速地将鼻子贴到脸部的正确位置。

**二、活动时间：** 20 分钟。

**三、活动场地：** 室内。

**四、活动准备：** 没有鼻子的人物脸谱图片、眼罩、起始线。

**五、活动实施：**

1. 集体观察没有鼻子的人物脸谱图片，感知鼻子的部位，目测起始线间距离的长短。

2. 了解游戏规则：亲子家庭为一组，家长戴上眼罩把眼睛蒙住背上孩子。原地转 3 圈后，听孩子的指挥，径直走向图像的位置将鼻子贴在正确的位置，用时最短的亲子组获胜。

**六、注意事项：**

1. 家长要将眼睛蒙好不能偷看。

2. 在蒙眼转圈的时候要保持身体的平衡，不让自己迷失方向。

3. 家长可以引导孩子说方位，进行准确的判断。

**七、拓展游戏：**

可以发挥幼儿的想象力，在贴鼻子的游戏中得到启发，并迁移、创造新的游戏玩法，如贴嘴巴、添画眼睛等有趣的游戏。

**八、游戏体验：**

**【家长心语】**

在玩游戏的时候，仪仪很疑惑地对我说："妈妈你觉得我们能贴正鼻子吗？"我很有信心地看着她说："那当然能贴中啊。不过你在玩游戏之前一定要仔细观察好鼻子的位置，不然等会把我们的眼睛蒙住了我们都看不见就很难找到鼻子的位置了。"宝贝似懂非懂地看着我。"要相信自己，我们是最棒的。"当我对她表示很有信心的时候，她也变得自信起来。游戏开始了，我发现仪仪有些紧张，小家伙对待这个游戏很认真，生怕自己把鼻子贴歪了。当我们慢慢地摸到图像前，左摸摸，右摸摸，我问紫仪："我们就贴这里了啊。""好吧！"当我们摘下面罩时，看到我们贴的鼻子我们都笑了，成功了！我和女儿开心地拥抱在一起。虽然只是一个小小的游戏，但是仪仪却非常用心地对待，这样也是一种锻炼，让她从游戏中感受到成功的喜悦。做什么事都要非常仔细，才能让自己成功。

——仪仪的妈妈·2009 年 11 月 24 日

因为工作繁忙，平日很少和女儿奔奔待在一起，也没时间接送她入幼儿园，更不用说参加亲子活动或家长培训了。今天是周六，终于不用加班了，我决定陪奔奔好好地玩一玩，玩什么呢？奔奔提议说："玩贴鼻子吧！"于是奔奔画了一只大白兔，只是少了一个鼻子。另外，她又单独画了一个鼻子。游戏开始了，奔奔妈妈第一个出场。我找来一块布把她的眼睛蒙上，然后让她原地转 3 圈，给她一个鼻子让她贴。她慢慢地一步一步向前走，到了大白兔面前，她停了下来。她在兔子身上摸来摸去，好像确定似的，把手中的鼻子一贴，拉开布一看，我们全都笑了起来，原来她把鼻子贴在大白兔的嘴巴下面。哈哈，真好笑！第二个上场的是奔奔，她按要求来到画像前这儿一摸，那儿一放。"哎呀，太高了，宝宝往下一点。"我急得说出了声。她听到我的提示后立刻把纸鼻子往下挪了一点，呵呵，刚好，鼻子不偏不倚正好贴中。最后一个上场的是我，我故意请求奔奔帮忙，她也很开心地告诉我如何移动，最终在她的帮助下我成功地贴好了鼻子。就这样我们每个人轮流贴了3回，奔奔还不过瘾，还想玩，我答应她下次再玩。

这次的亲子游戏活动让我很有感触，不只是孩子的开心，我们也在这游戏中重温了童年！女儿在一点点地长大，但做起事来还不够大方，有些胆怯，做事情手脚太慢，不够专心，这些都需要慢慢地培养。这次活动让她也知道了很多，孩子与家长之间需要团结合作，需要互相帮助。这次活动，也让我意识到，我们整天忙自己的事情，真的没有拿出过多的时间来和孩子快快乐乐地做游戏，和孩子交流，倾听孩子的心声。很多家长都会"望子成龙"、"望女成凤"，总希望自己的孩子是最优秀的，给孩子施加了过多的压力，束缚了孩子的自由，让孩子缤纷快乐的童年暗淡了色彩。究其原因就是我们和孩子交流沟通得太少，对幼儿教育了解太少。真诚希望幼儿园以后多多组织亲子活动，让家长和孩子一起游戏、一起快乐，创造一个家长和老师沟通交流的机会。

——奔奔的爸爸·2011 年 9 月 24 日

**【教师感言】**

贴鼻子是一个民间游戏，考验的是参与者的稳定性和平衡能力，同时游戏中也有组合与他人进行竞争的过程。而在和谐的社会里，强调的是通过公平合理、互助友爱的竞争，以达到个人素质的提升及群体凝聚力的增强，使同伴之间携手合作，共同进步。贴鼻子游戏是一种将手、眼、脑综合运用的创作，它需要透过观察、思考、想象、重组、实验、操作等方法呈现孩子的个人意念。贴鼻子游戏虽然很简单，但对孩子们大有好处。在贴画的游戏中，孩子们可以充分发挥他们的想象力和创造力，可以锻炼眼睛和手的协调性，对颜色的敏感度，还有利于大脑的开发，提高创造力和集中注意力。当然有贴不准的意外小笑话发生。

贴鼻子这个游戏对家长来说并不陌生。对小朋友来说也不会有很大的难度。游戏是每个幼儿的最爱，爱玩是孩子的天性。游戏不仅能让孩子玩得开心，而且能使孩子的身心健康和综合素质得到全面的发展。

在游戏的过程中，让我看到了不一样的事物，让我笑，让我激动。我相信在家长的眼里，也会这么认为的。在贴鼻子之前，小朋友会觉得贴鼻子很简单，没想到，其实并不简单。在玩游戏的过程中，家长不断地告诉宝贝，要怎样才能把鼻子贴对，就是自己要找准方向就可以了。

虽然孩子们不能独立完成游戏，但是我们在游戏中看到了亲子之间的默契，看到了一张张稚嫩的脸上开心的笑容，当游戏结束时孩子们都意犹未尽，"妈妈我还想再玩一下，这个游戏真好玩呀！""为什么就结束了啊，爸爸我们回家跟妈妈一起玩这个游戏好吗？"家长陪孩子玩游戏，这对于孩子来说是最好的礼物，一个小小的游戏能促进孩子身心健康，也能促进家长和孩子之间的感情，何乐而不为？"一切为了孩子，为了孩子的一切"不是说出来的，而是要用实际的行动来实现。现代社会发展很快，孩子的内心变化也同样很快，所以请家长关注您的孩子，多些时间陪陪他们，陪他们玩游戏，伴随孩子的心一同学习，一起成长。

2011 年 9 月 24 日

# 案例十一　击掌传物

**一、活动目标：**

1. 体验团队成员间互相激励、互相欣赏的美好情感。
2. 锻炼团队成员大胆表现自我的勇气，学会赏识他人。
3. 珍惜获得的机会，大胆的表现和展示自我的特长。

**二、活动时间：** 20 分钟。

**三、活动场地：** 室内。

**四、活动准备：** 花或球等可以传递的物品。

**五、活动实施：**

1. 所有团队成员围坐在一起，组织者站在中间。
2. 游戏开始，所有团队成员一起击掌，组织者将传递物交给团队中的一员，然后将传递物按顺时针方向沿着座位依次迅速传递，当组织者发出停止口令，掌声和传递一起停止。
3. 掌声停止后，传递物落在谁的手中，谁将被组织者要求做一件事，表演节目或者挑战主持人的真心话大冒险。
4. 表演过后，传递物就从这个表演者手中开始传，游戏反复进行。

**六、注意事项：**

1. 当掌声停止，传递物落在谁手中，谁就应把传递物举起，不得乱抛或故意把传递物乱扔给别人。

2. 为使游戏更热烈、更有趣，也可用两个传递物同时传递，注意两物落在同一个成员的手中，该成员收获很大也需给两次挑战自我的机会。

**七、游戏体验：**

**【家长心语】**

今天下午特意与女儿一起玩了"击掌传花"的游戏，通过游戏我感受到平等公平地对待孩子非常重要。在游戏中我们如果一味地以自己是父母，不平等地开展游戏，不公平地宣布游戏结果，肯定会给孩子心中留下阴影。我们认为，既然都是游戏的参与者，大家一律平等，如果我们输了也要接受惩罚。对于结果应公平不要歪曲结果和事实，这样才有利于孩子公平平等地对待以后的生活，否则要么会使她自卑，要么会使她骄逸，不利于良好品质的培养。通过与孩子一起玩游戏，我们可以更多地理解孩子的一些习性和想法，并通过游戏让她养成良好的行为习惯，对她以后形成良好的性格是很有帮助的。

——慧慧的妈妈·2010 年 12 月 27 日

一天下午接乐乐离园时老师组织玩亲子游戏。当时真感觉有点不好意思。进入教室，老师宣布游戏名称是"击掌传球"，击掌停止，球在谁手里就归谁表演节目。我们站在老师顺时针的第三位，大家手拉手站成一个圈。正当我还在想传到我手上该多难堪的时候，游戏开始了。球传给乐乐的时候没传接好，掉了。乐乐赶紧跑去捡球，球刚拿到，老师就停止了鼓掌。大家乐呵呵地齐声喊道："该乐乐表演！是乐乐！"可是我们的乐乐还在为很快捡到球而高兴呢！听到大家的喊声，还没有完全缓过劲的乐乐明白要表演节目时，开始有点害羞了，抱着我的腿不肯上台。我看见后，蹲下去安慰乐乐："没事，大家是想看你表演，你可以唱你最拿手的歌啊！"受到启发，乐乐马上唱起来："小松树，快长大……"在我的伴唱鼓励下，乐乐的声音越唱越大，非常快乐地唱完了这首歌。看到乐乐的表演，全部小朋友顿时都被点燃激情，欢快而又紧张地伴着掌声传起球来。当球传到一个小女孩的手里时，她竟然抱着球不肯再传下去了。原来她想马上表演呢！只见老师的掌声刚停，她就一个箭步地跑上台，马上边唱边跳地表演开了。她的表演让整个游戏达到高潮，孩子们都兴奋地一起唱啊跳啊，乐乐更是快乐地围着圆圈跑起来。孩子们有的唱歌，有的学老虎吼叫，还有的学起小白兔蹦蹦跳跳。看着孩子们兴奋的笑脸，看着孩子们争先恐后地抱球不放，争取表演机会的样子，真是天真的小天使。想着几分钟前自己忐忑的心，我也不由得笑起来。

——乐乐的妈妈·2011 年 11 月 25 日

【幼儿稚语】

均均：妈妈，以后能不能每次回家后都玩这个游戏。等我的好朋友来我家时，我也希望能教她们玩。妈妈，今天我很开心也很幸福。

慧慧：虽然我输了，但我唱歌时，爸爸和妈妈都给我一个大拇指，还夸我长大了，能够不怕困难。妈妈还说周末奖励我去游乐场。

乐乐：好玩，我和爸爸一起唱了《数鸭子》的歌曲。

依依：好玩，因为球落到我的手上，我跳了《小龙人》，大家都为我鼓掌。

【教师感言】

在竞争激烈的当代社会，要求人们面对机会能勇敢、大声地说"我行"。因此培养孩子自我表现的勇气和习惯，成了家庭教育和幼儿园教育的一个重要内容，但该从何入手来培养孩子的这种勇气却困扰着不少家长。"击掌传物"强调团队互助与鼓励，所有队员在游戏中都要遵守游戏的规则，要努力将游戏的兴趣点提到最高；同时，所有团队游戏的环节都强调统筹规划，发挥每个队员的长处，不让任何一个人掉队，否则整个团队就要宣告失败。游戏"击掌传物"，可以培养团队成员大胆表现自我的勇气。游戏中，当物品落入谁的手中时，我们需要鼓励成员大胆地表现自己，把特长展现给大家，并且把表演的机会当作是一次来之不易的尝试和奖励，让成员们渴求物品落入手中的那份需求感。并根据不同层次的团队成员有不同表现自己的方式，如：幼儿团队则是表演一个节目，而对于成人团队成员则要求选择真心话大冒险，更具挑战性。

当然，在游戏中也会有团队成员因为自我表现能力不强而害怕表演。这时，就需要团队成员之间的相互鼓励，大家给予对方赞扬与肯定，用赏识的目光去看待他人。当然，透过这一次游戏想要提高一个人的自我表现能力是不够的，其实家长和老师还可以通过多种方式、多个游戏来提高幼儿的自我表现能力。

家长应有意识地扩大孩子交际圈，让孩子在成人陪伴下经常面对陌生的人与环境，逐渐减轻不安心理。闲暇时，带孩子和邻居聊上几句，鼓励孩子与同龄朋友一起玩耍，建立友谊；购物时甚至可以让孩子帮忙付钱；

经常到同事、亲戚家串门；节假日，一家三口背上行囊去旅游，让孩子置身于川流不息的游客潮中……随着见识的增长，孩子面对别人的目光时，便会多几分坦然。

发现孩子的闪光点。孩子不爱表现自己并不是因为他没有长处，而是他人在不经意间难以发现。这就需要我们用一双发现金子般的眼睛去看待他们，放大他们的闪光点，给他们机会去表现自己的长处，提高他们的自信心。

游戏是幼儿最感兴趣的活动，因此我们可以开展类似的游戏来发展幼儿的表现力。如：我是谁、三轮车等，让其在欢快、轻松的氛围中，消除紧张感，在一次一次的积累中培养幼儿的诸方面能力。

三字经里有句话叫"玉不琢，不成器"。纵观我们对孩子的整个教育过程，其实便是一个琢玉的过程。虽然这块粗糙的玉石没有变成一件非常精美的玉器，但在这"琢"的过程中教师、家长、幼儿得到的发展却令我们无限欣慰。让我们在教育的路上不断反思、不断实践，促孩子茁壮成长。

2011 年 12 月 22 日

## 案例十二　顶针传递

**一、活动目标：**

1. 体验大家一起游戏的乐趣，使团队充满活力。
2. 培养团队合作精神，探索团队共同合作解决问题。
3. 学会克服困难，培养勇敢、自信、坚强等品质。

**二、活动时间：**30 分钟。

**三、活动场地：**室内。

**四、活动准备：**筷子或吸管若干、回形针等。

**五、活动实施：**

1. 团队成员 5～7 人为一组，每个小组队员展成一排（或一圈）。
2. 每组队员发一根筷子，可以把筷子换成吸管，每组一个顶针，让每个队员把牙刷叼在嘴里。把顶针交给小组站在前面的队员，把顶针套在筷子上。
3. 每个小组再按顺序由每个组员把顶针从第一传到队尾。第一个把顶针传到队尾的小组获胜。

**六、注意事项：**

1. 只允许用筷子传递顶针，不允许用手碰顶针。

2. 如果有人不慎把顶针掉到了地上，只能用筷子把顶针拣起来，而且不能把筷子从嘴里拿出来。

**七、游戏体验：**

**【家长心语】**

这个游戏主要是考验大家的团队合作精神，如果在游戏的过程中团队人员紧张游戏将无法进行下去。那么家长陪伴孩子游戏，亲子更开心，更积极。在游戏过程中，一步步指导孩子该如何做。当遇到针掉落现象时，更不应该着急，要沉下心找到游戏的方法后继续玩。

——穗穗的妈妈·2009 年 11 月 23 日

通过这个游戏，让我意识到，遇到任何事情不到最后一刻，决不要轻易放弃。让我更多思考的是：事情没有到最后不放弃，人多主意就多，经过大家努力方能把事情完成得最好。当发现一件事情觉得不可能办到时，要从多角度去研讨，坚持就是胜利。

——名名的妈妈·2009 年 11 月 23 日

在我们生活中一碰到辛苦的事情，就会喊累，学会坚持是一件很难的事情。只要坚持下去，就会有不一样的答案。只要我们坚持不懈，冷静思考，最后总会找到好办法解决困难，让我们的生活多姿多彩，快乐无比。

——鑫鑫的爸爸·2011 年 7 月 7 日

**【教师感言】**

有一天组织班上孩子玩"顶针传递"的游戏。由于考虑到这个游戏对于中班的孩子来说难度较大。于是我选择的游戏道具是筷子和小的圆圈透明胶（作为套在筷子上的顶针），这样可以降低一些难度。在孩子们进行游戏时，他们特别兴奋，因为这是他们第一次玩这类型的游戏，都很想参与。孩子们嘴里含着筷子，第一个孩子要把套在筷子上的空心透明胶圈套在第二个孩子的筷子上。这一步难度很大，孩子套了几次都难以做到，他们调整着筷子，想保持筷子的平衡，不让透明胶掉下去，可是难以控制自如。还有就是筷子太长，孩子们不能控制筷子把透明胶从一根筷子套在另一根筷子上。但是孩子们不断地尝试，想克服困难获得成功。

在我和孩子组织游戏后，我也在思考我班孩子是否适合玩这个游戏。显然孩子们玩这个游戏不但难度大，而且危险性非常大，一不小心就会被筷子戳到，很不安全。于是我把这个游戏重新改良，能够适合孩子玩。我把筷子换成我们平时喝饮料的吸管，而透明胶换成纸圈。这样游戏难度减小，危险性也减小，可以适合我班孩子开展。

游戏改良后，我又重新组织孩子玩了这个游戏。这次孩子们能够较好地控制吸管，游戏的兴趣也更加浓厚。虽然中间孩子有很多不成功的时候，但孩子们没有放弃，一直在自己想办法怎样才能更好地套在吸管上进行传递，孩子们在通过几次后都慢慢掌握到方法了。有的孩子成功后，高兴地跳起来，他们非常享受挑战后的成功。

这个游戏不但给孩子们带来了快乐，孩子们在顶针传递的游戏中也可以学到很多知识。例如他们可以学习到与他人合作的团队精神，可以学习克服困难的精神。这些都是可以通过游戏影响到孩子的。对于孩子来说，当他们遇到困难时通常会哭泣或寻求大人的帮助。我们通过游戏，训练孩子在遇到困难时，能够靠自己想出解决的方法，同时还可以培养孩子的团队精神和竞争意识。这个游戏也可以结合我们生活实际来，让孩子们知道做什么事不是一次就能成功的，需要多次尝试。当我们遇到困难时，不要轻易放弃，而是要想办法克服困难。也许一个人的力量有限，那我们何不团结起周围的人，发挥团队精神，大家一起商量解决问题。

另外这个游戏也适合在成人之间玩。我组织同事用筷子和顶针，玩了这个游戏。在游戏结束后，我向他们提出这样的问题：哪个小组第一个把顶针传到队尾？哪些因素有助于成功地完成游戏？在游戏过程中遇到了哪些困难？是如何克服困难的？如何将这个游戏和我们的实际工作联系起来？通过这些问题让游戏者思考成功是什么？当我们面对困难时，又要怎样克服困难呢？最后他们联系自己的工作实际得出结论：成功一定是有理由的，当我们工作遇到困难时，要想出解决困难的方法。我想这个游戏也给我们成人很大的启示。

2010 年 9 月 27 日

## 案例十三 雨的来去

**一、活动目标：**

1. 感受雨的来与去过程，体验人与自然和谐之美。
2. 发展团队成员肢体及多种感官的协调性，培养其凝聚力、合作力。
3. 营造自然环境中下雨的气氛，团队成员做浅层的感官知觉练习。

**二、活动时间：** 10 ~ 20 分钟。

**三、活动场地：**室内、外均可。

**四、活动准备：**50 人以上的团队。

**五、活动实施：**

1. 以组织者为圆心，所有团队成员围成五个同心圆面对组织者。

2. 组织者示范动作。

（1）手掌相互摩擦（下雨之前的风声）；

（2）手指交互拍打（开始有雨滴）；

（3）多指一起拍打（毛毛雨）；

（4）拍打大腿（下大雨）；

（5）踩踩脚（下暴雨）。

3. 示范完后请团队成员操作练习一次，每个动作依序由最内圈向最外圈传递。

4. 请所有成员将眼睛闭上，保持静默，再由组织者从圆心开始将 1～5 的动作向外圈传递，等所有声音停止，团队成员张开眼睛，表达和分享游戏的感受。

5. 尝试着五种动作一起操作，感受它的变化。

**六、注意事项：**

要根据场地控制住人数，以保证安全。

**七、拓展游戏：**可以用 5 种不同的声音表示雨的大小。

**八、游戏体验：**

【家长心语】

今天游戏时儿子拉着我的手，很开心，还偷偷地亲了一下我的手，我望着他笑，我知道他在用自己的方式表达心情。每次老师喊到"下暴雨了"，儿子都使出全身力气踩脚，我看着他笑，他就踩得更开心了。和儿子玩游戏的时间非常短暂，但我仍然感到非常开心，也非常激动。想想我们每天都在忙碌着自己的事情，并没有拿出过多的时间和孩子快快乐乐地做游戏，真心和孩子交流，认真倾听孩子的想法。我作为家长该反省自己，在幼儿教育上还有很多不懂的地方，也得多与老师交流沟通，更应该多拿出时间陪陪孩子。

孩子的苗壮成长都是建立在老师无私的爱与教育的基础上，感谢幼儿园组织了这样实在、操作性强的游戏，让我们家长和孩子之间相互沟通，让我们和孩子一起活动，也让孩子在这样的游戏活动中发展个性，培养能力！希望幼儿园以后多组织这样的活动，我们家长将积极配合，乐于开展实施。

——鹏鹏的妈妈·2010 年 4 月 5 日

来幼儿园参加亲子游戏感觉很开心。对我们家长来说，不仅仅是心情的放松，还有与老师及孩子交流的收获。孩子玩得也非常尽兴，游戏结束的时候，还是那么依依不舍。

雨的来去这个游戏虽然简单，但是却非常有创意，个人觉得非常适合幼儿园的小朋友们一起玩。游戏中要求小朋友认真听老师"大小不同的雨"的提示，根据老师不同的提示回应做出不同的动作。游戏生动有趣，富于变化，要求脑、眼、耳、手脚并用。不仅锻炼了小朋友的专注力和协调能力，而且也对"雨的来去"这一自然现象有了较深的认知和形象的体验。

沫沫从幼儿园回来，总是会带我们一起玩幼儿园的游戏。比如排队、喊口令、丢手绢、老鹰抓小鸡、网小鱼等等。给她一个篮球，她会告诉我们玩很多不同的花样。在游戏中，孩子还喜欢指导我们扮演不同的角色，她最喜欢的就是扮演老师和小队长了。感谢老师给孩子还有我们全家带来这么多的快乐和幸福。孩子的茁壮成长都是建立在老师无私的爱与教育的基础上，感谢幼儿园组织了这样有趣、可操作又好玩的游戏。

——沫沫的妈妈·2012 年 3 月 11 日

【幼儿稚语】

宝宝：好玩，很开心，妈妈表扬了我，对我竖起了大拇指，说我很棒！

萱萱：太开心了，我知道了雨的来去！

雄雄：我要把这个游戏带给我奶奶一起玩！

卓卓：我觉得挺好玩的，要是我爸爸也来参加就更好啦！

【教师感言】

生存是一门艺术，它的第一法则就是合作，这既是一种精神和气质，也是一种能力和修养。现在的家长都担心自己的孩子孤僻、自私、不愿意和他人交往，这是一个社会问题。随着经济的日益发达，孩子与家人数量的对比，很多家庭都是四五个大人守着一个孩子，为孩子创造了很多自私自利的潜在因素，"什么都是我的，以自我为中心，我就愿意这样"。因此幼儿合作能力的培养非常重要，不具备这种能力的幼儿在未来的发展中，难于适应社会、立足社会，最后必将被社会所淘汰。

在"雨的来去"亲子团队游戏中既可以培养团队成员间的亲子感情，同时也能让团队成员尤其是孩子在活动中体会到团队合作的重要性，同时也考验游戏中"指导者"的语言表达能力和"操作者"的倾听能力，而作为孩子的父母或老师应重视培养孩子的团结合作意识，让他们拓展人生舞台，创造学业和事业的辉煌。《幼儿园教育指导纲要（试行）》中明确指出："幼儿园活动以游戏为主，让幼儿在游戏中快乐、自主地学习！"

2011 年 6 月 13 日

## 案例十四　团结力量大

**一、活动目标：**

1. 感受团结力量的强大，体验合作战胜困难的快乐。

2. 培养团队成员正视团队失败的原因，提高积极调整解决问题的能力。

3. 引导团队成员运用不同的方法和策略，用团队的力量战胜困难，取得胜利。

**二、活动时间：**10～20 分钟。

**三、活动场地：**空旷、平坦的场地（室内、室外均可）。

**四、活动准备：**团队游戏成员若干名。

**五、活动实施：**

1. 队员积极准备游戏。

8～10 人一组，一人为"闯关者"，其他则为"守关者"。"守关者"围成圆圈站立，须合作使用各种方法阻止闯关者的侵入，"闯关者"须想办法闯入"守关者"圆圈中间领域，或打散"守关者"站立的圆圈。

2. 队员参与、创造游戏。

（1）第一次游戏体验，"守关者"用手牵手的方法阻止"闯关者"的侵入。根据游戏情况组织所有团队成员讨论：你觉得刚才的方法合适吗？还有什么更好的方法？

（2）第二次游戏体验，团队成员用讨论的方法尝试继续进行游戏。

3. 分享成员感受及收获。

**六、注意事项：**

因游戏中需要肢体接触，成人团队建议选择同性间开展。

**七、拓展游戏：**

1. 可根据游戏现场的组织效果灵活调整参与游戏的人数和时间，如可以请 2 名"闯关者"或减少"守关者"的人数。

2. 如家庭人数较少，可改为智力问答通关，让幼儿在与父母游戏中体验到活动的乐趣，感受到家庭合作的重要性。

**八、游戏体验：**

**【家长心语】**

在游戏中我们真的感受到了团结力量大，不管在游戏中自身遇到什么困难与伤害，都不能放开同伴的手，让这个团队失败，我们必须相信团队的每一个成员，相互帮助才能阻止敌人入侵。这样的游戏，真的需要大家团结一致，所有的参与者手挽手、背朝里面，密不透风挽得紧紧的。当闯关者对我们其中一个进行攻击时，我们转动圆圈，让他没有使力的空隙。终于，我们胜利了，所谓一根筷子易折断，十根筷子难折断。

——阳阳的妈妈·2011 年 5 月 24 日

以团队为一个整体，坚守阵地，但也要想办法攻击对手，不让他乘虚而入，同时也要时刻提醒自己旁边的人。"敌人"攻击团队时需要保护好自己，总的来说就是团结一致才能不让"敌人"入侵。"团结"就像一堵厚厚的城墙，即使"敌人"再厉害也攻不破。同时我也发现，利用相互扶持的力量，遇到困难与伤害都不能选择放弃，坚持就是胜利。

——琪琪的妈妈·2011 年 5 月 24 日

今天与中一班的家长朋友一起参与了团队游戏——团结力量大，让我真正感受到了团结的力量，我们所有参与游戏的人双手挽住其他人，形成一个大圆，阻止"敌人"的攻入。我们必须相信彼此、相互帮助，才能阻止"敌人"入侵。假设有一方较弱，那么"敌人"将会乘虚而入，就像第一次的失败。但是第二次，我们能吸取经验、共同努力、相互团结，最终我们赢得了胜利，感悟到团结力量大的道理。

——乖乖的妈妈·2011 年 12 月 24 日

**【教师感言】**

此游戏适合大、中幼儿团队、家长团队成员参与，选择活动场地适宜即可。在组织家长和孩子们玩团结力量大的游戏时，组织者在介绍游戏规则后，第一轮充分发挥自主性原则，让家长们自愿选择参与游戏，幼儿园体育老师自告奋勇地当起了闯关者，家长们自愿组成守关者，面对面牵手拉成圆，由于闯关者力量比较大而守关的美女们笑声不断正在摸索方法，两次尝试后，闯关者都成功了。守关者团队在组织者的引导下总结经验，尝试第二轮游戏，守关者背靠背采用转圈的方式化被动为主动，让闯关者无机可乘，终于战赢了我们的体育老师！留下的是美女妈妈欢呼的靓影。

同样的人用不同的方法有不同的结果，在游戏与欢笑中，寻找着胜利的方法，感受着团结的力量。第一次体验的时候，由于大家没有统一思想，当进攻者向一侧跑的时候，防守的9个人一起往那一侧跑，互相推挤不仅使反应速度变慢了，而且还使手拉手的防线变得不牢固，无法对进攻者造成威慑，其结果自然不言而喻。经过第一次失败后，家长们一起商量对策，详细安排好以后，大家一起齐心协力，防守技能越来越熟练，最终让进攻者无奈地放弃了。

生存是一门艺术，它的第一法则就是合作，它既是一种精神和气质，也是一种能力和修养。父母与教师都应重视培养孩子的团结合作意识，培养孩子讲究团结、与人相处，"求同存异"，"能与他人互利双赢"。"团结力量大"这个游戏需要团队成员团结协作，并能创造性思考各种不让闯关者攻破的方法。开展此游戏能够感受与他人合作克服困难取得胜利的喜悦，进而萌发在生活中乐意与他人合作、善于与他人合作的意识。这个游戏让我们知道，在一个团队里，每个人都想做最直接面对问题的人是不可能的，就像每个人都抢着拦进攻者一样，最终只会造成混乱，不能解决实际问题，每个人应该有自己的分工，需要有人辅助，只有团结一心，才能把问题解决。同时在商讨问题时，每个人都把自己的想法说出来，集思广益，完善解决办法，在思想上团结和在行动上统一都很重要。

2010 年 4 月 15 日

## 案例十五　抢椅子

**一、活动目标：**
1. 训练团队成员的速度和灵敏性。
2. 培养团队成员的倾听能力、观察能力和专注力。

**二、活动时间：** 20 分钟。

**三、活动场地：** 室内。

**四、活动准备：** 椅子 10 张、参与人数比椅子多 1 人（6~12 人适宜）。

**五、活动实施：**

1. 椅子背靠背围成圆圈，椅子数量比参加人数少 1~2 把。大家围着椅子顺时针碎步跑圈，组织者在旁边发指令"停"，大家就争抢坐椅子。

2. 没有坐到椅子的人被淘汰出局，同时减少一把椅子，直到最后 2 名成员争"抢"一把椅子，最后抢到者获胜。

3. 大家围着椅子碎步跑圈时，可以一起唱歌或放背景音乐，或队员鼓掌，声音一停，队员坐在椅子上。

**六、注意事项：**

1. 为了团队成员在游戏中处于平等关系，抢椅子的人员必须听到指定口令才能抢坐椅子。

2. 注意安全，队员要跑动起来，不能围着椅子不动。

3. 没有坐到椅子的人被淘汰出局，同时减少 1 把或 2 把椅子。

**七、拓展游戏：**

1. 团队成员分成两队，椅子比参与成员少 3 把，当音乐停下时，成员抢的椅子数量多的队获胜。

2. 中、大班的幼儿可开展此游戏。

3. 家庭亲子间可玩抢椅子的游戏。

**八、游戏体验：**

**【家长心语】**

首先非常感谢老师布置的这个"家庭作业"，给我家带来了一晚上的欢声笑语，让祖孙三代共享天伦，大家都非常开心。我想在这个游戏中，不知道是不是大多数的家庭里都是孩子最后取得了胜利，然后像我们家的孩子一样，得了奖品，兴奋又满足。但是，实际的情况就是，一开始铮铮就输了，第一个出局，结果他就生气了，神情沮丧，说不玩了就是不玩了，于是我们只好重来。重来的时候他很紧张，他说他就是不能输。奶奶出了个主意，就是让铮铮拿着遥控器控制音乐开关，最后大家让他赢了。由此，我们看到孩子的耐挫力很差，输不起，我们在以后的细节教育中还需让他增强此方面的能力，因为人不可能一辈子不接受挫折，成功的人是越挫越勇，而挫折能力不强的人则会备受打击，从而没有了冲劲。虽然家长因为孩子还小而在游戏中让了一步，不过让我们感到欣慰的是孩子还是乐于跟我们分享他的奖品，将他胜利的喜悦分享给我们每个人，多玩一玩这样的游戏，既增进了亲子间感情，也让他知道了输与赢的道理。

——铮铮的妈妈·2011 年 11 月 17 日

通过此次抢椅子游戏，我体验到了亲子关系的融洽，真是快乐多多。在忙碌中抽时间陪伴孩子，孩子愉悦，我们也能更深刻地体会那份父子、母子深情，温馨至极。平时家长们大多比较忙，没那么多时间陪孩子玩，孩子感到孤单，很无趣，心里对父母或多或少都有一些怨言。亲子活动，迫使家长放下手中的事务，和孩子一起嬉笑打闹，一起开心，一起欢笑。

这次活动，孩子们的身心得到了愉悦的体验，又让他们看到了大人们往常严肃的外表下那好玩的天性，同时让他们体会到爸爸妈妈并不曾因繁忙就将他们遗忘，从而使他们从心底深处解除隔阂，原谅父母平时对他们的怠慢和疏离，与父母心贴心。在活动中，不只是孩子们开心，父母自己也痛痛快快地玩，彻彻底底地放松嬉戏了一次，找到了久违的童年感觉！

今后我们将要付出更多的精力和时间进行亲子活动，营造快乐和谐的家庭环境。

——芸芸的妈妈·2011 年 5 月 30 日

随着音乐声响起，爸爸说由齐齐喊停。我们都转了起来，我们每一个人的心好像都在不停地跳着，担心音乐停止后自己不能够坐到椅子上。爸爸没有抢到椅子，第一个被淘汰出局，儿子和我坐在椅子上得意洋洋。

就剩下一把椅子音乐又响起来了，轮到爸爸喊停，我和儿子挺紧张的但脸上却装着若无其事的样子。我的眼睛盯着椅子转，齐齐一会儿跑得快，一会儿挪着小小的碎步，紧张极了，这时爸爸叫"停"，儿子一屁股正好坐在椅子上，小家伙胜利啦。从他脸上透出得意的笑容说明他十分骄傲，他有一种成功感。

整个游戏我们玩得非常开心，齐齐的反应速度比我想象的要快，在游戏中他十分专注，并且能够较好地遵守游戏规则，感谢老师别出心裁的亲子游戏让儿子和爸妈的心贴得更近。

——齐齐的妈妈·2011 年 5 月 24 日

**【教师感言】**

曾看到一本幼教理论书上有这样一段话：对于大班的孩子，有些游戏的规则、活动的常规，不妨让他们自己来商量、确定，要相信他们也是很有主见的。而且，由他们自己确立的游戏规则和生活常规更容易被采纳和遵守，因为他们觉得自己被重视了。在一日活动中我积极地观察孩子在游戏中的表现，鼓励孩子们自己确立游戏规则。

在一次自由活动时，看到一群孩子在玩"抢椅子"游戏，我有点好奇，于是细细观察。看到玩游戏的孩子手里都有一张小卡片，小椅子有序地摆放成一圈，跟老师放的一样整齐，不同的是中间还放着一张小椅子，小曦坐在中间拍着手（原来是代替音乐），孩子们听着拍手声沿着椅子一圈走起来，只见小曦把小手放在膝盖上喊"停"，孩子们立刻停下来抢椅子，没坐到椅子的孩子被淘汰，然后孩子们搬掉一张椅子继续进行游戏。等到小曦再次叫停的时候，这时煜子和阳阳同时坐到一张椅子上。我想这下孩子们碰到难题了。只见煜子和阳阳在玩"石头剪子布"的游戏来决定胜负，结果煜子赢了，阳阳被淘汰，游戏继续进行着……看着孩子们一轮游戏结束，最后的胜利者高兴地举起手叫起来："我赢啦！"孩子们玩游戏的热情感染了我，同时也觉得他们是如此地遵守游戏规则。我说："老师也来参加你们的游戏，好吗？"孩子们拍手叫好。这时，旁边的小朋友也都过来想参加游戏，于是我提议："请小朋友们安静地坐好，让玩游戏的孩子们介绍游戏规则。"小曦忙说："我来告诉你们游戏的规则。"大家拍手表示同意。小曦说："参加游戏的一共十个小朋友，每人发一张小卡片，其中一人是指挥，坐在中间拍手，九个小朋友抢椅子，指挥的人叫停，开始抢椅子，没有抢到椅子的，就输了，搬掉一张椅子再开始游戏，如果有两个小朋友一起坐到椅子，就要'石头剪子布'，赢的人继续玩游戏。"我问大家："你们同意这样的游戏规则吗？"大家齐声说："同意！"于是，大家迫不及待地开始游戏了。

我想孩子这样玩游戏是我们老师、家长所希望看到的，孩子能够在游戏中根据自己的实际情况来解决遇到的问题，比我们去说教收到的效果要更好，在游戏中培养了孩子们的主动性、和谐性、协调性和参与性，更加达到了培养孩子们身心健康发展的目标，教师和家长都为孩子们而感到自豪。

2011 年 9 月 27 日

## 案例十六　趣味气球

**一、活动目标：**

1. 团队成员体验追逐躲闪游戏和身体运动带来的乐趣。
2. 培养团队成员勇敢的意志品质以及灵敏的反应、动作协调能力。

3. 尝试用简单的玩具进行多样的团队游戏，增进团队间的友谊。

**二、活动时间：** 20 分钟。

**三、活动场地：** 宽敞的室内和室外。

**四、活动准备：** 气氛欢快的音乐、气球若干、绳子若干、塑料筐若干。

**五、活动实施：**

1. 开始环节，团队成员听音乐做热身运动。

2. 团队成员分组进行游戏。

（1）吹气球比赛：团队成员分组合作吹气球，在规定时间内吹气球多的组为胜。

（2）踩气球：全体成员把气球系在脚上，然后播放音乐，音乐开始，每位成员设法去踩破另一组成员脚上拖着的气球，音乐停止，数一数留下的气球多的组获胜。

3. 结束活动，输的一组团队成员集体表演节目。

**六、注意事项：**

1. 吹气球比赛：组织者要根据吹的个数及大小来进行公平评判。

2. 踩气球比赛：游戏中气球不小心漏气或是跑掉了，一律以气球被踩爆评判。亲子踩气球比赛，组织者一定要提醒家长保护好孩子的安全。

3. 运气球比赛：要求手不能碰球，途中掉落或爆破均无效。

**七、拓展游戏：**

1. 亲子踩气球比赛：

亲子两人为一组，共同去踩破其他亲子组的气球，被踩破气球的亲子组自动淘汰，坚持到最后的亲子组获胜。

2. 两组团队顶气球：

团队成员分成两组在中心线两边站好，游戏开始，每组成员用头顶气球到对方，球在哪组掉落，另一组获胜。

3. 运气球比赛：

团队成员两个结对，分成人数均等的几组进行比赛。游戏开始，每组两人背靠背，夹住气球运至指定地点返回到起点，第二组接力，游戏反复进行，先运完气球组获胜。要求手不能碰球，途中掉落或爆破均无效。

**八、游戏体验：**

【家长心语】

今天我和孩子都很疯狂，因为我们在老师组织的亲子团队游戏——踩气球中获得了冠军。当老师宣布游戏玩法时,翔翔很自信地说:"妈妈,我们俩一定要得冠军。"看到孩子充满自信,我马上也跟着进入游戏的情景。刚开始我们采取隔岸观火的战术,先让其他成员火拼,我们保存了实力。后面我们发起疯狂的总攻,在我们的一路拼杀下,只剩下我们和小鱼父子了,在这时我和宝贝体力强占了优势,无论小鱼父子怎样追,儿子都灵敏地躲开,而且还能很勇猛地反击。看到儿子的努力,我也放下了矜持,采用偷袭的战术,先踩掉了小鱼的气球,再和儿子合作追攻小鱼的爸爸,最后获得了胜利。看到儿子开心的状态,我也为之高兴,也为自己的自我突破而感到骄傲,相信我在儿子心目中的地位又高了一级。

——翔翔的妈妈·2010 年 3 月 24 日

今天很高兴在幼儿园和儿子一起参加了亲子游戏,这也是我第一次在幼儿园和他一起并肩作战,回家后,儿子兴高采烈地跟家人说起了我们的"战程"。

许多教育书籍上都非常肯定亲子游戏的作用,今天我充分体会到这一点。首先,今天这个踩气球的游戏能培养孩子勇敢精神。其次,通过游戏拉近了我们母子间的距离,儿子在母亲的保护下更有安全感,而我在游戏中更体验到了久违的情趣,在整个战斗过程中已经忘记了自己的年龄,我已经不单是母亲,更可以成为儿子的伙伴。如果有可能的话希望能经常参加这样的亲子游戏。

——程程的妈妈·2011 年 5 月 30 日

在今天的活动中,参与游戏的孩子和家长都热火朝天地投入到其中。每一个参加亲子活动的成员、老师及拉拉队队员都很开心,一片和谐和温馨的场景充满了整个教室。最后两名小朋友成为这次亲子活动最后的"赢家"。每位家长都在这次活动中看到了自己孩子健康向上的一面,同时每位孩子还发扬了"友谊第一,比赛第二"的精神。

通过活动增进了母子之间的亲情,增进了小朋友之间的感情,家长之间也互相认识和进一步了解。感谢幼儿园老师们为这次活动辛苦地付出,感谢她们为家长提供了这样一个增进友谊、增进感情、增强竞争意识的平台,我们期待下次亲子活动的开展。

——佳佳的妈妈·2011 年 10 月 24 日

【幼儿稚语】

程程:今天我很开心、很快乐,我跟我的好朋友分为一组,我们获得了胜利。

琪琪：能够和妈妈在一起参加这个游戏很开心。因为平常妈妈工作很忙，不能陪我，今天她不仅和我一起游戏，而且我们还获得了胜利。

林林：我希望幼儿园多组织这样的活动，让我们老师还有爸爸妈妈一起快乐地游戏。

**【教师感言】**

气球游戏的玩法很多，材料容易准备，又是孩子喜欢的玩具，我们收集了几种关于气球的玩法，能在不同年龄阶段的亲子间开展。在小班我选择了亲子踩气球的团队比赛游戏。踩气球是团队协作、训练反应能力的一种娱乐性游戏，要求团队成员运用智慧，加强合作完成，体验游戏中的快乐，很适宜在小班亲子间开展。游戏不仅能增强游戏者的团队意识，同时还能拉近团队成员之间的距离。另外，游戏对于团队成员的身体素质及灵敏度有一定的要求。

在一日活动中我组织了小朋友间的踩气球比赛，孩子们看见绑在自己脚上的气球高兴不已，主动辨别气球的颜色，比较气球的大小。我想生活中处处有教育，只要你善于发现，你就会捕捉到教育的亮点。看到孩子们对气球的关注，我没有马上进入踩气球的游戏环节，而是让孩子们带着气球在活动室内走走、跑跑、跳跳，孩子们可高兴了。突然有个孩子的气球"啪"的一声给弄破了，孩子们兴奋得都尖叫起来。这时我抛出玩踩气球的游戏规则，孩子们投入了紧张状态，害怕自己的气球被踩破。我想适时地给予幼儿一定的紧张感，可以提高孩子的注意力。这个游戏带有一定的竞争意识，孩子们要找寻自己的目标，但是由于孩子的年龄偏小，所以大多数的孩子基本不敢去踩别人的气球。由此我思考这个游戏可能不适合小班年龄段的孩子玩，但是孩子对游戏的兴趣点很高，如何保持孩子这个状态并能激发孩子们的竞争意识是值得我思考的。

离园的时候，十几个家长和孩子还在活动室内进行亲子搭建，我心念一想，踩气球游戏可以在小班的亲子团队中开展吗？心动不如行动，我马上组织了家长和孩子开始玩这个游戏，每个亲子间为一组。在整个游戏的过程中，我看到了浓浓的亲子情意。看到忙完一天工作的家长们像个孩子似的陪着自己孩子玩着游戏，从他们那笑脸中我看到了快乐，同时也感受到了童年的味道。在活动中，有的家长思考很周全，他们在思考如何才能让自己脚上的气球坚持得更久，当然他们也没有放弃去踩破别人的气球。

我从家长们玩游戏的过程中思考到，其实团队协作以及思维能力是非常重要的。要事先把每个环节想好，保护好自己，才能更好地去打败竞争对手。同时，发现家长们忙于工作而疏忽了自己的身体锻炼，从他们玩游戏的过程中，我们不难发现他们的身体协调能力是有所欠缺的。有的家长抱着孩子一会儿就气喘吁吁了，许多家长在活动后也在反思自己的身体素质是否下降。我觉得我自己也要多加锻炼，让自己保持反应敏捷，阳光健康。作为游戏的组织者，力争给予孩子与家长更多拉近亲子关系的机会，多角度地思考问题也是我们老师应该重视的。

2010 年 4 月 27 日

## 案例十七　我们都是木头人

**一、活动目标：**

1. 团队成员边念儿歌边游戏，重拾童年的快乐。

2. 培养团队成员的规则意识，挑战自己的耐力和坚持性。

3. 鼓励团队成员大胆表达自己的想法，学习与同伴沟通，体会到合作的快乐与成功。

**二、活动时间：** 20 分钟。

**三、活动场地：** 宽敞的室内或平坦的室外。

**四、活动准备：** 熟悉儿歌。

**五、活动实施：**

1. 游戏前和团队成员一起熟悉儿歌并学念儿歌。

2. 组织者示范讲解游戏的规则与玩法。

全体团队成员牵手围成一个大圆圈，边走边根据儿歌节奏念"山、山、山，爬高山，山上有个木头人，不准说话不准动，不准动"。说完后马上松开手摆出自己喜欢的姿势站好，控制自己不动，保持姿态的优美，说笑及乱动的成员罚表演节目。

3. 团队成员开始游戏。

4. 游戏组织者及时观察队员游戏情景，给予评价，游戏可反复进行。

**六、注意事项：**

1. 要求团队成员遵守游戏规则，表演节目时可选择自己熟悉或喜欢的歌曲、谜语等等。

2. 在活动中，团队成员可以改变游戏的玩法，在儿歌的节奏、跑动的步伐、组织的形式方面都可以进行不同的尝试。

**七、拓展游戏：**

每两人一组面对面而坐，开展拍手游戏，边拍手边念儿歌。儿歌念完后，立刻静止不动，不说不笑地对视（姿势可不一样），谁先动了或笑了就算输，输的人要赢者轻轻拍手心以示惩罚。

**八、游戏体验：**

**【家长心语】**

首先很感谢老师给予我和孩子这次参加亲子游戏的宝贵机会。在木头人的游戏中，我和孩子都很高兴。看到裕宝宝高兴地参加活动，我的情绪也被调动起来，看到自己的孩子在活动中坚持遵守游戏规则，一动不动，让我觉得自己作为家长在孩子面前要树立榜样，要特别注意遵守游戏规则，诚实守信，我也在游戏中坚持着，没有随意动。说到要摆出不同造型的木头人，我开始还有点放不开，但裕宝宝很快摆了一个小兔子的木头人，我配合她，做了一对开心的小兔子，虽然只是一个小小的规则游戏，但看得出它可以培养孩子的意志力、坚持性和创造性。同时也启示我要尽一切可能教育孩子，从小事做起，让孩子通过小事锻炼自己的意志力，引导孩子认真对待每一件小事。我会在以后的教育中加强对孩子的家庭教育。

——裕裕的妈妈·2010 年 10 月 11 日

今天，妈妈、宝宝和老师在幼儿园里一起利用离园休息的时间开展了一个非常有意义的亲子游戏，名字叫"我们都是木头人"。

首先，宝宝和家长一起围成一个圆圈念儿歌，在大家一起念"不许说话，不许动，不许动"时，要求宝宝和自己的妈妈摆出各种各样不同的造型，我发现宝宝的想法很丰富，有跳舞的造型、有亲脸的造型、还有宝宝最喜欢的奥特曼造型呢！我发现在活动中宝宝的想象力和创造力是平时在生活中我没有关注到的，孩子的优点还真需要老师、家长用发现的眼光去寻找。接着，我们在老师的组织下，变成两个家庭，四个人一组合作摆出不同的木头人。这下，大家你一言、我一语地讨论开来，我看到宝宝和好伙伴商量着："我们摆成圆圈吧。"于是他们拉起了小手，宝宝们看着我们两位妈妈，让我们一起摆成了一个大大的圆圈，看到老师走过来，问我们摆的是什么造型时，宝宝们高兴地回答："我们是圆圈木头人。"看到宝宝在活动中能够很好地与同伴交流沟通，懂得与他人合作游戏，有了初步的合作意识，我为宝宝的进步感到高兴。

所有的宝宝、妈妈在活动中都积极地参与和投入，玩得甭提有多高兴了。通过这个游戏，既锻炼了宝宝的智力，培养了宝宝和妈妈之间的默契，又加强了家长与老师的沟通，希望以后老师多组织这样的亲子活动，我们一定会积极参与。

——沫沫的妈妈·2010 年 4 月 5 日

**【幼儿稚语】**

楷楷：我摆了一个奥特曼木头人。

奕奕：看，我和妈妈摆了跳舞的动作。

妮妮：我和妈妈取了个好听的名字"开心主角木头人"。

铭铭：好玩，因为我和爸爸摆了一个像地球一样的圆。

裕子：这个好玩，因为我摆了一朵很漂亮的花。

沫沫：我们叫圆圈木头人。

**【教师感言】**

"我们都是木头人"这个团队游戏是孩子熟悉喜欢的一个规则游戏，此游戏能够训练团队成员的耐力和坚持性。要求团队成员能够用动作和语言大胆表达自己的想法，从而加强同伴间的沟通并体验游戏中合作的快乐。

孩子们和家长都很高兴，能积极地投入，根据规则进行游戏，在活动中大家都玩得很高兴。刚开始的时候总会有几个孩子坚持不住，挪动身体，不能遵守游戏规则，为了强调游戏规则，我适当地给予说笑、动了的孩子小小惩罚，让他们展示自己的才艺。慢慢地，孩子、家长投入进来了，我提出新要求，木头人是不能说话不能动，我们要做不同的木头人，比比哪个木头人的动作有创意。说到这，孩子、家长开始开动脑筋，摆出不同的造型，有人竖起小手做耳朵摆成了小兔子木头人，有人展开手臂摆成了飞机木头人，有人学小花猫摆成了小猫木头人。孩子们的思维得到了激发，家长们也不再那么拘束，放松地参加到活动中来。每个孩子都希望自己的动作引起老师注意，渴望老师点评自己的造型，期望得到老师的表扬，他们慢慢摆出了各式各样不同的造型，每个孩子都有了自己的想法，他们关注的焦点转移了，也就没有人再动，都能坚持住、保持着动作不变。当我提出孩子要和家长一起创造不同的动作，合作摆出木头人时，他们开始和家人商量着。最后，孩子们和家长合作摆造型，抱在一起、错落有致、高低不同、互相对视等等。孩子、家长从刚开始不能遵守游戏规则到自觉遵守，积极参与，快乐合作。孩子的规则意识、耐力、想象力都得到了培养，同时家长和孩子之间感情也得到了提升，整个气氛其乐融融。作为老师，我们以后要多组织类似的亲子团队游戏，让孩子、家长、教师多些互动，在游戏中快乐学习。

2011 年 9 月 12 日

　　亲子团队游戏以我们生活中最为熟悉的民间游戏资源为题材，材料准备经济方便，场地因团队人员的数量而灵活转变。游戏的时间安排充分考虑了家长的顾虑。而且这些游戏的开展并不是一成不变的，可以根据游戏的时间、地点和游戏主题来调整游戏的形式。游戏过程开心刺激，深得广大家长和幼儿的喜爱。

# 第三编

## 收获硕果：幼儿－家长团队游戏研究集锦

真正的幸福来自于全身心地投入到对我们目标的追求之中。

——威廉·考伯

# 第五章　幼儿－家长团队游戏研究报告①

**摘要：**本课题坚持"科研兴园、教研先行"的办园理念，在上一个课题"家长幼儿园半日生活体验研究"的基础上，开展了幼儿－家长团队游戏的实践研究，提出了幼儿－家长团队游戏组织与实施的必要性和可行性，并建构了幼儿－家长团队游戏的内容与方法体系，以促进亲子关系的和谐与家园共育质量的提高，为幼儿的健康成长创造一个良好的环境。本课题研究采用的主要研究方法是行动研究法，旨在引导全园幼儿家长主动参与到幼儿－家长团队游戏的实践中来。历经三年的探索与实践，"幼儿－家长团队游戏组织与实施的研究"取得了明显的成效，幼儿园、幼儿以及家长从中都有巨大的收获，并产生了良好的社会效益。

**关键词：**幼儿－家长团队游戏；家园共育；游戏性体验

## 一、问题的提出

### （一）游戏是促进幼儿发展的重要活动

游戏能发展幼儿的多方面能力，激发幼儿活动中的自主性、创新性、独立性、合作性，能提高幼儿学习兴趣，集中幼儿的注意力，促进各种感觉器官和大脑的积极活动，它不仅是儿童发展的需要，而且是满足这种需要并促进其个性健康发展最适宜的教育活动。由此可见，游戏是幼儿园的基本活动。为此《幼儿园教育指导纲要（试行）》明确要求："幼儿园应为幼儿提供健康、丰富的生活活动环境，满足他们多方面发展的需要，使他们在快乐的童年生活中获得有益于身心发展的经验。幼儿园教育应尊重幼儿的人格和权利，尊重幼儿身心发展的规律和学习特点，以游戏为基本活

① 本课题主持人：周淑群
主要研究人员：陈湘、卓琳、程晓娇、张欢、彭芳、龚纯、叫思成、谌雅、陈荣荣。
本课题还得到了李丹、杨婷、匡静、刘佳、雷洋、曾桃、吴艳、杨静、钟平、何滔、孙敏、戴宁湘、黄佳、李沅沅、刘灿、周跃、丁平、童美玲、潘茂丽、赵妙、谢月玲等老师及家长的大力支持与帮助。

动，保教并重，关注个体差异，促进每个幼儿富有个性的发展。""开展丰富多彩的户外游戏和体育活动，培养幼儿参加体育活动的兴趣和习惯，增强体质，提高对环境的适应能力。用幼儿感兴趣的方式发展基本动作，提高动作的协调性、灵活性。"

**（二）家长对幼儿游戏认识存在的诸多误区**

幼儿园教育作为基础教育的重要组成部分，为学校教育和终生教育的奠基阶段，其重要性已为越来越多的家长所认识。多数家长为孩子选择幼儿园，不仅看重幼儿园先进的教学设施，而且更看重幼儿园的办学理念与保教质量。但家长对于幼儿园具体的教学理念、教学方式还存在片面的认识，在新生接待时，家长会询问："老师，你们每天上几节课？""你们教孩子写字吗？""我的孩子很聪明，20 以内的加减法都会了。"等等，从这些询问可以看到幼儿园应该成为孩子学习知识中心的观点仍然占据了主要地位，而家长并不十分了解幼儿园的教育目标、幼儿在园的情况。巨大的社会竞争压力加剧了家长望子成龙的心态，目前不少家庭在孩子还小的时候就开始强化知识教育，把家庭变成了学校；在广大家长的心里，游戏被看作"无所事事"。在家庭教育上出现了家长望子成龙心切多、科学育儿方法少；家长为了生存忙碌多，关注儿童成长少；家长愿意出钱请家教多，陪伴儿童一同学习少；家长把家庭教育和教育儿童局限于课堂内、幼儿园的现象，教师也把社会教育局限于课堂内、幼儿园的现象。而过早的知识教育忽视了儿童爱玩、好动的天性，强迫孩子安静地接受教育，容易造成孩子的压抑心理。家庭是游戏创新的重要支持力量。家长对幼儿游戏态度的认同是幼儿园游戏化教学高水平的重要保证。《幼儿园教育指导纲要（试行）》指出："家庭是幼儿园的重要合作伙伴。应本着尊重、平等合作的原则，争取家长的理解和主动参与，并积极支持、帮助家长提高教育能力。"保教质量的提高单靠幼儿园教育本身难以奏效，必须站在新的高度，充分整合利用家庭、社区教育资源，充分发挥家长的教育作用，实现幼儿园教育与家庭教育的同步协调发展。

**（三）学者对幼儿游戏的研究颇丰，然而关于家长团队游戏的研究还是空白**

中外学者高度评价游戏对幼儿的价值，从卢梭到福禄贝尔和皮亚杰，从荷兰学者赫伊津哈到美国杜威和解释学大师迦达默尔都非常重视游戏在儿童成长中的作用。卢梭十分鼓励儿童的自我探索，提出"要敢于把时间白白放掉"，强调成人要把时间与权利还给孩子。赫伊津哈提出："游戏迷住我们，游戏带着我们可在事物中窥见的最高特质。"在相关渠道进行搜索发现，国内对于游戏的研究大多从幼儿游戏的特征、功能，游戏在幼儿园的组织与实施，亲子游戏的指导等方面进行研究。然而关于对家长进行游戏指导的研究不多，尤其是关于家长团队游戏活动的研究几乎还是空白。游戏活动是幼儿园的基本活动，更是幼儿喜欢的，愿意参与的活动；游戏是儿童为了寻求快乐而自愿参加的一种活动，也是孩子生活中的主体性活动。家长对幼儿游戏活动的支持是游戏质量的保证，从上可以得到启示：我们可以通过家长放松地、愉快地、自愿主动参与幼儿团队游戏的活动，引导家长走进幼儿的童心世界，进一步改变家长的教育理念、改良家长的教育行为，密切家长与幼儿之间的亲子关系，让家长和幼儿在游戏中共同合作、共同实践、增进交流，加深理解信任对方。

我园曾于2003—2005年开展了《新创幼儿园园本课程的开发与实践研究》，提出幼儿园课程园本化，构建了一系列"学中玩，玩中学"的园本教材，取得了一定成效与实践经验。2005—2007年探索了《家长体验幼儿园半日活动的实践研究》，提出了"心灵的体验，和谐的教育"的教育理念，归纳"家长体验幼儿园半日生活活动"的基本流程和活动类型。但是如何进一步提高家园共育质量，促进幼儿身心健康全面发展，推进家长、幼儿、教师共同体学习和成长，推动家庭教育、幼儿园教育、社会教育和谐发展，尤其是形成我园的办园特色、探索适合我园特点的、行之有效的教育教学方式，将成为我园今后一段时间研究的工作重心。幼儿园对于家庭教育指导多以家长会、半日开放活动、家访、信息交流等，我们认为家长团队游戏活动的开展有利于对家长进行家庭教育指导。为此《幼儿园工作规程》第八章也明确指出"幼儿园可采取多种形式，指导家长正确了解幼儿园保育和教育的内容、方法"。

基于以上各方面认识和思考，也结合幼儿园课题研究成果的推广与应用的实际，实现家园和谐的教育，我们提出了以《幼儿－家长团队游戏活动组织与实施的研究》作为一项课题专项研究。本课题研究当属本园"十一五"《家长体验幼儿园半日生活的实践研究》这一课题研究成果的推广再现，从半日生活的晨间活动、教学活动、课间活动、户外活动、游戏活动、生活活动中选择具体的、基本的、孩子喜欢的游戏活动让家长参与、体验，进一步进行研究，让家长和幼儿共同合作、共同实践，增进交流，加深理解信任对方。

## 二、核心概念界定

### 1. 儿童游戏

关于游戏的定义，不同的研究者由于研究角度各异，对其定义也是不一样的。因此，儿童心理学界和教育学界都未取得完全一致的分析。在综合前人研究的基础之上，在本研究中试图将儿童游戏界定为："指幼儿运用一定的知识和语言，借助各种物品，通过身体的运动和心智活动，反映并探索周围世界的一种活动。"它是适合幼儿身心发展特点的一种独特的活动形式，是对人的社会活动的一种初级的模拟活动形式。游戏有具体性、虚构性、兴趣性、自由自愿性和社会性等特征。游戏是社会生活的反映，周围的现实生活是儿童游戏的基本源泉。借助游戏，儿童学习成人社会生活经验，从中看到未来生活的前景。

2. 团队

对团队概念的定义在不同的领域有不同的定义方式。在本研究中主要借用管理学家罗宾斯对团队的定义，他认为：团队就是由两个或者两个以上的，相互作用，相互依赖的个体，为了特定目标而按照一定规则结合在一起的组织。

3. 幼儿－家长团队游戏

在本研究中，课题小组将幼儿－家长团队游戏界定为：以两个或两个以上幼儿家长或家庭为活动主体，在幼儿教师有目的、有计划地组织与指导下，相互协作、共同参与幼儿喜欢的、符合幼儿身心发展特点的一类具有教育意义的游戏。幼儿－家长团队游戏不仅是一种特殊的游戏活动，而且还是一种新型的家园合作方式。

4. 游戏性体验

游戏性体验实际上就是一种主体性的体验，包括兴趣性体验、自主性体验、胜任感体验、幽默感体验以及驱力愉快，不同的游戏类型会产生不同的游戏性体验，它是构成游戏活动的重要心理成分。

### 三、理论依据

#### （一）儿童游戏理论

1. 早期游戏理论

（1）"剩余精力说"

"剩余精力说"是最早出现的游戏理论之一，英国思想家斯宾塞（Herbert Spencer）是其代表人物。这种游戏理论认为，游戏是集体的基本生存需要得以满足之后，仍有富余精力的产物，这种过剩的能量在不断的积累中会造成压力，因此必须将其消耗掉，而为了消耗过剩能量而产生的"无目的性"自由活动，则称之为"游戏"。

（2）"前练习说"

"前练习说"又称"生活准备说"，由德国著名哲学家格鲁斯（Karl Groos）提出。他认为游戏具有生物适应的技能，是对与生俱来的、但不成熟的本能行为的练习，是为以后的生活做准备，这也是游戏的目的所在。他把儿童游戏主要分为两类：一类是练习性的游戏，包括感知运动的练习和高级心理能力的练习；另一类是社会性的游戏，包括追逐打闹和模仿性的游戏。

（3）"复演说"

霍尔认为，通过游戏，儿童复演了人类的发展阶段：动物阶段—原始阶段—游牧阶段—农业－家族阶段—部落阶段。在儿童的游戏中还可以找到与每个阶段相匹配的行为，游戏的目的则是消除那些不应该在现在生活中出现的原始本能。

（4）"松弛说"

与"剩余精力说"背道而驰的"松弛说"则认为，游戏的目的不但不是消耗过剩的精力，而且还是为了恢复那些被消耗了的精力。德国哲学家拉察鲁斯（Moritz Lazarus）认为，辛苦的工作或劳动会让人感觉筋疲力尽，但是被消耗的能量不仅可以通过一定的睡眠或休息得以恢复，还可以通过参与游戏或消遣性的娱乐活动来实现。

2. 现代游戏理论

（1）精神分析学派的游戏理论

弗洛伊德（Sigmund Freud）是此理论的代表人物之一，他认为，"自我"完成调节与平衡"本我"与"超我"之间的冲突，在一定程度上是通过游戏来实现的。游戏具有宣泄的作用，通过游戏可以帮助儿童释放因本能欲望受到压制而产生的消极情绪。

（2）认知发展游戏理论

瑞士心理学家皮亚杰（Jean Piaget）将儿童的游戏放在儿童认知发展的总框架中进行考察。他认为从游戏活动的本身去解释和理解儿童的游戏是不可取的，应该从儿童认知发展的全过程去把握儿童的游戏，在不同的认知发展阶段会有不同的、与之相适应的游戏类型出现。

3. 其他游戏理论

（1）维果斯基的游戏理论

维果斯基认为，儿童游戏具有社会历史的起源而非生物学的起源，游戏是儿童学前期的主导活动，他反对"游戏本能论"，提倡游戏的社会性本质。此外，他还非常重视成人在儿童游戏中的教育影响。为了使幼儿更好地掌握游戏的方法，成人的干预是必需且必要的。

（2）布鲁纳的游戏理论

布鲁纳强调，游戏的方式比游戏的结果更重要。在游戏的过程中，儿童不用担心其目标是否会实现，因此他们可以不断地更改游戏的规则，创造出不同的游戏玩法。此外，他还认为在儿童游戏的过程中成人的作用非常重要，成人可以为儿童提供经验，并且判断儿童在发展过程中需要什么并给予帮助。

（3）唤醒调节理论

唤醒调节理论认为，游戏是一种由于唤醒水平较低所引起的产生刺激的活动，通过游戏可以将唤醒水平提高到最优水平的刺激寻求物。游戏可以通过新的方法运用物体进行活动，从而增加刺激。因此，我们要使机体处于"最优唤醒水平"，只有在最优唤醒状态，机体的感觉才会最为舒适。

**（二）协同教育理论**

德国著名物理学家哈肯（Hermann Haken）在20世纪70年代创立了协同学理论，在此基础上发展成了协同教育理论。协同教育理论认为：人类社会主要有三大教育系统即家庭教育系统、学校教育系统和社会教育系统。三大教育系统之间既相对独立，又互相影响。当某一教育系统的要素或信息进入另一教育系统，与该系统要素相互联系与作用时，就会产生协同效应，从而影响该教育系统的功能。

**（三）体验式学习理论**

体验学习（Experience Learning）也译为"体验性学习""体验式学习"。该理论成型于20世纪80年代，其代表人物是美国体验专家大卫·库伯（David. A. Kolb）。库伯强调智力是在经验中形成的，个体的知识是源于感官的经验。他认为，通过系统的情境设计，把学习者导入学习情境之中，让他们身临其境地体验学习，没有体验的学习不能称之为学习，没有体验的学习，没有体验的反思，没有体验中的感悟，就没有儿童的成长与发展。

**四、研究目标和内容**

**（一）研究目标**

进行"幼儿－家长团队游戏组织与实施的研究"，是为了达到以下三方面的目标：

1. 探索幼儿－家长团队游戏的内容体系。

2. 帮助家长掌握幼儿游戏的规则、玩法。

3. 促进家长教育理念的更新，提高家庭教育的有效性，增进亲子间的关系，促进家园之间的合作，达成家园教育理念的共识，形成家园共育的正向互动关系，提高家园共育的质量，为幼儿身心全面的发展提供良好的环境。

**（二）研究内容**

1. 探索幼儿－家长团队游戏的内容。

2. 探索幼儿－家长团队游戏的组织和实施形式。

3. 探索家长团队游戏与亲子游戏的关系。

**五、研究方法**

**（一）研究对象**

此次研究的对象为全园的幼儿家长、幼儿和教师，研究围绕幼儿－家长团队游戏这个主题，通过不断实践，从不同对象的角度进行分析，探索幼儿－家长团队游戏的内容和组织实施形式，进一步探索家园共育的有效途径和方法。

**（二）研究方法**

1. 文献法：通过查阅相关文献资料，了解基本游戏理论和家园共育的理论依据，为幼儿－家长团队游戏的开展提供理论支撑。

2. 行动研究法：教师在参与组织幼儿团队游戏的同时承担研究者的角色，在实践中不断发现问题，适时调整策略解决问题，提升到理论层面，并运用到教育实践当中。

3. 观察法：观察幼儿－家长团队游戏在幼儿园的实施状况，关注家长和幼儿之间、家长和家长之间在活动时的互动，观察教师在组织和参与时的表现，观察活动后亲子关系的变化，利用观察量表（见本书 P29）做好记录并进行分析。

4. 调查法：采用问卷法，编制家长和教师问卷，了解家长和教师在活动前、活动中和活动后的情绪情感体验和感受，并用 SPSS 数据处理方法对问卷法所收集的数据进行分析；采用访谈法，针对一些深层次的问题，分别对家长和教师进行访谈，并与问卷数据相结合，以便更深层次地了解家长和教师对幼儿－家长团队游戏的态度、感受和评价，找出幼儿－家长团队游戏中存在的问题。

## 六、研究过程与实施

### 1. 启动筹划阶段（2009 年 5 月至 2009 年 8 月）

在平时与家长的交流中课题小组发现家长不了解自己的孩子，不知道如何和孩子沟通，走进孩子的内心世界；另外，家长对科学的育儿知识与方法有着强烈的愿望与浓厚的兴趣，在共享教育活动中专注力非常强，尤其喜欢参与亲子游戏。而我园之前在教师群体当中实施的团队游戏收效明显，对缓解教师的工作压力、提高团队凝聚力起到了很大的作用。因此，我园把此类团队游戏延伸拓展到家长和幼儿，并成立了专门的课题小组，重点研究"幼儿－家长团队游戏的组织与实施"，在继续推广"十一五"湖南省教育厅关工委重点课题和长沙市教育科学院研究课题"家长幼儿园半日生活体验的实践研究"相关成果的基础上，来帮助家长在游戏中找被遗忘的童真，走进孩子的世界，贴近孩子的心灵，真正地去理解、去爱孩子，从而增进亲子关系，促进家庭关系的和谐，以实现家园、社会共育的协调发展。在启动阶段主要完成以下任务：①成立了课题研究小组，明确相关人员的职责，落实课题研究任务；②组织专家、学者就幼儿－家长团队游戏进行科学论证，明确本研究的方向、内容和目标，并结合这一目标制定了课题研究方法；③根据前期工作的总结和反思，修订课题研究的方向，申报省"十一五"规划重点课题立项，邀请专家进行开题论证和指导。

### 2. 行动研究阶段（2009 年 9 月至 2011 年 11 月）

这一阶段是落实幼儿－家长团队游戏研究目标的关键，也是化解实践研究过程中出现的各种矛盾的关键环节。课题组在调查和分析本园幼儿家长开展游戏活动情况和家庭教育现状的基础上，结合家长和幼儿的实际需要，将幼儿－家长团队游戏的行动研究分为计划、实施、反馈、总结四个环节，从教师设计团队游戏的内容、形式到组织幼儿和家长进行团队游戏的实施，再到参与后的反馈，最后总结团队游戏的经验，为下一次更好地计划、实施团队游戏做经验上的准备。这四个环节不是静态的分割，而是一种螺旋式的递进，在不断总结前段时间研究成果的基础上，对原有的计划进行修订，形成一个自我调整、完善的实施网络。

　　课题组聘请湖南师范大学曹中平教授为活动的顾问，在实施过程当中，课题组定期对家长进行主题讲座，对教师进行同步培训，加强各实施主体之间的交流。另外，在活动中，教师通过仔细观察，利用观察量表对家长和教师在幼儿－家长团队游戏中的表现进行记录并进行反思；在活动后，教师通过体验表法、日记记录法和谈话法等方式进行活动后的反馈，进行阶段性的总结和形成性评价，及时总结经验和教训，灵活调整幼儿－家长团队游戏的研究方案。

　　3. 终结性评价阶段（2011 年 12 月至 2012 年 2 月）

　　对幼儿－家长团队游戏实施效果进行终结性评价是行动研究的延伸，是检查和反思幼儿－家长团队游戏实践问题的重要手段，也为幼儿－家长团队游戏实践经验的推广提供科学的佐证。在终结性评价中，课题小组依据研究目标和团队游戏实施状况，选取了各年级家长和教师作为样本，采用随机抽样的方式确立了 350 名家长和 30 名教师为被试，利用自己制定的问卷对其参与活动前、活动中和活动后的情况进行了了解和研究，并采用 SPSS 专业分析软件对相关的数据进行了综合分析。课题小组还采用了访谈法，根据各年龄班幼儿人数随机抽取了 42 名幼儿家长，按照不同职位和层次抽取了 14 名教师（包括园长）进行了访谈，并结合问卷对幼儿－家长团队游戏进行了全面的评价。

　　4. 总结提升阶段（2012 年 3 月至 2012 年 4 月）

　　终结性评价的结果表明，幼儿－家长团队游戏实践在促进家庭和谐方面的确发挥了重要的影响作用，但是也发现了一些问题。针对这些问题，课题组召开了相关的研讨会，听取了专家们对课题研究的意见与建议。在此基础上，课题组一方面进行整改，一方面全面整理课题研究资料，积极为后期干预工作做准备，撰写研究报告，接受上级部门的结题验收。

　　**七、研究结果与分析**

　　我园共有幼儿 401 名，其中小班 158 人，中班 154 人，大班 89 人。此次家长问卷调查共发放问卷 350 份，收回问卷 350 份，有效问卷为 319 份。其中小班家长 145 份，中班家长 95 份，大班家长有 69 份，分别占各年级家长总人数的 91%、62%、78%，其中有 11 份问卷"班级"这个选项为缺失值。填写问卷家长中女家长有 218 份，男家长有 87 份，"性别"这一项为缺失值的有 14 份。（见表 5.1）

**表5.1 发放和回收家长问卷的情况**

| | 家长 | | |
|---|---|---|---|
| | 小班 | 中班 | 大班 |
| 在园人数 | 158 | 154 | 89 |
| 发放问卷（份） | 150 | 115 | 85 |
| 收回问卷（份） | 150 | 115 | 85 |
| 有效问卷（份） | 145 | 95 | 69 |
| 有效问卷占人数百分比（%） | 91 | 62 | 78 |

课题小组在问卷的基础上结合了访谈，访谈为结构性访谈，在家长访谈中采取随机抽取的方式，根据各年龄班的幼儿人数抽取了42位家长，其中小班家长16人，中班家长16人，大班家长10人。

### （一）关于家长在幼儿－家长团队游戏中的调查结果与分析

维度一：家长对幼儿－家长团队游戏的态度

在关于幼儿－家长团队游戏的问卷调查（家长卷）中，第1题到第5题都是关于家长对幼儿－家长团队游戏中的态度问题。由表5.2可知，幼儿家长对开展幼儿－家长团队游戏态度的平均值为1.49，标准差为0.58，说明家长很支持幼儿园的此类活动。幼儿家长喜欢团队游戏的平均值为1.83，说明整体来说还是比较喜欢团队游戏的。但家长了解团队游戏的平均值为2.31，标准差为0.76，即处于比较了解和一般的状况。

**表5.2 家长对团队游戏态度的平均值和标准差**

| 态度 | 平均值 | 标准差 |
|---|---|---|
| 了解团队游戏吗 | 2.31 | 0.76 |
| 喜欢团队游戏吗 | 1.83 | 0.69 |
| 对团队游戏的态度 | 1.49 | 0.58 |

在42位家长访谈中，有41位家长是喜欢团队游戏的，另外一位家长由于工作忙，没有参加过幼儿－家长团队游戏，但是他指出，自己有时间就一定会参加，只要对幼儿有利的，自己和家人都会给予支持。所有的被访谈者都是支持幼儿－家长团队游戏的。

家长问卷中的第5题是关于家长参加团队游戏的原因，可以从这个问题间接地来看家长对团队游戏的态度。由图5.1可以看出，家长出于自愿而参加团队游戏的比例为65.08%，11.43%的家长是因为孩子的要求，选择其他原因的家长大多做了说明，表示他们是支持团队游戏的，只是因为工作时间太紧，没时间过来参加，他们觉得很抱歉，没有能够亲自来参加团队游戏。

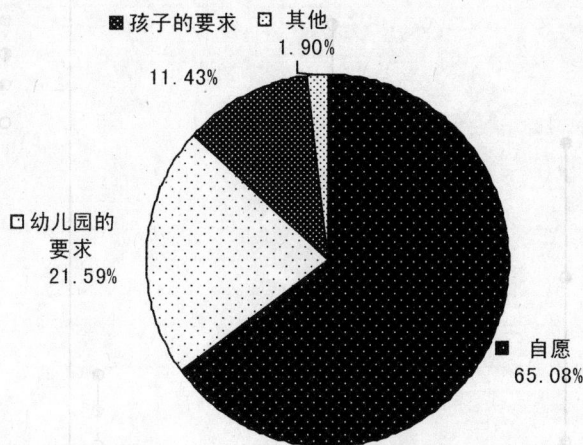

图5.1  幼儿家长参加团队游戏的原因

家长对团队游戏持非常支持的态度。首先，家长对参与团队游戏积极性很高，能够在很轻松愉悦的氛围中参与游戏；另外，家长觉得团队游戏对孩子的成长和家庭和谐能起到推动作用，因此，家长们都踊跃参加团队游戏，有很多家长甚至请假或者调班来参加，家长们也很愿意利用休息时间来参加团队游戏。有几个家长表示自己工作忙，很多时间调不过来，这就要求幼儿园合理安排时间，争取更多家长的支持和参与。

维度二：家长在幼儿－家长团队游戏中的体验

在关于幼儿－家长团队游戏的问卷调查（家长卷）中，第8题到第12题都是关于家长在幼儿－家长团队游戏中的体验的问题。如图6.2，家长在团队游戏时的感觉多是非常愉悦和比较愉悦，说明团队游戏带给家长很多快乐，且感觉愉悦的家长一般会在游戏过程当中投入较高。

由表5.3可看出，家长在团队游戏时与教师交流和家长交流的平均值分别为2.44和2.56，处于比较多和一般的状况，标准值都为0.80，离散程度较高；在活动时和孩子的默契度的平均值为2.08，平均为比较默契。

表5.3  家长在团队游戏时情况的平均值和标准差

| 活动时情况 | 平均值 | 标准值 |
|---|---|---|
| 与教师交流 | 2.44 | 0.80 |
| 与家长交流 | 2.56 | 0.80 |
| 和孩子的默契度 | 2.08 | 0.66 |

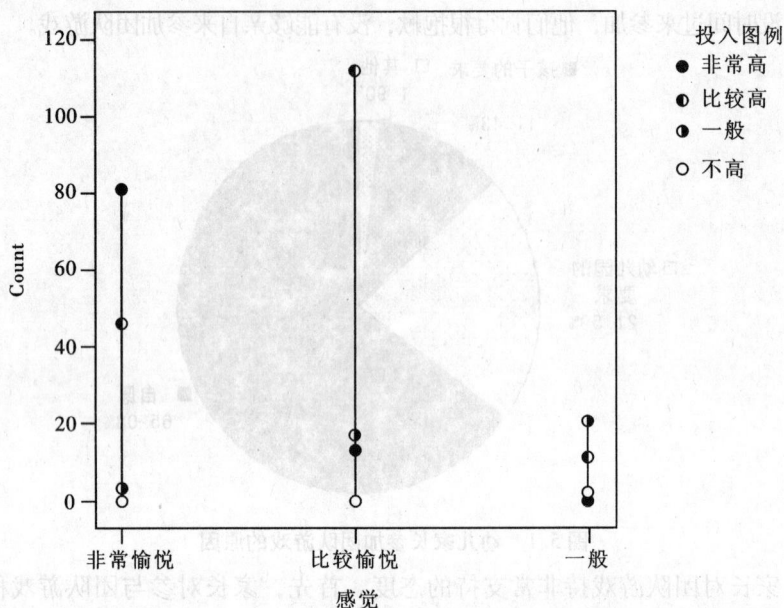

**图5.2　家长在活动时的感觉和投入图**

在家长访谈中，家长回忆起自己和孩子参加团队游戏的场景时感慨"参加幼儿－家长团队游戏让我回味了一次童年，让自己很放松，人也开朗些了，和孩子玩真的很开心，可以拉近和孩子的关系"。

大部分家长在团队游戏过程中感觉非常愉悦，投入也比较高，但有些家长有点害羞，怕孩子笑话，面子上挂不住。而且家长之间不是很熟，游戏时有顾虑。作为成年人的家长，必然会觉得游戏只是幼儿的活动，成人参加未免有点太幼稚，而且要在那么多人面前完全放开去玩是要有一些勇气的，特别对于男性家长来说，由于工作原因平时来的家长女性占多数，为数不多的男性家长在这么多异性面前就更加害羞了，虽然心里蠢蠢欲动，但碍于面子只好坐着不动。另外，有些家长比较内向，不善于在陌生人面前交谈，导致游戏中家长和教师之间、家长之间的交流不太多，这些情况都会影响团队游戏的顺利开展和实施，幼儿园和教师应该关注并想办法解决这些问题。

维度三：家长在幼儿－家长团队游戏结束后的反馈程度

在关于幼儿－家长团队游戏的问卷调查（家长卷）中，第16题到第18题都是关于家长在幼儿－家长团队游戏活动后反馈的问题。如表5.4所示，家长在团队游戏结束后与教师和其他家长的交流的平均值为2.31，标准差为 0.76，即与教师和家长的交流的平均值在比较多和一般之间；家长在家和孩子玩游戏的次数的平均值为 2.27，即在"几天一次"和"一周一次"之间；团队游戏对家长帮助的平均值为 1.83，即大部分家长都认为团队游戏对自己是有帮助或有明显帮助的。

表 5.4　家长在团队游戏后反馈程度的平均值和标准差

| 活动后的反馈 | 平均值 | 标准差 |
| --- | --- | --- |
| 活动后与教师家长交流 | 2.31 | 0.76 |
| 在家和孩子玩游戏的次数 | 2.27 | 0.98 |
| 团队游戏对您有帮助吗 | 1.83 | 0.69 |

在家长访谈中，问到"您觉得团队游戏对您以及你与孩子、您的家庭有影响吗？"的问题时，许多家长都表示"团队游戏可以帮助孩子更好地融入集体，培养个性，让孩子懂得一些相应的规则，让孩子学会交往，学会合作，也锻炼了孩子的胆量"，还有的家长认为"通过团队游戏的开展和参与，我明显感觉到孩子更加有自信心了，更加活泼了。我们之间的亲密接触也多了，交流也多了"，"希望团队游戏半个月或一个月就能开展一次甚至更多，只要我没有特别的事情都会来参加的"，"家里多了一个游戏项目呢。"

根据研究结果，在团队游戏结束后，家长和教师、家长之间的交流处于比较多和一般之间，这和交流时间不够、家长之间不熟悉等原因有关；另外，幼儿－家长团队游戏除了在幼儿园开展之外，还希望家长和幼儿能够把这些团队游戏带回家里和家庭成员一起开展，让家园共育得到更好的实施，使家庭教育和幼儿园教育达到一致性，也能促进家庭成员关系的和谐。有许多家长很想在家开展团队游戏，但因人数不够等种种原因不能够很好地实践，如何让团队游戏的价值在家庭教育中体现出来是一个值得探究的问题。

研究结果表明，团队游戏的开展对孩子和家长以及亲子关系的影响很大。团队游戏可以帮助孩子更好地融入集体，培养个性，让孩子懂得一些相应的规则，让孩子学会交往，学会合作，也锻炼了孩子的胆量。团队游戏通过不同的游戏内容和形式带给幼儿和家长不一样的感受，家长觉得此活动对孩子的成长有很大的影响，觉得孩子变得外向些了，和家人的关系也更密切了，说的话也多了。团队游戏不仅能够培养幼儿许多意志品质，如自信、坚强、勇敢、合作等精神，更重要的是让家长体验孩子喜爱的事情，在回归自己童年的同时贴近孩子，感受孩子，促进家长和孩子之间的关系；让家长懂得如何和自己的孩子沟通，如何和家人沟通，并学习科学的育儿知识。此外，家长在参与的同时也能缓解自己的工作压力，保持良好的心态和心情。从访谈中可以看到，家长和幼儿都能从团队游戏中获益。

在访谈中，一些家长指出在团队游戏中的形式还不够多样，内容还有待进一步丰富。此外，活动的场地太窄，不利于活动的充分开展。

**（二）关于教师在幼儿－家长团队游戏中的调查结果与分析**

我园共有教师 30 名，课题小组共发放教师问卷 30 份，收回 30 份，回收率 100%，有效率也为 100%。在访谈中，课题小组抽取了不同层次的教师 14 人（班主任 5 人，主教老师 5 人，助教 1 人，教学主任 1 人，科研组长 1 人，其中主教和班主任中有人兼任课题组成员，还深度访谈了此活动的带头人 Z 园长）。

维度一：教师对幼儿－家长团队游戏的态度

在关于幼儿－家长团队游戏的问卷调查（教师卷）中，第 1、2 题和第 4 题是关于教师对幼儿－家长团队游戏态度的问题。经过统计可知，幼儿教师对有没有必要开展幼儿－家长团队游戏态度的平均值为 1，且态度一致，标准差为 0。幼儿教师喜欢幼儿－家长团队游戏的平均值为 1.28，整体来说还是非常喜欢团队游戏的。（见表 5.5）

表 5.5　教师对幼儿－家长团队游戏态度的平均值和标准差

| 态度 | 平均值 | 标准差 |
|------|--------|--------|
| 了解团队游戏吗 | 1.88 | 0.43 |
| 喜欢团队游戏吗 | 1.28 | 0.65 |
| 有必要开展团队游戏吗 | 1.00 | 0.00 |

在访谈中，当问到教师对幼儿－家长团队游戏的认识时，所有的被访谈教师都认为"幼儿－家长团队游戏是很有必要的"，有的教师认为它"是幼儿园和家长之间沟通的桥梁，有利于家园共育，有的教师认为团队游戏有利于幼儿和家长亲子关系的和谐"；有的教师觉得"幼儿－家长团队游戏能让幼儿园变得很和谐，不仅能增进家长和教师之间的交流，也能让家长与家长之间建立联系，方便进一步地交流"。

教师都很喜欢幼儿－家长团队游戏，对幼儿－家长团队游戏也非常支持，这和 Z 园长的努力是分不开的。Z 园长在幼儿园定期开展教师之间的团队游戏，或者在开会的时候穿插一些游戏，也会利用中午休息时间或课余时间来体验团队游戏。此外，园长还请专家给教师开展关于团队游戏的培训，让教师对团队游戏的价值和作用有一个更深刻的了解和认识。团队游戏的开展增强了教师集体之间的凝聚力和向心力，也在一定程度上缓解了教师的工作压力，使得开会不再是枯燥无味的一件事情，大家在开会的时候也能保持愉快的心情，提高了工作的效率。

另外，通过团队游戏，教师觉得自己和家长之间的关系更密切了，这对于教师和家长进行家园合作有很大的帮助，在一定程度上减轻了教师的工作压力。对于园长来说，幼儿－家长团队游戏的开展不仅能够成为家园共育的一大特色，也有利于园长管理工作的开展。

幼儿－家长团队游戏让整个幼儿园更加生气勃勃，教师之间建立了深厚的友谊，教师和家长之间也建立了良好的关系，这种和谐的气氛也是教师喜欢和支持幼儿－家长团队游戏的原因。

维度二：教师对幼儿－家长团队游戏的参与度和有效性

在关于幼儿－家长团队游戏的问卷调查（教师卷）中，第3题、第5题到第7题是关于教师组织与实施幼儿－家长团队游戏的问题。由表5.6可得，教师参加幼儿－家长团队游戏频率的平均值为1.48，即平均参与的频率是比较高的；组织过团队游戏的幼儿教师的平均值为2.48，也就是在偶尔组织和很少组织之间；组织团队游戏时顺利与否的平均值为2.00，即平均为比较顺利；团队游戏占据教师时间的平均值为2.23，即为偶尔占据了教师的时间，教师能在不占用大量时间的前提下较为顺利地组织幼儿－家长团队游戏，有效性较高。

表5.6 教师对幼儿－家长团队游戏组织与实施的平均值和标准差

| 参与度和有效性 | 平均值 | 标准值 |
| --- | --- | --- |
| 参加团队游戏的频率 | 1.48 | 0.62 |
| 组织过团队游戏吗 | 2.48 | 0.79 |
| 组织团队游戏时顺利吗 | 2.00 | 0.54 |
| 团队游戏占据的时间 | 2.23 | 0.51 |

在访谈的14位老师当中，有7个人是没有组织过团队游戏的，有些是因为自己还没有准备好，觉得还没有达到那个水平，有些是还没有机会。问及到愿不愿意组织团队游戏时，教师的回答都是肯定的，"组织和实施的过程可以让教师成长很多，要是有机会的话，我愿意尝试"。关于组织

实施团队游戏的过程是否顺利的问题，大多数组织过的教师都觉得比较顺利，少数教师觉得有点困难，"因为要和家长沟通，特别是和年老的爷爷奶奶沟通会有些问题"。教师表明，"团队游戏的开展不会占用我们太多的时间，要是有团队游戏需要我们组织，我们在班上的任务量就会相应地减少，不会造成很大压力"。

每个教师都参与过幼儿－家长团队游戏，但并不是每个教师都组织过团队游戏，因为组织团队游戏是需要具备各种素质的。大型的全园幼儿－家长团队游戏一般都是由园长亲自组织，比较有经验的教师才能胜任年级或者班级的团队游戏的组织和实施。组织和实施者需要有较强的表达能力和组织能力，如怎样带领幼儿、家长同时去玩游戏，怎样用清晰的语言去表述游戏规则。幼儿在家长在的时候比较不守规则，更加难组织，比较难把握，这就要求教师能够在各种复杂的情况下组织好幼儿和家长。其次，组织者一定要有丰富的生活经验和知识经验，能够让团队成员信服。另外，还要有敏锐的观察力和创造力，能挖掘游戏中的教育价值，创造出更有新意、更有价值的游戏。

教师要顺利地组织一次幼儿－家长团队游戏不是一件容易的事情，它还包括和家长的沟通，尤其是爷爷奶奶这一辈老人的教育观念不一样，沟通上也会不一样。这就要求教师要不断地拓展自己的知识和阅历，提高自身的交流沟通能力。另外，教师要善于去挖掘每一个游戏在教育中的价值，提高自己的理论素养，赢得家长的支持和信任。在组织的过程当中，要求教师能够随机应变，面对复杂的场面和情境，教师应该灵敏地应对和妥善地处理。所以，在开展团队游戏前应该要有充分的知识准备和经验准备，只有不断学习才能提高教师自身的专业素养和专业能力，也只有在实践中锻炼才能真正地得到提高。幼儿－家长团队游戏的组织和实施是对幼儿教师专业能力的一个挑战，能够激励教师不断学习。

### 维度三：教师在幼儿－家长团队游戏中的体验

在关于幼儿－家长团队游戏的问卷调查（教师卷）中，第9题、10题和12题是关于教师在幼儿－家长团队游戏中的体验的问题。如表5.7所示，幼儿教师在团队游戏过程中的感觉和投入程度的平均值分别为1.32和1.36，标准差分别为0.48和0.56，离散程度较低，即幼儿教师在开展团队游戏的过程当中的心情是很愉悦，投入程度也比较高。在活动时和家长交流的平均值为1.46，处于经常交流和偶尔交流之间。

表 5.7 幼儿教师在幼儿－家长团队游戏中体验的平均值和标准差

| 体验 | 平均值 | 标准值 |
|---|---|---|
| 团队游戏中的感觉 | 1.32 | 0.48 |
| 团队游戏时投入程度 | 1.36 | 0.56 |
| 和家长的交流 | 1.46 | 0.51 |

在教师访谈中，当被问到"您以参与成员或者组织者的身份参与团队游戏时有什么感受和收获"时，14 位教师都一致认为，不管以什么身份参与团队游戏，其心情都是非常愉快的。A 教师表达了她的感受："我记得有一次跟家长玩'一物多玩'的游戏，在游戏过程中会忘记自己是一名教师，感觉自己就是这个团队的一员，很荣幸，也有很强的欲望去赢得这场游戏。跟大家一起玩很开心，而且没有压力，可以增进我与家长之间的感情，也可以有助于我发现孩子的另一面"，"以组织者身份参与游戏，自己会比较警惕、紧张。自己必须熟悉游戏的各个环节，不能够出错，但自己很有成就感"。

在团队游戏过程中，有些教师仅仅是参与者，有些教师还是组织者，不管教师承担什么样的角色，她们在参与和组织的过程当中都非常开心。两者相比较而言，只是参与者的时候会没有压力，可以尽兴地玩。若是组织者，就会要考虑很多因素，如怎样调动家长的积极性，如何组织好语言让家长和幼儿能够理解等。组织者会更辛苦一些，在组织前要设计方案、准备环境创设等。虽然这样，但是教师们都觉得自己很快乐，甚至愿意牺牲自己的周末休息时间来开展团队游戏，觉得团队游戏是一件非常有意义的事情。

Z 园长是最先组织团队游戏的老师，如今幼儿园大型的幼儿－家长团队游戏都主要由园长亲自组织，刚开始的时候为了一次大型的活动要准备很久，经过丰富的实践和学习，现在 Z 园长在组织的过程中表现得游刃有余，家长和幼儿的情绪高涨，参与度非常高，交流进行得异常热烈。虽然在开展完大型的活动后感觉很累，但是 Z 园长每次都觉得很幸福。她表示"虽然自己比较累，但是我累并快乐着。看到团队这么和谐，我感到发自内心的快乐"。

**维度四：教师在幼儿－家长团队游戏结束后的反馈程度**

在关于幼儿－家长团队游戏的问卷调查（教师卷）中，第 15 到第 18 题是关于教师在幼儿－家长团队游戏中反馈的问题。如表 5.8 所示，教师都一致认为幼儿－家长团队游戏对自身专业成长、幼儿成长和亲子关系的平均值为1.00，标准值为0.00，即都认为幼儿－家长团队游戏的开展能够促进自己专业素质的提高，家长和幼儿一起游戏不仅能弥补平时由于工作很少陪孩子的遗憾，也能促进亲子关系的和谐，有利于幼儿的健康成长。活动后和家长交流的平均值为2.59，处于比较多和一般的状况。

表5.8　活动后教师反馈程度的平均值和标准差

| 活动后的反馈 | 平均值 | 标准值 |
| --- | --- | --- |
| 活动后和家长交流 | 2.59 | 0.50 |
| 对专业成长的影响 | 1.00 | 0.00 |
| 对幼儿成长的影响 | 1.00 | 0.00 |
| 对亲子关系的影响 | 1.00 | 0.00 |

在访谈中，许多教师表示，"通过幼儿－家长团队游戏，我们和家长的关系更密切、更像朋友了"，"我自己通过团队游戏也成长了很多，对自身的交流沟通能力有所提升，我还看到了家长和幼儿在活动后的改变"。

在幼儿－家长团队游戏结束后，教师和家长的交流处于比较多和一般的状况，这可能是由于每次团队游戏持续的时间比较长，活动结束后就没有了充足的交流时间。

从问卷和访谈的结果可知，教师认为幼儿园开展团队游戏有利于家长和孩子、家长和教师之间、家长之间的沟通交流，可以增进亲子之间的感情，还可以增进家长对幼儿园以及幼儿园办园特色的了解。幼儿园很重视家园共育的研究，幼儿－家长团队游戏是家园共育的一大特色，也是幼儿园的一大特色。教师亲身体会到了幼儿－家长团队游戏带给家长和幼儿的变化，自己也亲自体验了团队游戏，感受了团队游戏的氛围，都一致认为团队游戏不论对家长和幼儿，还是幼儿园，都是值得继续坚持的。

Z园长还在其他幼儿园甚至小学也做过此类活动，效果都非常好。Z园长认为让游戏介入家庭教育会更轻松，家长团队游戏也能够促进亲子关系的和谐，进而促进家庭和社会的和谐。幼儿－家长团队游戏不仅仅能有利于亲子关系和家庭的和谐，也有助于代际和谐，因为开展的团队游戏不只是单纯地玩游戏，还会和家长交流科学育儿经验和家庭沟通技巧，会从开展的团队游戏中挖掘出其教育价值。因此，此类团队游戏也能够让爷爷奶奶等老一辈的家庭成员接受新的教育理念，能让年轻的爸爸妈妈学会如何和老一辈的人沟通，促进代际和谐，乃至整个社区和社会的和谐。

## 八、研究结论与讨论

### （一）研究结论

#### 1. 形成了幼儿－家长团队游戏的内容体系

经过3年的探索和实践，幼儿园形成了幼儿－家长团队游戏的内容体系。幼儿－家长团队游戏的内容体系中有76个案例，包括体育游戏、语言游戏、数学游戏、音乐游戏、美术游戏和集体娱乐游戏6个方面。从游戏参与者的性质以及游戏本身的安全性划分，分为亲子团队游戏和家长团队游戏。这里的亲子团队游戏与我们常说的亲子游戏是有区别的。亲子游戏是家庭内父母与孩子之间，以亲子感情为基础而进行的一种活动，是亲子之间交往的重要形式。而亲子团队游戏是指两个或两个以上家庭（家长与幼儿之间基于亲子感情而组成的团体）共同参与的团队游戏。内容体系中的76个案例都经过幼儿家长的参与和幼儿园教师的摸索和实践，探索出了适合每个游戏的组织和实施形式。今后幼儿－家长团队游戏还会在不断的实践过程中继续拓展和改进，幼儿－家长团队游戏的内容体系也会逐渐丰富和完善。

#### 2. 家长参与幼儿－家长团队游戏情况良好，基本上掌握了幼儿－家长团队游戏的规则和玩法

从调查结果中幼儿家长对团队游戏的态度和在团队游戏时的体验来看，家长对团队游戏的喜爱程度和支持度都很高，参与度也比较好，在游戏时和孩子能够较好地互动，一起投入到游戏中，能够按游戏规则进行游戏。

课题小组还会在团队游戏之后通过日记记录法、谈话法等方式来了解家长的想法，如裕裕的妈妈参加《我们都是木头人》的游戏后在日记中写道：

"看到裕宝宝高兴地参加活动，我的情绪也被调动起来，看到自己的孩子在活动中能够很好地遵守游戏规则，一动不动，让我觉得自己作为家长在孩子面前要树立榜样，要特别注意遵守游戏规则，诚实守信。我也在游戏中坚持着，没有随意动，说到要摆出不同造型的木头人，我开始还有点放不开，但裕宝宝很快摆了一个小兔子的木头人，我配合着她，做了一对开心的小兔子。虽然只是一个小小的规则游戏，但看得出它可以培养孩

子的意志力、坚持性和创造性。"

可见，家长能在游戏中慢慢地放开自己，完全投入到游戏中去。在基本掌握了游戏的规则和玩法之后，家长就可以将游戏带回家里和家庭成员一起进行了。

3. 家长教育理念得到更新，促进了亲子关系的和谐，提高了家庭教育的有效性，促进了幼儿的发展，有利于家园共育

调查结果显示，几乎所有的家长都认为团队游戏对自己、孩子和家庭都是有帮助的。

(1) 促进了家庭关系的和谐与家园共育质量的提高

幼儿－家长团队游戏中家长之间的团队游戏可以让家长通过参与体验游戏认识不同文化背景和教育观念的人，从而加强了家长之间的沟通，共同营造良好的家园育人氛围，提升幼儿园保教和家园共育的质量；其中的亲子团队游戏有利于构建和谐的亲子关系，增进亲子之间心灵的交流，促进家庭关系的和谐。教师和家长的关系更加和谐融洽了，家长之间也逐渐认识了解，很多家长成为了朋友，家长们都对园长和教师所作出的努力表示支持和感谢。

如一些家长在日记中写道："今天有幸参加了小班组织的亲子活动，这个活动让我觉得自己好像回到了童年，增进了我与孩子的合作，和孩子就像好朋友一样开心快乐地玩。在游戏中，我更加了解了孩子的性格，增进了和孩子之间的感情。""在活动中增进了亲子感情，同时还增强了家庭、幼儿园和社会三方面的教育合力，促进了孩子与父母之间关系的发展，家庭都变得和谐了，这是幼儿园教育的又一大亮点。"

可见，幼儿－家长团队游戏带给家长的不仅是快乐，而且是发自内心的幸福感，家长更加亲近自己的孩子，和孩子一起成长。

(2) 推动了幼儿教育质量的提高和幼儿教育功能的全面发挥

建立幼儿园教育和家庭教育相结合的育人机制对发挥幼儿教育的功能是非常重要的，只有实现幼儿园教育和家庭教育影响的一致性和有效性才能真正地提高幼儿教育的质量。幼儿－家长团队游戏的开展和实施，有效地推动了幼儿教育质量的提高，为保持幼儿园教育和家庭教育的一致性做出了一定的贡献。

(3) 有利于家园共育理论体系的完善

家园共育的理念逐渐深入人心，但如何更好地利用好家长资源、以何种方式更有效地推进家园共育，这些问题还有待深入研究，而幼儿－家长

团队游戏的研究能进一步完善家园共育的理论体系，为实践提供理论上的指导。

4. 提高了幼儿教师的专业能力

所有教师都支持团队游戏，因为它既能让教师保持不断学习的精神，提高其专业能力，又能和家长增进交流，有助于教师顺利地开展对幼儿的教育活动。在幼儿－家长团队游戏中，幼儿教师不仅是活动的参与者、设计者、组织者和指导者，同时，教师还是沟通者、合作者和研究者。幼儿教师通过幼儿－家长团队游戏的实践，可以提高其组织能力和交流沟通能力，作为研究者的幼儿教师就需要不断学习理论知识，更新自己的教育观念，反思自己的教育实践。园长和教师为了顺利开展幼儿－家长团队游戏都做了大量的准备工作，除了活动内容的设计、准备材料等日常工作及时与家长沟通外，还要不断提高自己的知识经验。通过参与和组织幼儿－家长团队游戏，教师的专业能力得到了提高。

**（二）存在的问题**

通过调查研究，课题组发现幼儿－家长团队游戏在实施过程当中还存在一些问题，这些问题主要表现在以下几个方面：

（1）开展幼儿－家长团队游戏的场所范围有限。在幼儿园开展幼儿－家长团队游戏的活动场所多为教室、幼儿园活动室以及幼儿园操场，这些场所大多面积较小，范围有限，因此在一定程度上限制了游戏的充分开展。

（2）开展幼儿－家长团队游戏的时间不固定。幼儿－家长团队游戏暂时还没有形成固定的活动时间，而是幼儿园不定期的举行。这样一来，会给家长带来时间上的负担，不能很好地提前计划，将活动时间腾出来。此外，在幼儿－家长团队游戏结束的时候，应该留有充分的时间，以方便教师和家长、家长和家长之间的交流和沟通。

（3）幼儿－家长团队游戏的延伸不充分。幼儿－家长团队游戏的延伸即为在家庭中开展团队游戏，虽然家长有意愿在家进行此类团队游戏，但是由于家庭中人数不够、时间不集中，甚至家长在家中没精力开展游戏等原因，家庭中的团队游戏并没有充分开展起来。

（4）幼儿－家长团队游戏的内容和形式有待进一步丰富和完善。虽然幼儿－家长团队游戏已经形成了其内容体系，但是还要在实践中不断发展和完善，丰富多样的团队游戏内容和组织形式，不仅能更好地激发幼儿和家长的游戏兴趣和激情，还能提供多样的选择，帮助家长更好地在家庭中开展此类游戏。

(5) 参与幼儿－家长团队游戏的成员男女比例不均衡。由于工作以及其他社会原因，在幼儿－家长团队游戏的组织与实施中，男性家长的出席率远低于女性家长，并且，在游戏的过程中，男性家长的参与度也低于女性家长。这在一定程度上会对游戏的有效开展和实施产生负面影响。

(6) 幼儿－家长团队游戏的组织者比较单一。在整个研究过程当中，幼儿－家长团队游戏的组织者一般都是幼儿园园长和比较有经验的教师，家长更多的时候是处于一个配合与接收的状态，这在一定程度上限制了幼儿家长以及幼儿主体性的发挥。

**（三）改进的对策**

1. 对幼儿园的建议

(1) 幼儿园应不断丰富团队游戏的内容和形式，勇于尝试和创新，在实践中发展团队游戏的多样性

幼儿园应该打破活动场所的限制，多开展户外的幼儿－家长团队游戏，让幼儿和家长亲近大自然；多尝试一些新的团队游戏，不断充实幼儿－家长团队游戏的内容体系，如尝试一些趣味性游戏和益智游戏等。在形式方面，可以多听听家长和幼儿的建议，集合大家的聪明才智，使团队游戏的形式多样化。

(2) 幼儿－家长团队游戏开展的时间须相对稳定

幼儿园要根据家长和教师的基本情况，尽量定期举行幼儿－家长团队游戏，让家长空出时间，并尽量控制和安排好每次幼儿－家长团队游戏的时间，让家长和教师、家长之间真正地互动交流。

(3) 教师的专业成长应引起更多的关注

幼儿园应鼓励教师不断提高自己的专业能力，形成共同学习、共同进步的学习风气；教师自己也要努力学习理论知识，丰富自己的实践经验，多和家长沟通，多积累，多思考。

(4) 教师和家长之间的交流与沟通须进一步加强

鼓励教师和家长的沟通，适当开展一些有关的讲座，消除家长的不良情绪，多鼓励男性家长积极参与，从分班的幼儿－家长团队游戏开始，先让一个班级的家长相互熟悉，再进行大型的团队游戏，循序渐进地进行。

2. 对家长的建议

(1) 家长应多参与团队游戏，以加深对团队游戏的认识，进一步更新幼儿教育理念。

（2）家长应创造条件与孩子共处，用孩子喜欢的方式理解孩子、爱孩子，走进孩子的心灵世界。

（3）家长应多和教师沟通，与家长建立密切的联系，以促进资源共享和经验交流。

（4）家长应以身作则，多尝试在家开展团队游戏，增进家庭成员的感情，以保持家庭教育和幼儿园教育的一致性。

3. 对社会各部门的建议

（1）幼儿教育科研机构应为幼儿园开展此类实践研究提供各方面的支持，如资金支持、技术支持、场地支持、人员支持等，加强幼儿园科研的引导。

（2）幼儿教育管理机构应完善相关的幼儿教育法规并坚决贯彻落实法规，积极调动家长支持教育、参与教育、评价教育的主动性和积极性，并与幼儿园协调一致地教育幼儿，提高幼儿教育的质量。

# 第六章 幼儿－家长团队游戏研究成果

在历经了近三年的努力实践和不断探索，"幼儿－家长团队游戏组织与实施的研究"这一课题终于结题。我们之所以可以取得成功，离不开幼儿园本身的教育宗旨和教育特色。湖南省长沙市岳麓幼儿教育集团第三幼儿园一直秉着"家园共育，亲子同乐"的教育理念，创办成幼儿园第一所"湖南省示范性家长学校"，并且进一步深入挖掘了家长资源，发挥了家园共育的合力，书写了家园共育工作的新篇章。同时，还非常重视示范辐射和引领作用，希望帮助更多的同行为幼儿的发展撑起一片蓝天。岳麓幼儿教育集团第三幼儿园不仅拥有一个强有力的领导团队，在幼儿园内部现已形成了一股强大的凝聚力，在这里没有地位和等级的悬殊，大家都齐心协力为幼儿的教育奉献着自己，这种力量感染了无数的幼儿家长，"家园共育"的祥和画面成为该园一道亮丽的风景线。

## 一、幼儿园获得的荣誉称号

表 6.1　长沙市岳麓幼儿教育集团第三幼儿园获奖情况

| 获奖时间 | 获奖内容 | 颁奖单位 |
| --- | --- | --- |
| 2006 年 | 获区示范家长学校称号 | 岳麓区教育局 |
| 2007 年 1 月 | 获区"家长学校推广应用先进单位" | 岳麓区教育局 |
| 2007 年 10 月 | 获长沙市示范性家长学校称号 | 长沙市教育局 |
| 2008 年 11 月 | 获区首届"百名优秀家长"活动优秀组织奖 | 岳麓区教育局 |
| 2010 年 12 月 | 获岳麓区关心下一代工作先进集体称号 | 岳麓区教育局 |

## 二、往届课题研究成果展示

表6.2　"幼儿－家长团队游戏组织与实施的研究"课题成果

| 获奖时间 | 获奖内容 | 获奖等级 | 颁奖单位 |
|---|---|---|---|
| 2007年12月 | 周淑群：在教研中学习，在教研中成长——幼儿园家长工作案例反思 | 国家级一等奖 | 《现代教育管理理论与实践指导》全书编委会 |
| 2007年10月 | 课题报告：家长体验幼儿园半日生活活动的实践研究 | 国家级二等奖 | 《现代教育管理理论与实践指导》 |
| 2007年11月 | 课题：网络环境下家长体验幼儿园半日生活活动的实践研究 | 省级一等奖 | 省教育厅关心下一代工作委员会 |
| 2007年12月 | 周淑群：家园共育在网络环境下的创新研究——家长幼儿园半日生活体验的探索 | 省级一等奖 | 湖南省教育科学研究院基础教育研究所 |
| 2007年12月 | 周淑群：在教研中学习，在教研中成长——幼儿园家长工作案例反思 | 省级二等奖 | 湖南省教育科学研究院基础教育研究所 |
| 2007年11月 | 课题：家长体验幼儿园半日生活活动的实践研究 | 省级二等奖 | 省学前教育研究会 |
| 2006年12月 | 周淑群：家园共育在网络环境下的创新研究——家长幼儿园半日生活体验的探索 | 省级二等奖 | 湖南省教育科学研究院基础教育研究所 |
| 2007年10月 | 杨忠平：浅谈幼儿园家庭教育观 | 省级三等奖 | 湖南省教育学会中小学家庭教育研究专业委员会 |
| 2011年6月 | 周淑群.陈湘：幼儿－家长团队游戏组织与实施的研究 | 市级一等奖 | 长沙市教育科学研究院 |
| 2011年6月 | 易伟：家园配合缓解新生幼儿入园的分离焦虑 | 市级一等奖 | 长沙市教育科学研究院 |
| 2007年12月 | 周淑群：在教研中学习，在教研中成长——幼儿园家长工作案例反思 | 市级一等奖 | 长沙市教育局 |

| 获奖时间 | 获奖内容 | 获奖等级 | 颁奖单位 |
|---|---|---|---|
| 2007 年 7 月 | 课题：家长体验幼儿园半日生活活动的实践研究 | 市级一等奖 | 长沙市教育科学研究院 |
| 2006 年 12 月 | 周淑群：家园共育在网络环境下的创新研究——家长幼儿园半日生活体验的探索 | 市级一等奖 | 长沙市教育局 |
| 2009 年 3 月 | 课题报告：家长体验幼儿园半日生活活动的实践研究 | 市级二等奖 | 长沙市教育科学研究院 |
| 2007 年 5 月 | 课题：家长体验幼儿园半日生活活动的实践研究 | 市级二等奖 | 长沙市教育科学研究院 |
| 2011 年 6 月 | 周淑群．陈湘：幼儿－家长团队游戏组织与实施的研究 | 区级一等奖 | 岳麓区教育局 |
| 2011 年 6 月 | 易伟：家园配合缓解新生幼儿入园的分离焦虑 | 区级一等奖 | 岳麓区教育局 |
| 2007 年 7 月 | 周淑群：家园共育在网络环境下的创新研究——家长幼儿园半日生活体验的探索 | 区级一等奖 | 岳麓区教育局 |
| 2010 年 5 月 | 谢月玲：幼小衔接家园配合 | 区级二等奖 | 岳麓区教育局 |
| 2010 年 5 月 | 杨婷：浅谈家长在家园共育中所扮演的角色 | 区级二等奖 | 岳麓区教育局 |
| 2007 年 7 月 | 陈湘：不容忽视家庭教育中的德育教育 | 区级二等奖 | 岳麓区教育局 |
| 2010 年 5 月 | 赵妙：优化家长工作，促进幼儿发展 | 区级三等奖 | 岳麓区教育局 |
| 2006 年 12 月 | 程晓娇：幼儿家庭教育所面对问题分析及其对策 | 区级三等奖 | 岳麓区教育局 |
| 2011 年 5 月 | 课题：办好家长学校指导科学家庭教育学习与实践的研究 | 省优秀研究课题方案 | 省关工委 |
| 2010 年 | 课题：幼儿－家长团队游戏组织与实施的研究 | 课题方案评比 A 等 | 长沙市教育科学研究院 |

### 三、论文发表情况

表6.3　"幼儿－家长团队游戏组织与实施的研究"课题组发表论文情况

| 发表时间 | 论　　文 | 作者 | 期刊名称 |
|---|---|---|---|
| 2009 年 11 期 | 家长做榜样，孩子学好样 | 周淑群 | 《教师》 |
| 2009 年 11 期 | 浅谈未成年人的秩序感与规则教育 | 周淑群 | 《教师》 |
| 2009 年 07 期 | 孩子的成长源自父母的教育 | 周淑群 | 《当代教育论坛》 |
| 2007 年 11 月 | 心扉 | 三幼课题组 | 省学前教育研究会 |

### 四、媒体相关报道

| 报道时间 | 报道内容 | 刊物名称 |
|---|---|---|
| 2006 年 5 月 30 日 | 家长也过快乐"六一"儿童节 | 潇湘晨报 |
| 2007 年 1 月 7 日 | 家长体验独生子女"分享零食" | 潇湘晨报 |
| 2007 年 5 月 30 日 | 今天我来当幼师 | 长沙晚报 |
| 2010 年 6 月 7 日 | 童心世界，别样体验——岳麓幼儿教育集团第三幼儿园举办"六一"庆祝活动 | 长沙市岳麓区人民政府网 |
| 2011 年 1 月 | 先人一步的风采——长沙市岳麓区大力发展公办幼儿教育纪实 | 湖南教育 |
| 2011 年 9 月 | 幼儿不堪承受"书包"之累——幼儿教育小学化现象深度透视 | 湖南教育 |

### 五、幼儿 – 家长团队游戏一览表

| 游戏类型 | | 游戏主题 |
|---|---|---|
| 家长团队游戏 | | 信任背摔，测试专注力，人椅，体验心灵的窗户，穿越生死网，牵情结 |
| 亲子团队游戏 | 体育游戏 | 无敌风火轮，袋鼠跳，老鹰抓小鸡，链接加速，背夹球，网小鱼，抓尾巴，大风吹、吹大风，一物多玩，拔河比赛，老狼老狼几点钟，集体跳绳，竹竿一样直，请说"三个字"，数人多一足，坐地起身，叠报纸，铺路 |
| | 语言游戏 | 青蛙跳水，打大麦，换位蹲蹲，开火车，数字歌，让我记住你，荷花荷花几月开，名字串串串，手指变变变，送棒棒糖，看物评物，杜鹃开花、樟树发芽，我说你做，顶锅盖，小鸟和小田鼠，我是谁，代号接龙，粘泡泡糖 |
| | 数学游戏 | 找零钱，孔雀报时，传球争冠须夺秒，扮时钟，多元排队 |
| | 音乐游戏 | 拔萝卜，猫捉老鼠，兔子舞，幸福拍手歌，丢手绢，圆圈舞，三轮车 |
| | 美术游戏 | 撕纸大比拼，亲子画像，空杯报纸 |
| | 集体娱乐游戏 | 三打白骨精，撕思时间，巧指五官，找"领导者"，齐眉翠竹，主动认错、接受现实，互帮互助，此时无声，挑战时间极限（一分钟），贴鼻子，击掌传物，顶针传递，雨的来去，团结力量大，抢椅子，趣味气球，我们都是木头人，石头、剪子、布，瞎子取物 |

# 参考文献

［1］刘焱．幼儿园游戏教学论［M］．北京：中国社会出版社，2000.

［2］刘焱．儿童游戏通论［M］．北京：北京师范大学出版社，2004.

［3］［英］罗素．教育与美好生活［M］．石家庄：河北人民出版社，1999.

［4］丁海东．学前游戏论［M］．济南：山东人民出版社，2002.

［5］李生兰．幼儿园家长开放日活动的研究［M］．上海：华东师范大学出版社，2008.

［6］王丽旋．学前教育学［M］．长春：东北师范大学出版社，1999.

［7］赵石屏．家教［M］．北京：北京师范大学出版社，2000.

［8］刘晓东．儿童教育新论［M］南京：江苏教育出版社，1999.

［9］［意］玛利亚·蒙台梭利．发现孩子［M］．北京：中国发展出版社，2003.

［10］高月梅．张汪．幼儿心理学［M］．杭州：浙江出版社，2003.

［11］庞丽娟．教师与儿童发展［M］．北京：北京师范大学出版社，2003.

［12］［荷兰］胡尹青加．人——游戏者，对文化中游戏因素的研究［M］．成穷译．贵阳：贵州人民出版社．2000.

［13］［美］D·A·库伯．体验学习，让体验成为学习和发展的源泉［M］．王灿明，朱水萍译．上海：华东师范大学出版社，2008.

［14］教育部基础教育司组织编写．幼儿园教育指导纲要（试行）解读［M］．南京：江苏教育出版社．

［15］［德］迦达默尔．真理与方法［M］．上海：上海译文出版社，1999.

［16］朱自强．中国儿童文学与现代进程［M］．杭州：浙江少年儿童出版社，2000.

［17］刘焱．游戏的当代理论与研究［M］．成都：四川教育出版社，1998.

[18] 刘晓东. 儿童精神哲学 ［M］. 南京：南京大学出版社，1999.

[19] ［伊朗］S·拉塞克等. 从现在到 2000 年教育内容发展的全球展望 ［M］. 马胜利等译. 北京：教育科学出版社，1996.

[20] ［法］卢梭. 爱弥尔（上卷）［M］. 李平沤译. 上海：商务印书馆，1983.

[21] 刘焱. 幼儿游戏评价 ［M］. 北京：北京希望出版社，1993.

[22] 北京师范大学教育系. 北京崇文区光明幼儿园自选游戏课题组. 幼儿园游戏指导 ［M］. 北京：北京师范大学出版社，1996.

[23] 赵忠心. 家庭教育学：教育子女的科学与艺术 ［M］. 北京：人民教育出版社，2001.

[24] 杨宝忠. 大教育视野中的家庭教育 ［M］. 北京：社会科学文献出版社，2003.

[25] 张博. 现代幼儿教育观念研究 ［M］. 长春：东北师范大学出版社，2003.

[26] 王坚红. 学前儿童发展与教育科学研究方法 ［M］. 北京：人民教育出版社，1991.

[27] 缪建东. 家庭教育社会学 ［M］. 北京：教育科学出版社，1999.

[28] 马忠虎. 基础教育新概念：家校合作 ［M］. 北京：教育科学出版社，1999.

[29] 李生兰. 比较学前教育 ［M］. 上海：华东师范大学出版社，2000.

[30] 李生兰. 幼儿园与家庭、社区合作共育的研究 ［M］. 上海：华东师范大学出版社，2003.

[31] 李生兰. 学前儿童家庭教育 ［M］. 上海：华东师范大学出版社，2000.

[32] 刘晶波. 师幼互动行为研究——我在幼儿园看到了什么 ［M］. 南京：南京师范大学出版社，1999.

[33] 中国学前教育研究会. 中华人民共和国幼儿教育重要文献汇编 ［M］. 北京：北京师范大学出版社，1999.

[34] 张文新. 儿童社会性发展 ［M］. 北京：北京师范大学出版社，1999.

[35] 裴娣娜. 教育研究方法导论 ［M］. 合肥：安徽教育出版社，1995.

[36] 孙葆森，刘惠容，王悦群. 幼儿教育法规与政策概论 ［M］. 北京：北京师范大学出版社，1998.

[37] 郭文英. 架起家园共育的彩虹桥［M］. 北京：北京师范大学出版社，2006.

[38] 徐德荣，徐晓虹，邵静芬. 幼儿心理健康教育互动40课［M］. 上海：上海科学技术文献出版社，2008.

[39] 鲁洁. 社会教育学［M］. 北京：人民教育出版社，2002.

[40] 李幼穗. 儿童社会性发展及其基础［M］. 上海：华东师范大学出版社，2004.

[41] 刘儒德，等. 教育中的心理效应［M］. 上海：华东师范大学出版社，2005.

[42][美]Carol E. Catron，Jan Allen. 学前儿童课程：一种创造性游戏模式［M］. 王丽译. 北京：中国轻工业出版社，2002.

[43][美]简·布鲁克斯. 为人父母［M］. 包蕾萍，李秀芬，马明伟译. 上海：上海人民出版社，2009.

[44][加拿大]范梅南，[荷兰]巴斯·莱维林. 儿童的秘密——秘密、隐私和自我的重新认识［M］. 陈慧黠，曹赛先译. 北京：教育科学出版社，2004.

[45][苏]苏霍姆林斯基. 给教师的建议［M］. 北京：教育科学出版社，2004.

[46][美]Mary Lou Fuller，Glenn Olsen. 家庭与学校的联系：如何成功地与家长合作［M］. 谭军华译. 北京：中国轻工业出版社，2003.

[47][美]贝克. 儿童发展［M］. 吴颖等译. 南京：江苏教育出版社，2002.

[48][美]尼尔·波兹曼. 童年的消逝［M］. 吴燕莛译. 桂林：广西师范大学出版社，2004.

[49][美]伊丽莎白·琼斯，格雷琴·瑞诺兹. 小游戏，大学问：教师在幼儿游戏中的作用［M］. 陶英琪译. 南京：南京师范大学出版社，2006.

[50][美]约翰逊等. 游戏与儿童早期发展［M］. 华爱华，郭力平译. 上海：华东师范大学出版社，2006.

[51] Jillian Rodd, Understanding Young Children's Behaviour：A guide for eauy childhood professionals. Allen & Unwin Press，1996.

[52] Thomas D. Yawkey & Anthony D. Pellegrini. Child's Play：Developmental and Applied. Lawrence Erlbaum Associates, Publishers, Hillsadle,

New Jersy, 1984.

[53] Doris Bergen (Ed.), Play as medium for learning and development, Heinemann Portsmouth, New Hampshire, 1986.

[54] Mac. H. Brown, Quality Environments, Stipes, 1988.

[55] Brouillette Liane. "Charter School: Lessons in School Reform". Harvard Education Review. 2005.

[56] Bettina M. Flakes. Teacher and Parent Perceptions of Parental Involvement at W. S. Hornsby Elementary School. Capella University. School of Education Pro Quest, 2007.

[57] Patrick Tolan, Deborah Gorman - Smith, &David Henry. Supporting Families in a. High-Risk Setting: Proximal Effects of the SAFE Children Preventive Intervention. Journal of Consulting and Clinical Psychology 2004, Vol. 72, No. S.

[58] Alice ML Quiocho, Annette MDaou. Dispelling Myths about Latino Parent. Participation in Schools. The Education Forum. 2004.

[59] Swap, S. M. Developing Home - School Partnerships. New York: Teacher College. Press, 1993.

[60] Carol Gestwicki. Home, School and Community Relations Cengage Leaning, 2009.

# 附录

## 关于幼儿－家长团队游戏的问卷调查（教师卷）

亲爱的老师：

您好！本问卷系"幼儿－家长团队游戏的组织与实施"课题研究组所制，该课题由岳麓区幼儿教育集团第三幼儿园独立主持。此次问卷调查主要是为了了解该幼儿园在家长团队游戏领域开展的现状，以便更好地完成该课题的研究，因此该研究结果对您也有帮助。现特向您发放本问卷，希望得到您的支持与配合。此次调查的所有数据及结果仅作为研究使用，绝不作他用，问卷中的问题也不涉及您的隐私，您的回答对本课题研究非常重要，所以请您按照您的情况如实填写，我们将对您的回答严格保密，请您不必有任何顾虑，非常感谢您的支持与合作！

请注意：对于有选项的题目，请您在符合您情况的选项上打钩，对于画横线的题目，请您尽量用工整、规范的汉字填写。

您的基本情况：

性　别：A. 女　　　B. 男　　年龄：_____　　　教龄：_____

学　历：A. 大专以下　　B. 大专　　C. 本科　　D. 硕博以上

在园职务：_____　　执教班级：A. 小班 B. 中班 C 大班

1. 您了解团队游戏吗？

A. 非常了解　　　B. 比较了解　　　C. 一般　　　　D. 不了解

2. 您喜欢团队游戏吗？

A. 非常喜欢　　　B. 比较喜欢　　　C. 一般　　　　D. 不喜欢

3. 您参加过幼儿园的家长团队游戏吗？

A. 经常参加　　　B. 偶尔参加　　　C. 很少参加　　D. 从没参加

4. 您认为在幼儿园有必要开展家长团队游戏吗？

A. 有必要　　　　B. 没必要　　　　C. 无所谓

如果有必要，请您具体说明原因_____

_____。

5. 您组织过幼儿园的家长团队游戏吗？

A. 经常组织　　　B. 偶尔组织　　　C. 很少组织　　　D. 从没组织

6. 若您组织过幼儿园的家长团队游戏，在组织的过程中您感觉顺利吗？

A. 非常顺利　　　B. 比较顺利　　　C. 一般　　　　　D. 不顺利

7. 组织家长团队游戏会占据您大量的工作时间吗？

A. 经常　　　　　B. 偶尔　　　　　C. 不会

8. 家长愿意参加幼儿园的团队游戏吗？

A. 非常愿意　　　B. 比较愿意　　　C. 一般　　　　　D. 不愿意

9. 在家长团队游戏过程中，您的感觉是：

A. 非常愉悦　　　B. 比较愉悦　　　C. 一般　　　　　D. 不愉悦

10. 在家长团队游戏过程中，您的投入程度是：

A. 非常投入　　　B. 比较投入　　　C. 一般　　　　　D. 难以投入

11. 在团队游戏的过程中家长的配合程度：

A. 积极配合　　　B. 比较配合　　　C. 一般　　　　　D. 不配合

12. 在团队游戏的过程中您和家长的交流程度：

A. 经常交流　　　B. 偶尔交流　　　C. 很少交流　　　D. 不交流

13. 在团队游戏的过程中幼儿的积极性程度：

A. 非常高　　　　B. 比较高　　　　C. 一般　　　　　D. 不高

14. 在团队游戏的过程中家长和幼儿的配合程度：

A. 非常高　　　　B. 比较高　　　　C. 一般　　　　　D. 不高

15. 在团队游戏结束后您与家长的交流频率：

A. 经常交流　　　B. 偶尔交流　　　C. 一般　　　　　D. 没交流

16. 团队游戏的开展对您的专业成长有帮助吗？

A. 有　　　　　　B. 没有　　　　　C. 不清楚

如果有，请您具体说明_____

_____

_____。

17. 您认为在幼儿园开展家长团队游戏对幼儿的成长有帮助吗？

A. 有　　　　　　B. 没有　　　　　C. 不清楚

如果有，请您具体说明_____

_____

_____。

18. 您认为在幼儿园开展家长团队游戏对家长与幼儿的亲子关系有帮

助吗？

　A. 有　　　　　B. 没有　　　　　C. 不清楚

　如果有，请您具体说明＿＿＿＿＿＿＿＿＿＿＿＿＿＿＿＿＿＿＿

＿＿＿＿＿＿＿＿＿＿＿＿＿＿＿＿＿＿＿＿＿＿＿＿＿＿＿＿＿＿＿

＿＿＿＿＿＿＿＿＿＿＿＿＿＿＿＿＿＿＿＿＿＿＿＿＿＿＿＿＿＿。

　19. 请您简要说明对在幼儿园开展家长团队游戏的建议与意见：

＿＿＿＿＿＿＿＿＿＿＿＿＿＿＿＿＿＿＿＿＿＿＿＿＿＿＿＿＿＿＿

＿＿＿＿＿＿＿＿＿＿＿＿＿＿＿＿＿＿＿＿＿＿＿＿＿＿＿＿＿＿＿

＿＿＿＿＿＿＿＿＿＿＿＿＿＿＿＿＿＿＿＿＿＿＿＿＿＿＿＿＿＿＿

＿＿＿＿＿＿＿＿＿＿＿＿＿＿＿＿＿＿＿＿＿＿＿＿＿＿＿＿＿＿＿

＿＿＿＿＿＿＿＿＿＿＿＿＿＿＿＿＿＿＿＿＿＿＿＿＿＿＿＿＿＿。

　诚挚感谢您的积极配合！

## 关于幼儿－家长团队游戏的问卷调查（家长卷）

亲爱的家长：

您好！本问卷系"幼儿－家长团队游戏的组织与实施"课题研究组所制，该课题由岳麓区幼儿教育集团第三幼儿园独立主持。此次问卷调查主要是为了了解该幼儿园在家长团队游戏领域开展的现状，以便更好地完成该课题的研究，因此该研究结果对您也有帮助。现特向您发放本问卷，希望得到您的支持与配合。此次调查的所有数据及结果仅作为研究使用，绝不作他用，问卷中的问题也不涉及您的隐私，您的回答对本课题研究非常重要，所以请您按照您的情况如实填写，我们将对您的回答严格保密，请您不必有任何顾虑，非常感谢您的支持与合作！

请注意：对于有选项的题目，请您在符合您情况的选项上打钩，对于画横线的题目，请您尽量用工整、规范的汉字填写。

您的基本信息

您的基本情况：

性　别：A. 女　　　B. 男　　　　年龄：＿＿＿＿　　职业＿＿＿＿＿＿＿

学　历：A. 大专以下　　　B. 大专　　　C. 本科　　　　D. 硕博以上

您孩子的年龄：＿＿＿＿　您孩子的在园班级：A. 小班 B. 中班 C. 大班

1. 您了解团队游戏吗?

A. 非常了解　　　B. 比较了解　　　C. 一般　　　　　D. 不了解

2. 您喜欢团队游戏吗?

A. 非常喜欢　　　B. 比较喜欢　　　C. 一般　　　　　D. 不喜欢

3. 您对幼儿园开展家长团队游戏的态度：

A. 非常支持　　　B. 支持　　　　C. 无所谓　　　　D. 不支持

4. 您参加过幼儿园的家长团队游戏吗?

A. 经常参加　　　B. 偶尔参加　　C. 参加过一两次 D. 从没参加

5. 您参加幼儿园的家长团队游戏是出于：

A. 自愿　　　　B. 幼儿园的要求 C. 孩子的要求　　D. 其他

6. 您参与幼儿园团队游戏的情况是（可多选）：

A. 只要通知都会参加　　　　　　B. 有时间就去，总体来说较多

C. 接孩子时碰到就参加　　　　　D. 其他

7. 参加幼儿园的家长团队游戏会占据您大量的休息时间吗?

A. 经常会　　　　B. 偶尔会　　　　C. 一般　　　　D. 不会

8. 在参加幼儿园的家长团队游戏过程中您感觉：

A. 非常愉悦　　　B. 比较愉悦　　　C. 一般　　　　　　D. 不愉悦

9. 在参加幼儿园的家长团队游戏过程中您的投入程度：

A. 非常高　　　　B. 比较高　　　　C. 一般　　　　　　D. 不高

若投入程度不高，主要是因为：

A. 对游戏内容不感兴趣　　　　　　B. 对游戏规则不了解

C. 与其他家长不熟悉　　　　　　　D. 其他

10. 在参加幼儿园的家长团队游戏过程中您与老师的交流：

A. 非常多　　　　B. 比较多　　　　C. 一般　　　　　　D. 很少

11. 在参加幼儿园的家长团队游戏过程中您与其他家长的交流：

A. 非常多　　　　B. 比较多　　　　C. 一般　　　　　　D. 很少

12. 在参加幼儿园的家长团队游戏过程中您与孩子的配合默契：

A. 非常高　　　　B. 比较高　　　　C. 一般　　　　　　D. 不高

13. 您和孩子关系的亲密程度：

A. 非常亲密　　　B. 比较亲密　　　C. 一般　　　　　　D. 不亲密

14. 您的孩子喜欢这样的游戏吗？

A. 非常喜欢　　　B. 比较喜欢　　　C. 一般　　　　　　D. 不喜欢

15. 您孩子的家庭成员主要有（可多选）：

A. 父母　　　　　　　　　　　　　B. 兄弟姐妹

C. 爷爷奶奶或外公外婆　　　　　　D. 其他

您的孩子在家经常和谁一起做亲子游戏：

A. 父母　　　　　　　　　　　　　B. 兄弟姐妹

C. 爷爷奶奶或外公外婆　　　　　　D. 其他

16. 您和孩子在家里会做亲子游戏吗？

A. 每天都会　　　　　　　　　　　B. 几天一次

C. 一周一次　　　　　　　　　　　D. 一周以上一次

17. 在团队游戏结束后，您和其他的家长以及教师之间的交流：

A. 非常多　　　　B. 比较多　　　　C. 一般　　　　　　D. 很少

18. 您认为参加幼儿园的团队游戏对您有帮助吗？

A. 有明显的帮助　B. 有帮助

C. 一般　　　　　D. 效果不明显

E. 没有帮助

如果有帮助，主要体现在哪些方面：（可多选）

A. 觉得这样玩很快乐，找回自己的童年

B. 可以加增进与孩子的亲子关系

C. 能够与其他家长交流沟通

D. 可以学到一些游戏经验以便和家庭成员一起开展

E. 加强与教师的交流和幼儿园的联系

F. 其他

19. 请您简要说明您对幼儿园开展的家长团队游戏的建议和意见：

_____

_____

_____

_____

_____

_____。

诚挚感谢您的积极配合！

## 教师访谈提纲

1. 请问您是什么时候开始接触幼儿－家长团队游戏的？请您谈谈对幼儿－家长团队游戏和该课题的认识。

2. 请问在开展幼儿－家长团队游戏前，幼儿园有没有组织相关的培训或指导？自己有没有主动去学习相关知识（有的话，以什么形式展开的）？

3. 请问在开展幼儿－家长团队游戏前您和家长是如何沟通的？您觉得家长的态度如何？

4. 请您谈谈您在组织幼儿－家长团队游戏时存在哪些困难。

5. 请您谈谈以参与成员的身份参与幼儿－家长团队游戏时有什么感受和收获。

6. 请您谈谈以组织者的身份组织幼儿－家长团队游戏时有什么感受和收获。

7. 请问您觉得您现在和家长是什么关系？幼儿－家长团队游戏的开展对您和家长的关系产生了什么影响？

8. 请问您愿意组织幼儿－家长团队游戏吗？如果现在让您组织一次幼儿－家长团队游戏会不会有负担？

9. 请问幼儿－家长团队游戏时间是怎么安排的？如果安排在周末，您愿意吗？

## 家长访谈提纲

1. 请问您和您的孩子是什么时候开始接触幼儿－家长团队游戏的？请您谈谈您对幼儿－家长团队游戏和该课题的认识。

2. 请问您在参加幼儿－家长团队游戏前了解该游戏吗？在开展幼儿－家长团队游戏前，幼儿园有没有组织相关的培训、指导或自己有没有主动去学习相关知识（有的话，以什么形式展开的）？

3. 请问您愿意参加幼儿－家长团队游戏吗？为什么？

4. 请问您参加幼儿－家长团队游戏时有什么顾虑吗？为什么？

5. 请您谈谈在参加幼儿－家长团队游戏时您的感受，以及参加后您有什么收获。

6. 在家里您会选择和孩子玩在幼儿园玩过的幼儿－家长团队游戏吗？

会组织其他家人和孩子一起玩吗？为什么？

　　7. 您认为多久开展一次这样的活动比较好？

　　8. 您愿意利用休息时间，在周末来参加幼儿－家长团队游戏吗？为什么？

　　9. 请您具体谈谈幼儿－家长团队游戏对您以及你的孩子、您的家庭有何影响。

　　10. 请您具体谈谈您对幼儿－家长团队游戏的建议和意见。

# 后 记

在我整理完最后一段文字时，脑海里又浮现出了整个游戏活动和本书编写过程中的种种场境：幼儿天真稚嫩的童音，家长温柔爱抚的眼神，老师积极配合的点点滴滴……我不由思考这样一个问题：究竟是一种怎样的动力，让我和我的孩子们、家长们、老师们如此的亲密团结？思考良久，我终于得出了答案，那就是"爱"。

是爱，让我和我的孩子们一起成长。从事幼教工作近三十年，我送走了一批又一批的孩子，如今他们都幸福地生活着。虽然有许多孩子我忘记了他们的名字，但是脑海中仍记得他们当年的容貌。曾经有人问过我，"一直在幼儿园工作，每天重复着一些熟悉的不能再熟悉的事情，你不厌倦吗？"其实，在我决定走向幼儿教育工作岗位的那天起，我就决定要一直走下去。因为，我每天不是在重复着相同的事情，而是在最接近天堂的地方，和一群小天使在上天赐予的最大恩惠中一起徜徉。这是一种任何千言万语都无法形容的感动和幸福。我伴随着孩子们的成长而成长，在孩子们身上，我学到了很多智慧，我受到了很多感悟，我为遇见我的孩子们而感到莫大的幸运。

是爱，让我和我的家长们心心相惜。作为幼教工作者的我，和家长们有着一个共同的心愿，那就是希望自己的孩子可以健康、茁壮地成长。我之所以说那些孩子是自己的孩子，是出于我对自己工作职责的认识，以及我身为一个母亲，我也有自己的孩子，我能体会和理解家长们最大的心愿。家长们把孩子送到我这里来，我就要担起这份责任，我要加倍地用爱去呵护这些含苞的花朵，精心去照顾他们。正是因为这样的使命感和责任感，让我将自己的工作尽量做到无微不至；正是因为这样的无微不至，家长们才给予了更大的信任和更多的鼓励。每次幼儿园组织的家长活动，家长们都会积极配合，无论从精神层面还是物质层面，都给予了我们幼儿园莫大的支持。同时，幼儿园与家长也以饱满的热情，积极参与到社区组织的教育活动中去，使幼儿园教育、家庭教育以及社区教育凝聚成一股巨大的合力，构建出一个"幼儿园、家庭、社区齐心协力为孩子"的祥和画面。

是爱，让我和我的老师们齐心协力。我和我的老师们因为爱，而全身心地投入到给孩子的教育中，除了要忙每天的日常活动，我们还会经常聚集在一起探讨如何给孩子们提供更好的教育，如何在他们最需要帮助的时候给予他们最好的帮助。虽然会很辛苦，但当我们一次又一次看到自己努力的成果时，都备感欣慰。

在此，我要对我的孩子们，我的家长们，我的老师们表示最诚挚的感谢。是你们，让我的生命变得更完整；是你们，让我的记忆变得更丰满；是你们，让我所做的一切都变得更有意义，更有价值。

我要特别感谢湖南师范大学出版社能给我这个机会，让我将自己在学习和工作中积累的成果整理出版。

感谢湖南师范大学曹中平教授和杨莉君教授。他们在本书的编写过程中给予了我很多指导与支持。

感谢本书的责任编辑向纯武老师以及其他参与出版工作的人员在审稿、改稿以及出版过程中给予我的支持与帮助。

本书的疏漏之处，恳请各位同仁不吝赐教，并希望广大读者批评指正。

周淑群

2012 年 4 月

**图书在版编目（CIP）数据**

幼儿－家长团队游戏 / 周淑群编著 . —长沙：湖南师范大学出版社，
2012.5

ISBN 978 - 7 - 5648 - 0719 - 1

Ⅰ.①幼…　Ⅱ.①周…　Ⅲ.①游戏课—学前教育—教学参考资料
Ⅳ.①G613.7

中国版本图书馆 CIP 数据核字（2012）第 097072 号

## 幼儿－家长团队游戏

周淑群　编著

◇责任编辑：向纯武
◇责任校对：欧继花　胡晓军　蒋旭东　胡　勇
◇出版发行：湖南师范大学出版社
　　　　　　地址/长沙市岳麓山　邮编/410081
　　　　　　电话/0731.88853867　88872751　传真/0731.88872636
　　　　　　网址/http：//press. hunnu. edu. cn
◇经销：湖南省新华书店
◇印刷：长沙瑞和印务有限公司

◇开本：710 mm×1000 mm　1/16
◇印张：17.25
◇字数：300 千字
◇版次：2012 年 5 月第 1 版第 1 次印刷
◇书号：ISBN 978 - 7 - 5648 - 0719 - 1
◇定价：35.00 元